山西振东集团俯瞰

山西振东集团
总裁李安平

创业初期的振东人。

振东医药物流中心。

2012年5月"振东中-澳分子中医学研究中心"成立，这是山西振东集团广泛开展的国际合作项目之一。

从振东商学院的规模可以看出员工培训在山西振东集团中的地位。

规划建设中的振东大健康产业基地
——五谷山鸟瞰图

从集团高管到每一位员工，随身佩戴的员工卡的背面都有这样一份工作清单，详尽开列出每天需要完成的工作。

利用手机进行规范、快捷的工作沟通。

每年春节过后，遍布天南地北的振东人回到集团总部相聚。

李安平总裁与安平希望小学的孩子们在一起。

优秀企业的逻辑
——山西振东集团经营管理模式解析

宋瑞卿　卢美丽　张晓霞　盖起军
杨菊兰　曹卫红　范容慧　赵　文　著

企业管理出版社

图书在版编目（CIP）数据

优秀企业的逻辑：山西振东集团经营管理模式解析/宋瑞卿等著． -- 北京：企业管理出版社，2016.11

ISBN 978 - 7 - 5164 - 1381 - 4

Ⅰ.①优… Ⅱ.①宋… Ⅲ.①民营企业 - 制造工业 - 工业企业管理 - 管理模式 - 研究 - 山西 Ⅳ.①F426.4

中国版本图书馆 CIP 数据核字（2016）第 254343 号

书　　名	优秀企业的逻辑：山西振东集团经营管理模式解析
作　　者	宋瑞卿　卢美丽　张晓霞　盖起军 杨菊兰　曹卫红　范容慧　赵　文
责任编辑	张　平　徐金凤　段　琼
书　　号	ISBN 978 - 7 - 5164 - 1381 - 4
出版发行	企业管理出版社
地　　址	北京市海淀区紫竹院南路 17 号　　邮编：100048
网　　址	http://www.emph.cn
电　　话	总编室（010）68701719　发行部（010）68701816　编辑部（010）68701638
电子信箱	qyglcbs@emph.cn
印　　刷	香河闻泰印刷包装有限公司
经　　销	新华书店
规　　格	165 毫米 × 230 毫米　16 开本　18.25 印张　200 千字
版　　次	2016 年 11 月第 1 版　2016 年 11 月第 1 次印刷
定　　价	78.00 元

版权所有　翻印必究·印装有误　负责调换

前言：通往优秀的道路
（代序）

一

毫无疑问，任何国家经济的持续发展都是建立在大批优秀企业基础上的，经济的竞争力取决于企业的竞争力。各国经验表明：伴随着经济强盛的是企业的强盛，伴随着企业强盛的则是管理的强盛和新的管理理论的出现。一个国家不可能经济很强大，企业很弱小，或者企业很强盛，管理很孱弱，不可能持续地向世界输出产品而没有管理理论。因此，总结本土企业的管理实践，为理论的产生提供素材，为其他企业提供借鉴，指导更多的企业发展，就成为一项紧迫的任务。

在中国的企业构成中，国有企业因其特殊性很难被视为真正的企业范本。而外资企业因其性质不同也很难作为本土企业的范本。只有土生土长的本土民营企业才具有作为范本的价值。然而复杂的生存环境使得民营企业的成长极为艰难，在活下来的企业中，依靠管理而非其他因素立足的企业又非常罕见，这就使得对

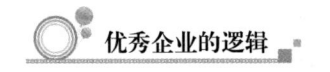

这些企业的研究变得弥足珍贵。

在中国，如果说华为、海尔、联想等企业算是成功企业的话，那他们的成功太独特了，他们就像是天上耀眼的明星，对大多数企业来说是可望而不可及，他们的做法和经验对于一般企业来说也很难借鉴。相反，那些更具有某些地域或行业特征的、虽然不一定称得上优秀但却走在通往优秀道路上的企业，他们的做法对一般企业来说可能更具有示范意义。研究并提升他们，也许更具有价值。

山西振东集团，正是这样的企业。

二

认识振东集团总裁李安平，纯粹是偶然。

山西中医学院新设立了两个专业（其中一个是市场营销专业），请求学校帮他们进行学科建设，我作为工商管理学院院长，被点将帮忙。就是在那次论证会上，邂逅了李安平。经介绍，方知道他是山西首家创业板上市公司——振东制药集团的老总。而且，让我惊讶的是，他居然还是山西中医学院下设的医药管理学院的院长。和我一个身份！

那一段时间，我正在给 MBA 学生上课，正想找一位企业家给学生们讲讲，和他一提起这件事，他居然很爽快地就答应了。也许是我那一天的发言打动了他？

接下来的那天下午，他如约而来，主题是讲"民营企业管理模式探析"。本来不期望他能讲成什么样的，没想到他居然讲得那么好。很多东西，比如制度表格化、法定日、阳光费用、进二停一，等等，都非常独特，我以前从来没有听说过。

我万分惊讶！他讲的那些东西，涉及基础管理、文化、战略、营销、社会责任等各个方面，不仅非常有特色，还都是他本人的管理实践。我没有想到，在山西这样一个落后的省份，在长治市长治县那么一个资源型小县，居然能有这么一个不挖煤、不炼铁的企业，不但涉足的是高科技的制药行业，而且管理得那么好！

管理的基础在实践！德鲁克的话又一次在耳边响起。作为一个教管理的人，多年来一直睁大眼睛遍地寻找适合中国本土的最佳管理实践，没想到这么有价值的管理实践就发生在自己身边。这岂不是"灯下黑"？虽然这些东西目前还只是做法，还上升不到理论，但是把这些做法展现出来，为其他企业提供样板，让更多的中小企业学习、借鉴，同时为理论提供素材，岂不也是功德一件？

当我和他商量合作成立振东管理研究院，共同研究优秀民营企业的管理实践和管理经验时，他爽快地答应了。不论我提出什么条件，不论我说做什么，他都只有两个字："行呀！"。他的这种无条件信任，让我无比惊讶！因为，直到那时，我们一共也没有见过几次面。

三

做了几十年专业的研究，对于有价值的东西，还是很敏感的。

　　在随后的调研中，我们越来越感觉到，这个土生土长的本土企业，在管理上有着很多独到之处，它的很多理念、经验和做法，都是原汁原味，并且简单有效。这个企业的掌舵人，是一位个性十足，重视管理，热心公益的企业家，他在二十年的时间里，做了两个行业，而且每一个都做得风生水起。他的企业是振东，土生土长的振东！它就在我们身边，它不是可望而不可及的。它向人们昭示：在山西，不挖煤，也有出路；小地方，也能做出好企业。它也许还算不得辉煌，也许还称不上优秀，但它已经走在通往优秀的道路上。比起大多数的企业，它已经算是做得很好的了。它值得其他企业借鉴！

四

　　随着了解的不断深入，我们发现：这个企业还是有许多问题的，它也许真的还算不上优秀。那么，什么样的企业才算得上是优秀？优秀是绝对的还是相对的？这个世界存在绝对优秀的企业吗？优秀是阶段性的还是永恒的？这个世界存在永远优秀的企业吗？这些问题，令人深思。

　　每个人都是上帝咬过的苹果。在这个世界上，没有哪一个人是完美的、绝对优秀的。那么，由这些不完美的人组成的企业，能是绝对优秀的吗？所以，优秀企业从来都是相对的。

　　这个世界同样也不存在永远优秀的企业。人是有局限性的。企业也是有局限性的。每一个人、每一个企业都会打上时代的烙印。一个企业一旦应某种环境产生，就很难改变。所以，张瑞敏才会发出"每一个企业都是时代的企业"的感慨。

有的人追求永生，有的人追求在生的时段里活出自己的精彩。

企业也是一样。所有的企业都朝着两个目标努力：第一，在属于自己的时代里成为优秀企业；第二，超越时代。

我们把前者称为优秀，把后者称为卓越。

五

什么是优秀的企业？优秀的企业有逻辑吗？

研究企业发展的历史，我们发现，那些曾经优秀的企业或者那些直到现在依然优秀的企业都有一些共同的特征。这些特征包括：

1. 超越利润的追求

毫无疑问，所有的商业组织都是以盈利为目的的。逐利性是商业组织的最基本的特性。但一门心思钻在钱眼里的企业却往往赚不了钱。这是为什么？

商业的基本逻辑是要为社会创造价值。我们所处的社会是由各种各样的组织构成的，社会分工赋予不同的组织以不同的使命，比如军队的使命就是要保卫国家安全、学校的使命就是要培养人才、医院的使命就是要治病救人……而企业的使命就是要满足社会物质需要。为了让商业组织更好地为社会服务，社会以利润的形式，对那些好的商业组织加以奖赏。可是现实中很多企业似乎忘记了这一点，忘记了只有为社会创造价值才能为自己创造价值，不知道"使用价值是价值的物质承担者"。如果只想自己挣钱而不想为社会服务，这样的企业，能存在下去吗？

企业是社会的器官，需要履行它的社会功能。事实上，任何组织都要履行其社会功能，否则都会被社会淘汰。所以，那些优秀的企业，都很明白这一点。他们不是不关注利润，但和关注利润相比，他们更关注企业为社会创造价值的能力。因为他们深知，只要企业能源源不断地为社会创造价值，利润就会滚滚而来。所以优秀的企业会更多地追求利润之外的东西，而只把利润当成副产品。

2. 良好的管理，尤其是基础管理

当众多的企业都想通过为社会创造价值而赢得利润时，竞争就出现了。能不能获取利润，不仅取决于能否为社会创造价值，还取决于创造价值的效率！怎么样才能获取效率？谁是专门解决效率问题的？管理！

因历史和制度的局限，管理成为许多中国企业的短板。很多企业，即使是业务非常好的企业，也因为管理跟不上而不能健康成长，最终只能沦落为个头很小、年龄很老的"小老人"。反观那些做得好的企业，都是管理能够支撑业务发展，有些甚至是能够引领业务发展的企业。

优秀的企业，一定要有良好的管理。

3. 优秀的企业文化

文化是企业的基因，企业的特色在于文化的特色，文化是核心竞争力的源泉。企业的竞争，归根到底还是文化的竞争。

前言：通往优秀的道路

人类文明史是不断提升层次的过程。因此，社会才会越来越趋向文明。有人说好企业是一所学校，不仅是因为这种企业能提升人的能力，更是因为它能够提升人的境界和层次；好的企业家是教师，就是因为他能够教化人、提升人。所以，好的企业都有自己的经营哲学，好的企业家应该具备良好的思辨能力。

企业是经济组织，它本身包含着强烈的追求经济利益的动机，这种动机很容易使身处其中的人沉沦在物欲里，所以它更需要有好的文化来平衡。以价值观、使命、精神等元素所构成的企业文化，具有使企业超越自身来审视自己存在的社会意义和使命的作用，对提升企业、提升人、实现对物质的驾驭和超越大有益处。所以，优秀的企业一定拥有优秀的企业文化。

4. 与时俱进的创新

几乎所有优秀企业都有一种基因：创新！创新是企业超越同侪的不二法门，那些曾经管理良好的企业，如诺基亚等，都因为不能实现与时俱进的创新而沉沦。

其实，创新也是管理的因素之一。一方面，创新需要管理；另一方面，管理也需要创新。然而，无论是对创新的管理还是对管理的创新，其结果都会使企业与众不同。那些讥讽海尔拿不出杰出的产品而只是在管理上折腾的人，是不了解创新的丰富内涵。因为他们不知道：管理创新的难度，不亚于任何产品创新与技术创新。

做正确的事比正确地做事更重要。自从西蒙的决策理论出现以后，现代管理的重点已经不再局限于仅仅解决决策以后的效率问题,而是首先解决决策问题。一个企业究竟该做什么事情?如果是创新,该在哪些方面去创新?进行什么样的变革与创新,才能使企业引领时代、和未来的变化保持一致?从这个意义上说,那些消亡的企业,也是管理没有做好——至少可以说是创新管理、变革管理或者说是战略管理没做好。

但是,要实现与时俱进的创新,是何其艰难?又岂是每个企业都能做到的?所以企业衰亡是正常现象。否则,就没有所谓新陈代谢的历史规律了。

六

优秀的企业是要合乎逻辑的。

从广义的逻辑讲,优秀的企业必须处理好人与自然的关系、企业和社会的关系,等等;从内在的逻辑讲,优秀的企业还必须处理好个人和组织的关系、管理和经营的关系、目的和手段的关系、眼前和长远的关系、物质与精神的关系……

尽管验证管理好坏的不是逻辑,是结果,但结果却已经用自己的好坏证明了好的逻辑和坏的逻辑之间巨大的差异。它同时也告诉人们:不用等结果出来,只看逻辑就会知道一个企业的结果会怎么样。

这个世界,没有什么是不符合逻辑的。

七

生活在这个时代的企业是幸运的,大时代中的大变迁充满了各种可能性；

生活在这个时代的企业又是不幸的，到处充满变数、不确定性，找不到方向；

然而，任何一个时代都有她的幸运与不幸。努力，什么时代都幸运；颓废，什么时代都不幸。

唯有不断努力，优秀方可传承。

宋瑞卿

2015 年 7 月于山西财经大学

目 录

第一章 简单的力量——振东基础管理 ················ 1
  一、基础管理之惑 ································· 1
  二、振东破解之法 ································· 4
  三、至简之道 ····································· 49

第二章 振兴东方的信念——振东文化 ················ 59
  引子：枝繁叶茂的振东文化 ························· 59
  一、诚信、阳光，振东文化的大树之干 ··············· 60
  二、晋商精神，振东文化的大树之身 ················· 76
  三、家国天下，振东文化的大树之根 ················· 89
  四、匠心独运，振东文化的独特实践 ················· 98
  五、管中窥豹，振东文化的普惠价值 ················· 109
  结语：振东文化的未来 ····························· 112

第三章 行空的天马——振东战略 ···················· 114
  一、初次创业，试水石油行业 ······················· 116
  二、战略转型，中药产业显身手 ····················· 123

I

三、战略成型，谋划大健康产业 …………………………… 142
四、新征程，追梦国际化 …………………………………… 152

第四章 意在天下 心系苍生——振东社会责任 …………… 156
一、精耕的田园——榆柳荫后檐，桃李罗堂前 …………… 158
二、练就的功夫——责己重以周，待人轻以约 …………… 175
三、坚定的信念——衣沾不足惜，但使愿无违 …………… 191
四、沉淀的真知——博观而约取，厚积而薄发 …………… 198
五、希望的田野——天下本无涯，苍生牵我心 …………… 207

第五章 企业优秀的基因——振东企业家 …………………… 210
一、优秀的企业都是由优秀的企业家打造的 ……………… 210
二、优秀的企业家都有其独特的生成环境 ………………… 214
三、同样的环境下，企业家的个体因素起着至关重要的
作用 …………………………………………………………… 226
四、结语 ……………………………………………………… 265

参考文献 ………………………………………………………… 268
后记：追寻现实的脚步 ………………………………………… 272

第一章　简单的力量
——振东基础管理

"管理就是把复杂的问题简单化,把混乱的事情规范化。"

——杰克·韦尔奇

一、基础管理之惑

(一) 成长的烦恼:为何"剪不断、理还乱"

企业在创业和发展初期,创办人依靠他对组织前景的狂热而信念坚定,一批追随者组成的员工队伍也一样斗志昂扬、信心十足,组织成员和部门之间洋溢着和谐的团队气氛,大家毫无保留地投入和奉献,甚至不分彼此地忘我工作着。一般来说,创办人都有集权和个性化的领导风格,员工在创办人的感召下积极工作,员工之间的工作界限不是特别的分明,一个人有失误时,别的人会迅速弥补或衔接,工作表现出极大的灵活性,甚至随意性。企业在这一阶段,一般采取业务导向和粗放式管理,但往往都维持着较高的工作效率和工作满意度。

优秀企业的逻辑

渐渐地，经过前期的奋斗，公司的业务和收入基本稳定下来，公司进入了快速发展阶段。随着企业业务的拓展，产品更加丰富，员工越来越多，企业规模急剧膨胀。创办人常常在纠结于一些具体问题或业务细节时顾此失彼，原本依靠自己的激情、经验和能力完全可以使企业处于绝对的控制之中，此刻却觉得力不从心。员工开始出现相互抱怨、扯皮、推卸责任现象，建立起来的隐性规则和默契因无法广泛传播而荡然无存。工作没有显性的标准，每一位员工发现问题都不去解决，而是拖沓等待，事事都要老板拍板。但老板在协调过程中，因找不到可以依据的岗位职责，同样的事情一理再理，甚至处理方式每次不同，直到手忙脚乱、疲于应对。如此下去的结果是职责不明、流程不清，会上扯皮、会下吵架，想剪剪不断，欲理还是乱。人员、部门间的纠纷极大地影响了工作的效率，以至于企业会出现大大小小频发的质量事故、安全事故，生存敲响警钟。老板极度困惑：此时的企业该怎么办？

因为职责职权不清、目标计划不明、规章制度不全、监督检查不力，导致扯皮推诿、执行力差、人手不够、忙于应付……这些似乎都是管理的乱象，但这常常是大多数企业在成长过程中极易经历的烦恼。解决得好，转型成功，企业就能继续生存；解决不当，就可能导致企业衰退甚至死亡。从无序走向有序，从忙乱走向规范，是企业成长必然经历的阶段。

（二）转型的困惑：为何"种下的是龙种，收获的是跳蚤"

企业在走向稳定和成熟的过程中，需要从人治阶段进入法治阶段，更多地通过流程和制度进行规范化管理，以期提高组织的协调性和管理的有效性。通过增进组织内各部门之间协作效果和提高组织与外部衔接的有效性，进而获得最大的潜在效益。组织制度如渠，行为如水，渠道怎么设，水就怎么流。要实现企业科学发展，必须梳理好制度建设的渠道，重视工作流程和管理制度。

为此，企业投入极大的精力，或聘请专家，或借助咨询公司，也或者全员参与，终于制定了企业所需的所有制度。但此刻我们在企业里却常常看不到欢欣鼓舞的喜悦，反而经常听到这样的抱怨：制度太复杂，很难看得懂；制度与制度之间矛盾，做一件事情要去查阅不同的制度；制度得不到及时更新，管理措施已经变了，制度还是原来的；制度发布之后没人去看，大家对制度也不理解，操作的时候容易走样；制度写的是一套，执行是另外一套，制度成了一个空架子；公司的制度太多、太乱了，要用的时候不知道要看哪些……正如企业的一位老总困惑地说："为了提升管理水平，强化规范管理，我们公司订了很多管理制度，也聘请了在正规企业工作过的人来做管理。但我觉得企业还是很乱，文件制度一大堆，管理成本上升，但效益反而下降，工资占销售额的比例从以前的6%上涨到了13%。这究竟是为什么？我们该怎么办？"

（三）发展的困境：为何"死水一潭，缺乏活力"

随着企业的成熟，声誉提高、业务稳定、创办人的影响力渐渐减弱，取而代之的是管理的制度化、规范化和专业化。此时，企业已形成合理有序的流程，各项管理制度比较完善，管理人员的管理技巧和能力不断提高，成为专业的管理人员。但过于规范和专业化的管理也带来了管理僵化和活力的缺失，各级人员产生了只要按规定办事就能完成任务的心理，因此人员的拼搏精神和创新意识便很快消沉下去。企业创新力沉睡时间过长，就会影响到满足顾客需要的能力，企业的市场竞争力随之下降。此时，企业往往表现出组织机构臃肿、组织结构庞大复杂、行为沉闷僵化等特点。人们因此困惑：为什么企业不能在产品和技术上继续保持活跃的创新力？为什么规范化的管理反而导致企业"死水一潭，缺乏活力"？

如何根据企业的现实情况，不断修改和完善现有制度，制定切实可行的创新激励方案；如何破除为现有成绩而沾沾自喜、囿于一隅的自大狂妄；如何保持企业长久发展、持续进步的旺盛生命力；如何使企业的灵活性和可控性达到平衡，让企业的发展既成熟又不滞重，既有秩序又充满活力，这些成为企业永久的追求。

二、振东破解之法

（一）由乱到治——走向规范

摩天大楼的建设需要稳固的地基和科学的结构，地基不牢、结构不稳，就难以向更高的高度发展，而且大楼建得越高，坍塌的风险也就越大。地基的处理是有秩序的，是必须符合建筑规范的。同样，企业的成长也需要稳固的基础和科学的管理体系。

第一章 简单的力量——振东基础管理

基础管理是企业的基本功,也是衡量企业管理水平的重要标志。尤其对制造业来讲,无论企业发展到怎样的程度,基础管理始终是固企之基、强企之道、盈利之源,是企业创造效益最基本的能力,是企业核心竞争力的重要组成部分,更是企业在激烈的市场竞争中立于不败之地的重要保障。海尔之所以优秀,就是因为它的"日事日清、日清日高""大脚印工作法""不合格品决不流到下道工序"这类功底扎实的基础管理,才能上升到现在的高度和层次。

企业的基础管理首先必须建立使企业由乱到治的规范,通过高效率的规范的管理活动,将企业人、财、物、技术、信息等资源有效整合起来,使这些资源真正发挥出应有的作用和能量。只有建立起企业内部科学的管理体系、管理规范和游戏规则,才能确保企业走上稳定、持续发展的健康轨道。

1. 使命感召,文化引领

在长治,有三家大型民营企业,长平、潞宝、振东。而当地却流传着这样一句话:长平炼铁,潞宝炼焦,振东炼人。

在振东上班,规矩多、要求高,早上要计划,晚上要汇报,既要工作,又要学习,一点也不轻松。可人们还是愿意去振东。为什么?

在问及员工:为什么选择来振东工作,或者为什么几年、甚至十几年一直愿意在振东工作?他们都会说,这是一个特有责任感的企业,我们认同它的价值观。

振东集团从创建的那天起,就抱有强烈的使命感,承载着浓厚的家国情怀,其核心价值观"与民同富、与家同兴、与国同强"的理念，已深植深根于集团飞速发展的土壤，渗透到振东人的心中。

于是振东吸引并聚集了认同振东价值和理念的人。振东集团搭建了振东人实现自我价值、社会价值和企业价值的平台。员工对价值的认同是企业运营和员工行为的根本，是员工愿意被炼造的基础。

面对新招聘的员工，李安平总裁总是亲自负责振东企业文化的培训。山西振东集团系列培训教材之 ZD—GN—02 "振东文化剖析"，讲述了塑造企业文化的意义和目的、振东文化产生的历史根源、企业文化的结构和内容、振东企业文化和管理模式、员工如何融入企业文化等内容。规范的课件制作，有序的教学安排，是将员工导向规范化管理的良好开端。振东的文化引领着振东人的行为，内化于心，外化于形。

价值观是企业生存、发展的内在动力；价值观是企业行为规范和管理制度的基础。振东员工正是从使命感召中，在文化引领下，开始艰难的规范化的旅程。

2. 行为养成，习惯使然

哲学家威廉·詹姆斯说："播下一种行为，收获一种习惯；播下一种习惯，收获一种性格；播下一种性格，收获一种人生。"

在企业管理中，改变员工的习惯是一个长期而艰辛的过程，这远比制定一些制度文件要困难得多。然而员工的行为一旦养成，习惯性地执行规范，潜移默化中，员工不知不觉地积小善，成大德；掬小节，成大事。

振东集团非常重视从细节之处，培养员工规范的行为。

第一章 简单的力量——振东基础管理

◆ 规规矩矩靠右行——行走习惯的养成

走在大城市的马路上，习惯于斑马线间的安全；到了企业，斑马线的布置也成为车间安全工作的标识。但在车间之外的公司大马路上，看到斑马线却还是第一次。大多数的企业在上下班的时候，人员集中进出，一般会将整个马路全部占满。但在振东，员工整整齐齐地靠右行走，在斑马线之内自然形成几列，与统一的着装相配，成为公司一道亮丽的风景。

访谈的日子里，员工领着我们穿行在通往各车间或办公区的马路上，即便路上根本没有行人，他们还是习惯性地领着我们沿斑马线的规则行进。遇有左拐弯的时候，不太习惯的我们，稍不经意就走了斜线的捷径，但振东的员工总是规规矩矩地绕着右边的大圈，从未越过斑马线的指示。我们不禁感慨，这是怎样养成的规范性的习惯！

看到我们的感慨，振东人笑着说，这没什么，多年来大家一直是这么走的，甚至斑马线有或者没有，他们都会这样子行走。一个员工给我们讲了一个故事：一年冬天，大雪厚厚地覆盖了路面，早晨员工们进入公司，穿行而过的马路上，留下的脚印不约而同地集中为一行，铲掉积雪，恰好是斑马线所在的位置。

这是怎样的一种坚持和习惯，于每一位振东人，经过熏陶和提高后的员工习惯，又不自觉地融入工作、交际和为人处世中，融入规范形成和企业建设之中。

◆ 全员坚持记日记——思考习惯的培养

振东全体员工在下班前，都要认真填写工作日记，详细记录当天工作及落实情况，并撰写感想及体会。全员工作日记是振东一大特色，是提高员工素质、能力的重要学习手段。通过工作日记的坚持，员工们做到了"每日有目标、每周有主题、每月有总结、每季有成果、每年都成功。"

工作日记的首页，书写着李安平总裁的两个要求。一是，振东人必须牢记：知识与勤奋可以成就未来，投机与懒惰只会庸碌无为。要把工作当作学习，把学习当作工作；二是，振东人必须做到：认真地总结昨天！科学地安排今天！勇敢地创新明天！

工作日记的内容包括填写日期、工作记录、感想与体会、大事记以及每周、月工作总结。在每页的底端空白处，写着振东的工作理念或管理要求，如"尽心尽职尽责，求细求实求快"、"干事业就要富有幻想、拥有野心、持以恒心"。工作日记中明确了对于日记的要求：逐日填写，字迹工整，内容翔实具体；上级对下级在例会前评审完毕；月会后经理收集上交总部；经理走到哪里评审到哪里；存档三年。

访谈中我们抽查了几本员工日记，管理人员的记录很翔实，有安排、有总结。但一线工人的工作每天重复单调，所以日记本大多会是一些名言警句、优美段落或者规章制度。工人们说，已经习惯这个小小的日记本了，或者记事，或者学习，或者积累。每天的记录养成振东人计划、思考和总结的素养，与员工交流中能感觉到他们每个人都有清晰的思路和有序的安排，这定然是思考、积累和锻炼的结果。

◆ 可视化的力量——做事理念和节约意识的树立

在振东的办公室、餐厅、宿舍、草坪，所到之处的每一物件上均有温馨的理念提示，潜移默化中造就振东人为人处事的作风。如办公桌：伏案自省，成就未来；办公椅：在其位，谋其职；沙发：忍辱负重，宽厚待人；茶几：中规中矩，脚踏实地；餐厅的牙签盒：牙签平凡，作用非凡；餐巾纸盒：开源节流，尽在举止之中；草坪：萋萋青草，踏之何忍。振东人的工作和生活之中，很自然地目视着、接受着这些理念，日日的熏陶中，胸怀理想、伏案工作；坚守岗位、各司其职；诚信做人、踏实做事。

在振东每一个照明的开关上，都根据照明灯具的电量消耗，折算了节约的金额，"60w/h，￥0.051"，"15w/h，￥0.009"。那么微不足道的小数，却是那么具体和实在。举手之间，每度电、每分钱的节约不再是空空洞洞的口号，红红的数字，时刻提醒着员工注意一举一动、珍惜点点滴滴的积累。

3. 规范管理，建章立制

基础管理包括基础运作和基础保障两部分内容。基础运作是依据企业价值链体系分析各环节的流程运作和质量运行。基础保障除了思想、组织、人才和信息的基本保障之外，尤其必须强调执行保障，即制度的建设。所以质量要求、流程梳理和制度保障成为规范管理最基本的内容，也是基础管理达到规范化的具体表现。

振东集团规范基础管理的工作主要体现在以下几个方面：

◆ 质量要求

振东药品的质量规格及标准严格执行《中华人民共和国药典》的法定技术指标。药品生产依据国家药监局 GMP 标准实施，并且根据不同产品的生产特点，建立了相应的质量保证体系，设有质量保证部，配有专门的质控人员和质保人员，并制定了《质量管理制度》《企业 GMP 自检程序》《生产过程质量控制管理制度》《半成品、成品、水质取样管理制度》《成品放行审核程序》《质保部管理规程》《苦参质量标准》《苦参饮片质量标准》等多种质量保证制度和标准，使公司执行的内控质量标准常常高于国家质量标准，形成了覆盖原材料采购、产品设计、生产、销售服务各环节的药品供产销一体化的、动态的"大质量管理观"。

2001 年，刚收购金晶制药厂的时候，正赶上国家药品监管局 GMP 认证管理新规定出台，在 2002 年底振东制药就顺利通过了认证。

苦参规范化种植基地 2009 年通过国家 GAP 认证，基地采用 SOP 标准作业流程进行管理，并通过规模优势、质量优势和资源优势，保证了药材的有效成分含量均高出国家标准。

2012 年 6 月 9 日，振东制药成为山西省首家按照新版 GMP 认证标准通过国家中药饮片 GMP 认证的企业。

2012 年 10 月 30 日，振东制药小容量注射剂车间通过国家新版 GMP 认证现场检查，成为省内首家，全国第三家通过非最终灭菌的中药注射剂国家新版 GMP 的生产企业。

◆ 流程梳理

振东集团五和食品在整合农产品和潞维特公司以后，解决了当地很多农民的粮食销售问题。有一天，一经销商打来电话，反

第一章 简单的力量——振东基础管理

映有一箱食品没有合格证,总裁李安平马上让质保部长调查此事。调查结果很快反馈给他,原来一新员工虽然经过了岗前培训,但还是粗心大意,忘记装合格证,直接就把产品箱封上了。经过此事,李安平对岗位管理有了新的想法,他提出将各岗位中重要的环节按图表的形式罗列出来,贴在墙上,使操作者一目了然。岗位流程在明确所在岗位的操作顺序、提示岗位操作注意环节的同时,匹配了相应的编码,按编码号设计了表格,要求员工在工作的同时必须按表格项目逐一填写,避免员工疏忽某些细节。经过全员多年来不断地摸索、实践,振东管理流程日趋完善。

流程梳理的目的主要有以下几个方面:

(1)隐形流程显性化;

(2)使流程运行线路清晰合理,各岗位职责明确;

(3)部门与部门、岗位与岗位、活动与活动之间的接口清晰;

(4)流程操作相关人员达成共识。

振东在流程梳理的过程中将工作流程和管理流程融合在一起,统称为管理流程,形成较有振东特色的基础管理方法。它以业务为主线,把部门工作的每个环节罗列出来,分类概括之后,按内在的逻辑顺序,以图表的形式,清晰、简洁地排列起来。根据各部门、各岗位的工作层次,把管理流程分解为一级、二级、三级以至四级,各级之间层层相接、环环相扣、紧密无缝、浑然一体。这样,自己所在岗位的工作有哪些?它们的顺序是什么?管理流程上写得清清楚楚,员工对照流程去做,避免了顾此失

11

优秀企业的逻辑

彼，重复窝工，效率低下，使员工工作更为顺畅。

振东制药的流程梳理涉及行政系统、技术中心、生产部、营销部等14个部门，各级流程共计114个。流程的梳理由总到分，逐渐展开而层次分明。如在制药股份有限公司的流程中，BS为生产管理流程，BS4为振东制药生产部管理流程，BS43为生产部管理流程中提取车间管理流程，BS431为提取车间生产准备阶段管理流程，BS4313为生产准备阶段提取组管理流程。图1-1为振东制药生产部管理流程BS4的具体内容。

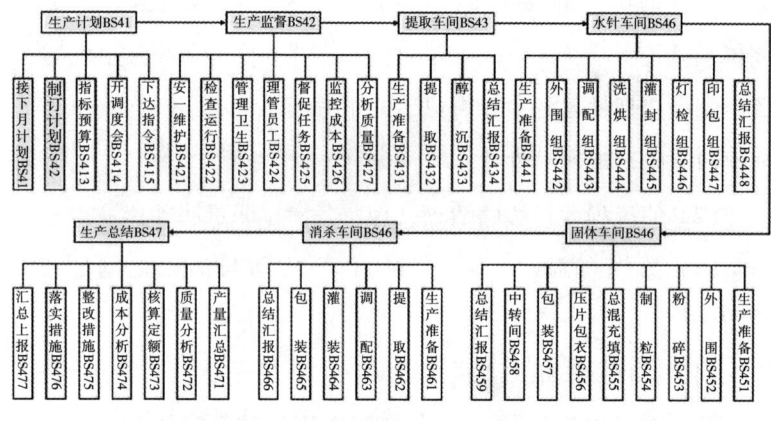

注：流程图中各编码系管理环节中表格编号。"B"集团制药公司；"BS"制药生产系统；"BS4"制药生产部；"BS41-BS47"制药生产部下属各部门编号；"BS411-BS477"代表本流程环节的制度和表格编码。

图1-1 振东制药生产部管理流程BS4

◆ 制度建设

制度是企业规范运行和行使权力的重要方式。人们通常把制度化管理等同于企业规范化管理，虽然规范化管理最终要落实到制度层面上，通过规章制度来实施，但制度化管理远不等于规范化管理，制度建设是规范管理的主要内容和主要表现方式。规范

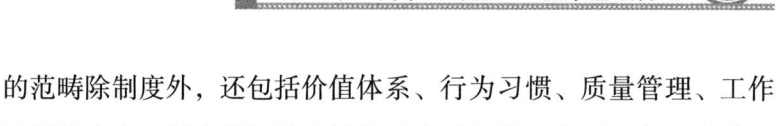

的范畴除制度外，还包括价值体系、行为习惯、质量管理、工作流程等内容。制度是与随意性的"人治"管理相对立的一种管理形式，强调的是事事有章可循的"法治"管理。

制度建设包括两个层面：第一是健全管理制度。不少企业人治现象严重，规章制度几乎是空白，很多工作无章可循。有一些企业虽然也制定了一些规章制度，但缺乏整体规划和统一管理，各部门总是根据出现什么问题制定什么制度。因此经常出现一些制度相互矛盾或不能相互衔接，导致制度不能完全发挥作用的现象。企业达到一定规模后，其运行如果缺乏制度保障，将不利于规范全体员工的行为，无法充分发挥团队的优势。此外，管理制度不健全也增加了企业的脆弱性，一旦某个员工出现跳槽，就易造成工作上的瘫痪，因为许多工作方法都跟他一起走了。第二是管理制度的贯彻。管理规范化，不但要求企业健全管理制度，而且要确保制度得到有效贯彻，真正做到在制度面前人人平等。如果制度对有些员工形同虚设，管理制度得不到有效落实，就容易出现滥用职权、越权指挥现象，使员工无所适从，制度的权威性就会受到挑战。

管理制度是企业在长期实践中集结员工的智慧和努力形成的一个统一的、系统的结构体系。振东自成立以来，便在工作中不断总结发展中的经验，并将其提炼成能指导经营的五大类管理制度，即行政类、人事类、素质类、营销类、生产类。

行政类管理制度包括：制度表格化、工作程序化、管理流程化、差距量化、阳光费用、主题管理、法定日、短信沟通、商学院制等。

人事类管理制度包括：导师制、2+2培训、民主评议、带培制度、三百考核、下级评议上级、内部职称等。

素质类管理制度包括：工作日志、特色称谓、批评与自我批评、主题论坛、案理编复、轮讲轮训等。

营销类管理制度包括：三级营销管理、拜访营销、联谊营销、文化营销、慈善营销、战役营销、置换分层等。

生产类管理制度包括：规程三字经、招标议价、项目多维论证、三方管控等。

与其他企业文本格式的制度不同的是，振东的制度多以表格的形式出现，即"制度表格化"，具体见下文"2.1"的描述。

从文化引领到行为养成，从细节要求到系列规范的实施，富有情调的办公区、整洁的生产现场、紧凑有序的计划安排、彬彬有礼的接待、自信的表达、严谨的作风、激昂的工作热情，让我们在访谈的日子中，常常赞叹振东人的职业素养，赞叹振东规范而有特色的基础管理。

（二）由序到治——造就简单

张居正言：天下大事，不难于立法，而难于法之必行；不难于言，而难于言之必效。

基础管理的构建需要规范化，但缺少了简单化的推动方法作保障，基础管理的要求就真成为一堆没法执行的规范了！如何避免"理念天上飘，行为地上爬"、"知行不合一"等国内大多数企业普遍存在的管理矛盾？化繁为简、以简驭繁，才能从根本上提高企业员工的执行力，保证规章制度真正贯彻执行。

第一章 简单的力量——振东基础管理

管理的本质就是"变无把握为有把握；变不确定为确定；变复杂为简单"。也正如14世纪英国奥卡姆哲学家威廉提出的"奥卡姆剃刀定律"——"如无必要，勿增实体"，这已成为企业追求简单管理的核心理念。

美国通用电气公司的前任总裁杰克·韦尔奇曾说："管理就是把复杂的问题简单化，把混乱的事情规范化。"在他的管理思想中有一条非常著名的论断，那就是"成功属于精简敏捷的组织"。用他一贯主张的速度原则表述便是：最少的监督，最少的决策拖延，最灵活的竞争。他认为企业不必复杂化，对他来说，使事情保持简单是商业活动的要旨之一。他说，"我们的目标是：将我们在GE所做的一切事情、所制造的一切东西'去复杂化'"。

基于对管理本质的正确理解，振东集团近年来以简单、实用为目标，创新并应用了多种管理工具和方法，实现了执行力的大幅提升、不确定性的有效规避、隐形浪费的彻底根除。

1. 稀言自然

迈克尔·波特认为："最简单的方法就是最好的方法"。振东集团对"简单"和"执行力"有着深刻的认识，振东制度表格化和工作程序化两种简单的管理方法，极大地提高了员工遵守制度和有序工作的执行力。

◆ 制度表格化

在做销售市场的总结时，我们常常对比销售额、增幅、排名情况，甚至增幅的对比可能有横向和纵向之分，此时，若用语言描述，大家对于其中的数据变化不会形成深刻的印象，所以总结的效果大打折扣。此时若用表格的形式表达，清晰、直观、醒

15

目，可以毫不费力地帮助大家理解数据的内涵、关系及趋势。表格的展示超越文字的魅力，简单、有效！不需要太多的语言反复说明，以行列的信息交叉精炼地确定了二维平面上唯一的信息内容。这就是"稀言自然"的力量。那能否将表格表达的优势应用到制度管理之中呢？

制度表格化就是李安平总裁和其管理团队找到的使制度得到有效贯彻执行的最好方法。他们认为企业规章制度的有效执行，不仅取决于规章制度是否科学、合理、公正，更取决于制度是否简单易行。许多企业的制度有很深的历史沉淀和积累，条条款款、规章制度确实不少，但能够有效执行的却不多。究其原因，固然与有令不行、执行制度不严格、不认真有关，但制度太庞杂、太烦琐，人们根本记不住因而也就执行不了，监督不了，这是一个更重要的原因。振东集团有十多年的积累，和大多数的企业一样，已形成诸多的各部门各环节的规章制度，但不同的是，振东梳理了所有成文和不成文的规章，将企业的大部分制度尽量用表格的形式表现出来，清晰直观，简单、易行。

振东集团对表格制作提出明确的制度要求，在公司标志、标题、单位、日期、字体字号、表格内容及项目格分类设置、审批权限、表号、表注等方面都有具体规定。它简化了烦琐的文字制度，规范了各部门上下级的反馈沟通，提高了工作效率，实现了制度表格化管理的目的。

与一般企业的表格相比，振东制度表格的特别之处在于：一是左边下角竖排的文字为表号编制，要求与管理流程相匹配。二是表注由五部分组成：由谁填写、审核；填表要求；何时间上报何部门；保存部门及时间；违规责任。表号编制和表注的内容以5W1H的分析方法，将一般文本制度最核心的思想做了简洁的表达，具体的要素为：who（由谁填写、审核）、what（填表要求）、when（何时上报及保存时间）、where（上报何部门及保存部门）、why（表号对应的管理流程）、how（违规责任）。

如表1-1"月差距量化奖罚明细表"，除了表头、单位、日期、表格内容等一般表格的形式外，左下侧的表号链接了与之相匹配的管理流程，表格下端的标注犹如一个简单的文本制度，对表格制度的执行进行了基本的、简洁的说明。

表1-1 月差距量化奖罚明细表

单位：										年 月 日	
处罚(指标： 1次/日)						奖 励					
日期	姓名	部门	处罚原因	次数	金额	日期	姓名	部门	奖励原因	次数	金额
出勤天数		小计							小计		
出差天数		总计							合计		
应罚次数		差额次数									
大写合计：											
执行人：					分管领导：						

ZQ6500-2

注：①差距量化执行人填写,月初1日12:00上报企管部 ②处罚与奖励上报时,须附奖罚单存根并注明原因,奖励须经分管领导审核,否则不予计算 ③应罚=(出勤-出差)×指标(次/日) ④企管存档一年 ⑤违规处罚200元。

表号编制与管理流程相匹配，文字为竖排。

表注由五部分组成：①由谁填写、审核②填表要求③何时间上报何部门④保存部门及时间⑤违规责任。

管理之父彼得·德鲁克曾经这样说过，"管理是一种实践，其本质不在于'知'而在于'行'；其验证不在于逻辑，而在于成果；其唯一权威就是成就。"

优秀企业的逻辑

因此，化繁为简，将复杂的规章制度简单化、具体化，以表格的形式表现出来，让人人能记住、易执行是最佳的选择。

◆ 三色工作程序清单

企业运营效率的高低很大程度上取决于企业的资源要素能否在"空间上合理布局，在时间上合理排列"，实现有序运动。而一个人的工作效率的高低则很大程度上取决于其能否"在需要的时间做需要的事"，实现有序工作。三色工作程序清单就是振东集团为提高员工工作效率，为了避免"遗忘"，减少工作失误而发明的一个有效的管理工具。

有一次，总裁李安平发现一位堪称优秀的加油站经理因为忘记了养护备用柴油机，在突然停电的情况下不能发动柴油机驱动油泵而影响了加油站正常运行的事例。据此他认为，管理上出现各种各样的问题，主要是工作缺乏合理的程序，或者程序不严谨。无论多么优秀的人，都有人固有的弱点，就是在具体工作中遗漏、忘记。因此不能处处依靠"优秀的人"，而应该给每个员工一个"提示牌"，让每一个平凡的员工都不至于遗忘该做的工作和工作的方法，以实现工作零差错和高效率。三色工作程序清单就在总裁李安平发现问题、思考问题的过程中诞生了。

三色工作程序清单以胸卡的形式挂在每个振东集团人的胸前，它详细列出该员工所在岗位每天、每周、每月必须完成的工作。表1-2展示的是计财部经理的"工作程序清单"。

表1-2 振东计财部经理的工作程序清单

计财部经理工作程序	计财部经理工作程序
每日必做 1. 早上10分钟鼓舞自己，增强自信。 2. 检查一次员工形象。(服/卡/证等)。 3. 10分钟做一次早操或户外活动。 4. 细化一次当日工作。 5. 参加一次集团碰头会。 6. 开一次放舞式班前会，接受当日工作。 7. 表扬一次员工。 8. 了解一次员工工作。 9. 请示一次批复付款计划。 10. 审核一次当日销售费用支出。 11. 安排一次当日资金支付。 12. 审核一次费用报销手续。 13. 审核一次记账凭证。 每周必做 1. 生产车间了解一次生产及成本情况。 2. 与生产部门领导沟通一次相关事务。 3. 分析一次销售流转数据。 4. 进行一次生产质量安全巡检。 5. 分析一次市场应收账款并督促清理。 6. 参加一次资金运作情况。 7. 参加一次管理知识培训。 8. 抽查一个岗位账务处理情况。 9. 回复一次案例。 10. 参加一次专业知识培训。 11. 与一个业务骨干交流沟通一次。 12. 与一个下属伙伴、喝茶或聊天。 13. 与一个中层以上管理人员座谈。 14. 与一个非公司的朋友沟通一次。 每月必做 1. 参与一次本单位的盘点工作。 2. 检查一次现金库，做到账实相符。 3. 对在的问题进行集中解决一次。 4. 对当所制凭证进行一次汇总。 5. 审核本月电算化凭证。 6. 月末结账并进行一次账账核对。 14. 了解一次回款发货借款开票情况。 15. 与一个其他部门人员沟通一次。 16. 了解一次应收账款情况。 17. 了解一次当日生产情况。 18. 纠正内部一个细节上的不正确做法。 19. 向主管领导汇报一次当日财务信息。 20. 计划一下明天的工作。 21. 开一次找差距式班后会。 22. 处罚一名员工。 23. 写当天工作日志和工作记录。 24. 看一篇新闻、读一份报纸。 25. 给亲朋、领导通一次电话。 26. 睡前20分钟找当天工作差距。 15. 看一本财会杂志。 16. 阅读一次《振东视野》。 17. 分析一次各种周报表。 18. 与部门总监汇报本周财务工作。 19. 回复一次哲理知识。 20. 加一次例会。 21. 查阅本部门人员工作日志并评价。 22. 参加一次技能培训及专业知识培训。 23. 汇报一次本周工作落实情况。 24. 找一次本周工作中差距定出纠正措施。 25. 表扬一个骨干、批评一位不正职人员。 26. 制订一个工作计划。 27. 参加一次娱乐活动。 7. 与分公司核对一次内部往来款项。 8. 编制一份财务分析报告。 9. 审核一次月度代账进度。 10. 确认一次办税申报进度。 11. 安排缴纳一次税款。 12. 审核重点税源报表。	13. 分析一次月度各种报表。 14. 与上级领导沟通汇报一次当日工作。 15. 组织一次经济、成本分析会议。 16. 向一业务精通的财务人员请教一次。 17. 征求一次本部门人员的意见。 18. 参加一次赛账活动。 19. 审理、总监交心一次。 20. 与管理人员吃饭、娱乐一次。 21. 带培一名新员工。 每季必做 1. 参加一次公司组织的季考。 2. 参加一次财务系统考议会。 3. 编制一份税务考虑报表。 4. 研究透一个会计处理的方法。 5. 重点帮助一名有潜力的本部门人员。 每半年必做 1. 修订一次各种表格报表。 2. 组织一次财产清查。 3. 进行一次盘点处理。 4. 对半年工作进行一次总结。 5. 核算公司半年任务完成情况。 6. 向部门总监汇报一次本部门工作建议。 7. 向总经理汇报一次半年财务工作。 8. 开展一次批评与自我批评活动。 每年必做 1. 对制药公司的物资进行一次全面盘点。 2. 对盈亏进行一次合理化处理。 3. 对现金、银行存款全面核对一次。 4. 对全年销售情况全面分析一次。 5. 填制一次年度各种表。 6. 对当年应收账款核对、通报一次。 7. 做一份全年分析报告。 8. 参加一次生产、销售年终经济分析会。 9. 参与一次公司预、决算工作。 22. 发表一篇财税方面的文章。 23. 读一本经管方面的书刊。 24. 编写一个案例。 25. 梳理一次本月工作完成情况。 26. 整理一次有关资料并归档。 27. 对财务人员工作审评一次。 28. 制订一次下月工作计划。 29. 全身心放松，休息一天。 6. 参加一次征求员工意见和建议活动。 7. 成功带培一名业务骨干。 8. 差距式总结一次本季工作。 9. 制订一下季度的工作计划。 7. 参加一次下级评议上级活动。（密报） 10. 参加一次岗位知识培训。 11. 对公司财务制度提一项建议，上报。 12. 参与一次全体员工综合素质测评。 14. 差距式总结一次半年工作。 15. 计划一次下半年工作。 16. 与爱人朋友休闲放松一次。 6. 对全年财务档案整理一次。 11. 给领导提一次合理化建议。 12. 召开一次本部门年终总结会。 13. 参加一次年终总结会。 14. 做一份下年工作计划。 15. 接受一次公司财务审计。 16. 参与一次银企、税企联谊会。 17. 慰问一次相关业务部门领导。 18. 度一次假。

通过这张清单我们可看到，它清晰、简洁，罗列了该岗位每日必做的事、每周必做的事、每月必做的事，甚至每季必做的事、每半年必做的事、每年必做的事。使各个岗位清楚了解什么时候做什么和做到什么程度，不需要管理者指东道西。就如一个交响乐团，号手也好，小提琴手也好，每个人都知道何时应该做什么，用不着指挥告诉他。同时，清单上的工作项目分别用了黑色、蓝色和红色的文字，其中黑色文字描述的工作项目是已经形成习惯的项目，蓝色文字则表示正在形成习惯的

19

项目，而红色文字表示依然陌生的、不习惯的工作项目。这就等于给每个员工制定了一个工作习惯养成计划，在企业培训体系的支持下，每位员工都要有意识地加强自身对"尚不能完全适应的工作"的方式方法进行学习研究，不断把"红色"工作转化为"蓝色"工作，把"蓝色"工作转化为"黑色"工作。

正如美国医生阿图·葛文德所著畅销书《清单革命》中的清单宣言："人类的错误可以分为两大类型。第一类是'无知之错'，第二类是'无能之错'。'无知之错'可以原谅，'无能之错'不可原谅。如果解决某类问题的最佳方法还没有找到，那么只要人们尽力了，无论结果如何，我们都能接受。但是如果人们明明知道该怎么做，但却没有做到，那么这类错误很难不让我们不暴跳如雷。""无论是在医疗行业，还是在其他领域中，一些工作的复杂性远远超出了个人可以掌控的范围，即便是最能干的超级专家也难免会犯错。""清单革命立足于已有的经验，既能充分利用我们所掌握的知识，又能弥补人类不可避免的缺陷和不足"。

振东的这张工作清单，就是基于经验的积累所形成的各岗位的工作程序。它在振东集团的广泛应用，首先，使员工工作程序变成习惯，避免了"遗忘"和"失误"，最大限度地提高了工作效率；其次，使员工能在工作中扬长补短，不断实现自我完善和提升；再次，它减少了管理者的工作量，实现了管理者从日常管理事务中的解脱，使他们有更多的精力处理重大的管理事务。

2. 规避不确定性

管理的直接目的不是获得成功的结果，而是提高成功的把

第一章 简单的力量——振东基础管理

握，即规避不确定性。

不确定性就是指事先不能准确知道某个事件或某种决策的结果。或者说，只要事件或决策的可能结果不止一种，就会产生不确定性。不确定性给企业带来的影响有大有小。小而言之，可能影响一次营销活动的成败；大而言之，则可能使企业遭受灭顶之灾，破产倒闭。由于不确定性，一些企业不敢放手去做比较长期的规划和投入，或者毫无理性、不顾后果地孤注一掷。对不确定性的畏惧是人的普遍心态，美国投资奇才索罗斯就曾言："我什么都不怕，只怕不确定性。"当然，不确定性的影响并不总是负面的，它本身是一柄"双刃剑"。正是由于不确定性、模糊性和混沌性，才使得后来居上、脱颖而出成为可能；才使一些企业有望实现超常规、跨越式地发展。

总裁李安平经常说，企业经营从来都是在一个不确定的环境里，不确定是绝对的，确定是相对的，正是不确定的环境给了我们展示有别于他人经营管理智慧的机会。所以，作为管理者必须习惯于管理各种不确定性，在不确定中发挥我们的聪明才智，化解乃至创造并利用不确定性，为企业高效、稳定发展创造条件。相对于多变的外部环境而言，企业内部环境相对稳定得多，但企业基础工作事项也常常由于各种原因而变得不能确定，较大程度地影响着企业工作的效率。为首先规避内部的不确定性，振东集团创立了诸多科学管理的方法和措施。其中法定日和早计划、晚汇报是基础管理中两种应用效果显著的方法。

◆ 大事要事早安排：法定日

德鲁克在《卓有成效的管理者》一书中说："管理好的企业

总是单调无味,没有任何激动人心的事件。那是因为凡是可能发生的危机早已被预见,并已将它们转化为例行作业了。"

振东集团的法定日就是将企业诸多大事和要事进行及早的安排,并加以固化成为企业的例行作业。他的基本思路就是按时间主线梳理公司级阶段性的必做工作;按业务主线梳理各团队阶段性的必做工作;按各项工作的时间周期规律性,确定各项必做工作的完成时间,依据经营管理的周期性特点,将一些重要的管理项目在周、月、季、年不同阶段内以法定日的形式体现出来。表1-3是振东在发展过程中已经形成的集团法定日。

表1-3 振东公司法定日

周期	时间	内容	组织部门	责任人	参加人
周	周一	每周一理日	企管部	经理	全员
	周三	学习日	各团队	经理	全员
	周四	每周一案日	企管部	经理	主管以上
	周六	周例会	各团队	经理	全员
月	1日	考勤公示日	办公室	主任	全员
	5日	产、供、销调度日	制药生产	生产副总	相关人员
		技术日	技术中心	总监	相关人员
	第一周六	经管培训日	人资部	总监	主管以上
	10日	决算日	计划部	总监	副总
	15日	表格规范日	企管部	经理	全员
	20日	自检日	各团队	经理	全员
	25日	内刊出版日	编辑部	责编	各刊编委

第一章 简单的力量——振东基础管理

续表

周期	时间	内容	组织部门	责任人	参加人
月	28日	民主评议日	人资部	经理	全员
		预算日	计划部	总经理	副总
		生产成本分析日	制药生产	副总	相关人员
	全员	第三周六	经理、员工论坛	人资部	坛主
季	季初周六	资料规整日	办公室	主任	全员
	季末第三周	人事测评周	人资部	总监	全员
	季末25日	人事梳理日	人资部	总监	经理以上
	季末第三周周三	考试日	人资部	总监	全员
	季末周六	高管论坛	办公室	坛主	高管团队
年	三月	民主生活会	工会	主席	全员
	四月	PK月	企管部	经理	全员
	七月第一周	评议上级周	人资部	总监	全员
	七月十八日	职代会日	工会	主席	会员代表
	八月第三周日	扶贫济困日	工会	主席	全员
	十月一日	文化活动日	办公室	主任	全员
	十一月第二周	评议上级周	人资部	总监	全员
	冬至	冬助日	工会	主席	全员
	六、十一月	清兑月	计划部	总监	全员
	腊月二十三	敬老日	工会	主席	全员

23

续表

周期	时间	内容	组织部门	责任人	参加人
年	元月第一周	年度总结周	各团队	经理	全员
	十二月第三周	计划决定周	计划部	总裁	全员
	正月初八始	大型培训会	人资部	总监	全员
	正月十三	年总结大会	办公室	主任	全员
	正月十四	任务签订会	计划部	总裁	公司经理
	正月十五	激情联欢会	办公室	主任	全员

从上表可见，振东法定日的管理项目，涉及培训、考核、生产、管理、公益、文化等各个方面，组织部门明确，责任到人，全员参与，易于管理。通过法定日的实施使管理者及员工明确预知，各项必做的工作何时、何地、何人负责完成；自己的职责是什么；活动的内容和目的是什么等等，从而提前做好时间的安排和工作准备，避免了工作的无序和不确定，提高了工作效率。

◆ 早计划、晚汇报

今天的世界唯一不变的就是变化。企业内外环境中的诸多要素每时每刻都在相互碰撞、摩擦，导致企业的运行状态随时都可能发生变异，出现不确定事件。这一现实使诸多企业家在经营过程中，均有如履薄冰之感。为此不得不早计划、常总结，期望能规避不确定事件的发生。振东集团将这一做法由管理层推广到了一般员工，并强制执行，使员工自我管理与上级监督制度化，形成员工"自我管理"的机制。

振东集团的每一个员工，每天早上都要细化一次当日工作，并将所拟定的当日工作计划以手机短信方式发给自己的直接上级。而当一天的工作结束，则要对当天的工作进行总结，工作成果的短信也要发给自己的直接上级。要求全员早计划8：00前完成，晚总结17：00后完成。下面分别是一份早计划范本和晚总结的范本。

早计划范本：

（1）与王老师见面，争取拜访王院士。

目的：沟通交流，做好芪蛭项目。

（2）与张老师见面。

目的：沟通交流、争取项目合作。

（3）联系沪中医药大学。

目的：落实督促芪蛭毒理研究总结情况。

（4）预约葛老师。

目的：提前预约保健食品功能监测，进一步为人及技术实力，物色保健食品核心专家人选。

（5）预约周主任见面。

目的：协商中风星蒌项目论证，决策是否申报事宜。

激励语：书是音符，谈话是歌，沟通是魔鬼。一切合作都建立在良好沟通的基础上，让我们时时用心、事事求知，不断总结、完善自我。【振东明花】

晚总结范本：

（1）与北京市建委许处沟通推进中关村上帝房产过户工作。

结果：还需下周到北京协调。

（2）与经坊村委协调专家楼占地的事情。

结果：顺利，效果好。

（3）召开工程公司、装修、工程部落实项目施工计划。要求下周拿出继建和新建工程施工方案。

结果：布置明晰，士气高，效果好。

差距：做各工程方案难度大，需请专家培训。【振东文奇】

振东集团驱动员工完成工作的管理方法，可以凝练成"做计划、看结果、知未来"。这看上去很简单，但真正做到让每个员工每天都能够将之贯彻落实，便产生出神奇的功效，每个员工的心思便会被牢牢地"拴"在工作上。"每天下班之后，就开始考虑明天的工作计划了"。在计划中就会思考明天可能遇到的变化和障碍，就会寻求解决的办法。所以，早计划能够有效地应对每个员工工作可能遭遇的不确定性。更重要的是，每天给自己制订的工作计划，都是要落实到位的，要在下班前向上级汇报清楚你今天全部工作的结果。这就让每个员工都没有机会"混"日子。

每天的工作计划和总结除了要直接向上级汇报之外，还要填写到工作日记中，形成日积月累的工作"记事"，一周下来，一个月下来，一个季度、半年、一年下来，每个员工做过多少事，做得怎样，都有清楚的记录，既不会埋没谁的成绩，也不给哪个人虚报冒功的机会，每个人的工作日记，就是自己的"功劳簿"。

3. 拨云见日

阳光能驱散阴霾，带来光明；滋生万物，带来生机；补钙杀菌，带来健康。这些都是阳光的自然属性。相应地，如果把"阳光"这一元素引入到企业管理工作中，也同样会给企业带来光

第一章　简单的力量——振东基础管理

明、带来生机、带来健康。管理过程因为阳光化而变得简单。

总裁李安平认为：人人几乎都会有被轻易拉向黑暗的一面，因为与我们的本性相比，环境力量和群体动态对决定人的行为起着更大的作用。企业中的道德问题并非源于一小撮害群之马，而是源于那些有意无意中建立并维持的一些不透明的制度和不透明的流程，最终诱使成员犯错误。因此，要使员工行为规范，唯一有效的办法，就是构建企业阳光文化，实行阳光管理、透明管理。达到体制透明化、制度透明化、过程透明化，公司除了核心机密以外，其他信息一定要越透明越好。以此将领导者的行为置于全体下属的监督之下，而员工与员工之间也可以相互监督，从而强化领导者和全体员工的自我约束机制，增强单位的向心力和凝聚力，同时大大降低监督成本。正如"金鱼缸法则"所描述的那样：金鱼缸是玻璃做的，透明度很高，不论从哪个角度观察，里面的情况都一清二楚。

◆ 阳光待人

振东在人员的招聘、竞聘、考核、民主评议、薪酬等等方面都是阳光的、透明的。

2013年7月9日，振东集团举办了主管以上岗位竞聘，本着公开、公正、公平、择优的原则，竞聘过程包括自愿报名、资格审查、竞聘演讲、评委点评、民主投票、综合考察等环节。报名竞聘者做了岗位认知描述、个人优劣势展示及成功竞聘后的施政设想等关键内容展示，各位评委根据岗位职责、个人发展潜力等方面提问、评价，并及时公布结果。如此大规模主管以上岗位的公开竞聘，增强了大家的危机意识，提供了岗位交流和岗位职责认知的平台，同时也为广大员工提供了展示自我和职业发展的大好机会，为今后人才培养、选拔工作提供了有益经验。能者上、庸者下，阳光化的人才选拔方式不断优化着这支年轻有为的振东管理队伍。

绩效考核是人力资源管理的核心。成功实施绩效考核，不但能帮助企业提高管理效率，帮助管理者提升管理水平，而且通过有效的目标分析和逐步逐层的落实使企业能够实现预定的战略目标。

振东的绩效考核分为月考核、季考核。月考核包括民主评议和管理指标考核，员工指标来自各部门工作量化指标，副总、部门经理的指标由"带培＋授课＋差距量化＋制度完善＋表格完善＋部门工作"共同构成；季度考核的方法为"民主评议＋理论考试＋技能测试＋领导审评"。

考核中民主评议的方法是非常有特色的，评议内容包括八项，共计100分，其中：态度15分、责任15分、效率15分、沟通15分、学习10分、节约10分、纪律10分、礼仪10分。评议流程包括确定人员、发评议表、部门审评、收集汇总、小组审议、考勤核对、领导终评等环节，评议结果分A、B、C三种，A和C各占20%，不得增加，也不得减少，计算方法为四舍五入，根据打分结果按比例算出前几名为A，后几名为C。考核结果不但与工资挂钩，且同时在公司办公楼的电子通告窗口上阳光公示，督促每一位员工根据自己的差距，改进提高。

◆ 阳光报销

振东集团的"费用阳光审批条例"中，明确了阳光费用项目

第一章　简单的力量——振东基础管理

及时间要求，并规定：集团各子公司各团队第一把手负责成立本团队费用阳光小组，第一把手任组长；费用开支人员在报销费用时，必须通过阳光审批，加盖阳光费用章后由费用阳光小组组长签字确认，否则财务不予报销。每到费用报销时间，就要召开费用报销会。例如在周例会上，各团队进行上周工作总结、下周工作部署后，就开始对上周开销的费用进行阳光审核。此时，要报销费用的人就要用PPT展示自己所有的费用开支，说明具体理由和花销情况。对于不合理的开支会受到与会者的当场质疑，如果报销人不能做出满意的解释，发票会被当场销毁，所支出的款项则由报销人自己"埋单"。

如此阳光、公开的会议审核形式，容不得任何一个费用报销者弄虚作假。阳光费用章，表象上是一次费用核销的结束工序，实际上是费用控制责任的一次庄严履行，"廉洁公正、细析严审、合理准支、超标销毁"，不仅仅是刻在章上，印在票据上，更烙在每位员工的心上。

经过阳光费用会议审核后，报销人到各子公司财务部稽核会计处进行费用审核，稽核会计对费用的合规性、发票的合法性、数据准确性进行审核签批。财务负责人、公司领导对各团队阳光审核之后的费用严格按公司制度进行会签，发现违规行为当场核实处罚。

实际上，透明化是解决公司内部弊端的最佳工具，只要强化公司透明度，所有员工和管理者的言行都将暴露于阳光下。管理者的行为将置于员工监督之下，可以防止权力滥用的状况并强化管理者自我约束机制；员工在履行监督义务的同时，自我意识和责任也会得到极大提升，敬业的态度及对企业的忠诚度都将得到升华，最终实现企业规范化运作。

（三）由治到变——流水不腐

作为基础管理的基本内容，"治"与"变"是基础管理体系中辩证的两个方面。

"治"是保证系统的活动顺利进行的基本手段，"治"要严格地按照预定的规划来监视和修正系统的运行，减少摩擦和内耗，以保持系统的有序性。没有"治"，企业的目标就难以实现，系统各个要素就可能相互脱离，各自为政，各行其是，从而整个系统就会呈现出一种混乱的状态。所以"治"对于企业生命的延续是至关重要的。

但是，仅有"治"是不够的。作为开放的系统，企业基础管理体系所面临的外部环境和内部的各种要素都在不断发生变化。企业基础管理体系若不及时根据内外变化的要求，适时进行调整，企业则可能被变化的环境所淘汰，或为改变的内部要素所不容。这就要求基础管理适应内外环境而"变"，只有"治"，而没有"变"，系统就会缺乏活力，犹如一潭死水。

正如物理学的熵增原理中所描述，原来基于合理分工，职责明确而严密衔接起来的有序的系统结构，会随着系统在运转过程中各部分之间的摩擦而逐渐从有序走向无序，最终导致有序平衡结构的解体。

总裁李安平认为："创新精神从实质意义上是要我们自我加压，以积极的态度对待学习，不断地充实自己，从而具备创新的

第一章 简单的力量——振东基础管理

资本，拥有创新的能力。当你来到振东，融入振东时，你就要记住纵容自己就是毁灭自己，别让你的怠慢、弱点、安逸和需要毁灭了你的明天，因为我们是振东人！"

"执着追求卓越、勤学得以提升"是振东精神的重要组成部分。振东被业界誉为"高位起跳、日臻完善"的上市公司，由"治"到"变"的自逼机制功不可没。

1. 弥漫在振东的学习氛围

基础管理的核心是人，只有人的素质得到提高，才有基础管理体系的完善和提高。

很少有哪一个民营企业像振东那样重视学习，去过振东的人感觉振东就像一所学校，每一个员工都是学生。

总裁李安平常说："知识与勤奋可以成就未来，投机与懒惰只会庸碌无为。要把工作当学习，把学习当工作。要时时用心，事事求知，才会天天进步。"他是这么谆谆教导振东的员工，也是这样身体力行的。正是这种好学、乐学的精神成就了李安平辉煌的人生，创造了振东的伟业。

年少时因为穷困辍学的李安平始终热爱学习。条件允许后，李安平深知企业管理需要的不仅仅是个人魅力，而且需要一整套专业扎实且具有战略发展眼光的管理理念。他到北大的 EMBA 进行深度研修，在学习期间也结交到很多叱咤商海的领军人物。

在班里，他的同学有牛根生之类的商界大亨，但是他却凭着那股孜孜不倦、勤奋好学的精神被推选为班长。他明白，"大牌"同学是一种隐形的资源，更是一笔潜藏的财富。每个人背后都有自己的成功之道，别人身上的长处或许就能恰到好处地补一己之

优秀企业的逻辑

短。与同学的彻夜长谈成为李安平的家常便饭，有着谦逊治学态度的他更成为这些佼佼者们纷纷仿效的榜样。

李安平还有一个习惯，走到哪里书就带到哪里，只要有时间，他都要读书、学习。与他交谈的过程中，你会感受到他涉猎的政治、经济、文化、管理、营销等方面的知识之广泛，和他满腹韬略，学识渊博，妙语连珠，处处闪烁着深邃的思想。

李安平曾经深情地说："我的梦想是当老师，而不是当老板。"在李安平的人生经历中，没有当成老师是他的遗憾，但他实实在在又是一名老师，孜孜以求地在振东辛勤耕耘，教导、培训着他的员工。在振东集团的员工眼里，李安平的角色至少有两个：一是总裁，再就是教师。他认为只有跟员工在一起学习的时候才能及时发现存在的问题和漏洞。企业竞争越来越表现为员工素质的竞争。从某种意义上说，能否拥有一支数量充足、结构合理、素质优良的员工队伍，将成为企业生存与发展的最终决定因素。企业要想在变革中保持持久的竞争优势，就要建设互动共享的学习体系，因此光自己学习是远远不够的，李安平还要力图把振东创建为一个学习型的企业。

振东的培训教材全部由李安平根据企业自身情况和国内外先进企业的管理经验，自己编写，不断更新，足有几十万字。他的讲课风格生动有趣，语言朴实，案例翔实，极容易被员工接受。大家眼里的李安平，不像总裁，更像一位亲切和蔼的老师。

李安平在员工培训中说：在振东不怕不会，就怕不学；不怕人笨，就怕人懒；不怕基础学历低，就怕没有上进心。因为振东本身就是一所带薪大学，培养MBA的殿堂，每个管理者必须是培训师。人人都要"把工作当学习，把学习当工作"，转变观念，放开胆量，"干中错、错中学、学中干"，使企业真正形成一个社会实践大学，打造学习型企业。

◆ 全员学习的课堂：振东商学院

振东集团为践行公司倡导的"一个家庭、一支军队、一所学校"的人才培养观，打造人才生产系统，解决人才复制难题，提升企业核心竞争力，于2012年2月11日成立了振东商学院，持续致力"隐形经验显性化、显性成果标准化、标准课程呈现化"的三化建设，在企业内部搭建了以培养医药行业各类专业人才为目标的培训服务平台。振东商学院以振东全体员工为载体，总裁是院长，管理层是老师，员工是学生，大家都以"老师"、"学生"相称。学院划分出不同的系，并设立相应的教研室，相关部门的一把手担任系主任，骨干担任教研室成员，整个振东成为一所大学。商学院关注全体成员的职业素质和专业技能，以岗位素质模型和职业能力现状为基础，区分不同专业、层级、需求，为员工提供个性化的培训服务。在培训方式上采取集中面授、案例分析、头脑风暴等现代教学手段，最大限度激发学员的积极性，发挥学员的主动性、创造性，实现从理论到实践的全面提升。振东商学院全面整合国内院校及知名医药培训公司的优秀资源作为振东的外聘教授，同时设立内部导师，李安平院长常常为商学院全体师生授课。

振东商学院除了进行常规的员工入职、转岗、晋升培训活动之外，每个管理者，甚至普通员工都可以根据自己的特长开发课程，这些课程涉及日常工作的方方面面，形成了一个覆盖每项工作的课程体系。这些课程都有固定的授课时间，向企业的全体员工开放。员工根据自己的知识结构，特别是针对自身工作需要而又不熟悉、不熟练或者方法不当的问题，有选择地申请听课。对于每一门课程，集团人力资源部门都指导备课并按照标准进行审查，批准开课之后实行双向考核，凡是报名学习某门课程的员工都必须确保听课时数，并通过考试才能获得相应学分，同时学员也要对授课老师进行评价，评价结果和选课学员的多少直接影响到对授课老师的奖励水平。每周三下午是各种公开课集中授课的时间，每到这个时间，振东商学院十几个教室都会挤满了前来听课的员工。

振东商学院通过企业商学院建设的正规化、可持续化、国际化、前瞻性等多维度评估及运作成果验收，以其运作模式的独创性和发展的迅速性，在中国企业商学院院长论坛暨年度颁奖盛典上荣膺2013年度中国企业商学院唯一最佳成长奖。

◆ 海纳百川兼容并蓄：轮讲轮训

振东在发展过程中自行总结形成了"轮讲轮训"互动式的培训方式，十分受员工欢迎，成为振东员工学习的一种主要形式和创新模式。

"轮讲轮训"是公司内培的一种方法和手段，也是公司的一项基本制度，每周三下午是公司的法定培训日。每一个人既是培训者，也是受训者。在每一个部门里，大家轮流坐庄，每个人都有当老师和当学生的机会。

"轮讲轮训"的目的就是通过示讲、示教、示用等生动活泼的形式，找差距、讲案例、交流经验、互相学习、彼此借鉴，使

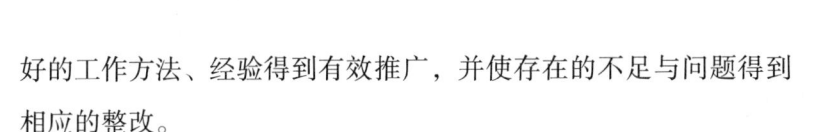

好的工作方法、经验得到有效推广,并使存在的不足与问题得到相应的整改。

轮讲轮训的方法各种各样,有个人演讲、案例讨论、小组活动、现场学习、模拟练习、心理测试、角色扮演、游戏竞争等。

轮讲轮训的内容无所不包:产品知识、团队建设、销售技巧、费用管理、风险控制、绩效考核、企业文化、服务意识、阳光思维、客户管理、工作程序、目标管理、时间管理、沟通技巧、管理案例、礼仪知识、目标设计、规章制度等。

培训者选择培训议题,通过各种途径选择素材,查阅文字资料,请教同事和领导,编辑培训提纲,撰写培训内容。培训者讲授中围绕主题,积极主动,对照自己,剖析案例。受训者针对问题,畅所欲言,结合实际,找出差距。

轮讲轮训成为振东员工相互沟通技能和技巧的平台,成为提升员工自信最有效的办法,也是员工最好的相互学习的方式。通过这种互动式的培训,提高了全员的学习意识、沟通能力和综合素质,人人都得到了很好的锻炼,个个拉出来都不含糊,大家快速融入企业文化中,企业也通过活动发现和挖掘了更多的人才。十几年来,在"轮讲轮训"这个大平台上,无数优秀人才脱颖而出,铸就了"振东培训"的品牌。

◆ "走出去""请进来":"2+2"培训模式

振东的"2+2"互动培训模式中,第一个"2"指每位振东学员都有接受培训的任务,一方面在公司内部接受本系统或其他系统领导或专家的培训,另一方面是每位振东学员都要定期走出企业,到外部接受公共管理领域或本职行业专家的培训;第二个

"2"指每位振东管理者都有传授培训的任务，一方面给体系下属进行岗位专业技能或公用技能的培训，另一方面到培训中心给新员工做入职培训或到其他体系做一些工作需求方向的培训。

在振东内部，有各种接受培训和培训他人的机会和场合。每月第一个星期六是公司法定的"经管培训日"，通过专家讲座、观看光碟等形式对全体管理人员就"观念、素质、技能"等方面进行培训，同时对本月的工作进行详细总结，对下月工作做出全面部署安排。虽然振东地处晋东南的长治县，但国内一些顶级的专家、学者及同行常常被奉为座上宾，在振东的讲坛上为员工输送知识，带去最前沿的信息。

振东每季度都会组织管理人员"走出去"与兄弟单位沟通交流、学习取经，定期选派管理人员到高校学习深造。振东积极利用外部优势资源，与大专院校合作，输送多名高管外出至中欧商学院等高等院校进修，先后与北大、清华合办管理干部培训班，与中国人大合办MBA研修班，与北京中医药大学合办中药制药专业硕士研究生班等，与山西大学联合成立"振东制药研究生教育创新中心"，在山西财经大学建立"振东管理研究院"。振东也通过多种形式到其他单位授课，如李安平总裁及其高管到大学课堂授课，传播了振东的管理思想和管理模式。

◆ 承前启后无私奉献：带培制

振东的"带培制"是振东在实践中解决问题、培养下属的有效制度。

振东早在2004年就开始实行具有本土特色的带培制。带培主要是指新员工入职时由公司中层以上管理人员与之结对进行企

第一章 简单的力量——振东基础管理

业文化熏陶,并从中发现优秀人才的一种人才甄选培养机制。带培很大程度上加快了员工融入企业和熟悉岗位的速度,降低了新人流失率。同时,对于在职骨干的带培也为公司发展提供了源源不断的管理人才。

2011年,为更好地适应素质教育,实现人才培养目标,振东集团以"全员育人、全过程育人、全方位育人"为核心理念,结合多年来经营管理实践经验,完善了导师制管理制度。每位导师必须选择一名或两名培养对象进行带培,培养时间不少于2年;所有经理级以上管理人员(含经理)均可成为导师,每位导师所选择的培养对象应比其职务低一级或两级;导师必须通过沟通共同讨论确定符合受导者实际的发展目标。

导师带培对非营销类培养对象采取"五个一"的带培方式,即"每周一沟通、每案一剖析、每理一探讨、每事一交流、每会一活动";对营销类培养对象从"学习、培训、思想、生活、沟通、费用、五开、业务"八个方面进行。导师按要求每月给受导者布置作业,认真批阅后报人资部。

人资部根据导师的带培记录、受导者对导师的评价、受导者的目标达成效果对导师每季进行一次考评,并在年终进行年度终评。按照培养目标达成情况,获"高级导师""中级导师""初级导师"称号,并给予相应的津贴。

得益于"导师制"这种好的制度,下级与领导的距离感没有了,更多的是"师生情",领导成了无私的老师,员工成了勤勉的学生。冰冷的上下级制度没有了,企业氛围更加融洽。通过带培制,管理人员的知识和经验得到传承,加强了管理者培养人才的责任感，也使员工得到了指导和引领，促进了他们的成长，构建了适合企业发展的人才梯队。

在振东，还有一种带培制是"老带新"。管理者由于自身工作繁忙，不可能顾及所有新员工，于是管理者一般都会安排老员工来带领。老员工往往会"倚老卖老""欺负"新员工，例如，多做额外工作或者增加工作量。这样既能使新员工更快地进入其工作角色，也锻炼了其承受压力的能力，慢慢地就变得特别坚韧了。很多时候，团队中的老员工去带新员工，做新员工的榜样，新员工也能很快度过与团队的磨合期，融入团队。同时，在老员工的带领下，新员工对岗位所从事的工作能很快适应，上手快，提高了工作的熟练程度。

◆ 脑力激荡共成长：论坛模式

论坛模式也是振东的一大特色。振东集团针对工作中普遍存在的问题定期举办高管论坛、经理论坛、员工论坛及研究生论坛等主题活动。论坛中，大家相互分享知识，达到互学经验、互找差距、互助提高的目的。

高管论坛在每季的季末星期六举行，每一次论坛都有一位坛主、一个论坛主题，论坛常在风景名胜地举行，也给高管们提供了放松身心的机会。论坛针对企业经营管理中存在的现实问题确定主题，例如"谈议事委员会的重要性""如何优化人力资源配置"等等。论坛的举办增加了高管团队之间的沟通，对保证决策的民主性、科学性，强化公司各项经营管理，提高效率、增加效益，保证公司健康、稳步发展具有重要作用。

每月第三个星期六是振东的"经理论坛"，它是振东经管团队互相交流、互学经验、互找差距、互相提高的平台。从2007年10月开始，每月一次的经理论坛成为经理们的盛宴。经理论坛由不同部门的经理选定主题，提出申请，在人力资源部门的支持下进行论坛策划，召集论坛的参与者，选择一些风景区举办论坛。论坛的主题丰富多彩："职业经理人应具备的素质""个人发展瓶颈及破解措施""如何做好经理""如何组织会议""如何授权""如何做好绩效考核""如何挖掘部门潜力人才"等等。大家畅所欲言，相互分享管理经验，讨论并解决当前管理中的现实问题。经理论坛为打造振东一流经管团队做出了重要贡献。

每年单数月的第二个星期六是振东的"研究生论坛"，是研究生们交流学习、答疑解惑、共同提升的平台。论坛主题有"研究生团队的优势与劣势""研究生如何提升""如何做好职业生涯规划""如何做好节约"等。论坛上，大家相互交流经验，畅述在技术、管理、生活中遇到的难题，并通过讨论找到解决问题的最好办法。

每月第三个星期六是振东的"员工论坛"，是振东全体员工互相交流，互找差距、互学经验、互相提高的培训内容之一，是最受员工欢迎的培训活动。在论坛中大家相互分享工作经验，讨论解决在工作岗位和生活中的难题。振东力图通过"员工论坛"，把振东各岗位一线员工培养成最优秀的"战斗"能手，把各班组打造成最具竞争实力的一流团队。

这些论坛都是针对日常工作及管理中遇到的问题展开的讨论，各抒己见，会后主办者要将每个参与者的发言整理成册，交给专门的承办部门进一步调查研究，转化为公司的经营政策或者管理制度，将好的思路和创意固化下来。这些经常性召开的论坛还有另外一个重要的意义，那就是让对同一个问题感兴趣的员工有机会近距离交流思想，激发每位员工思考问题、解决问题的兴趣，也让对某些问题有深入思考，或者擅长解决某类问题的员工广为人知，成为日后解决某类问题会寻找的求助对象或者进行小规模头脑风暴的合适人选。

  组织犹如一座知识库，研究者认为，组织管理者的重要职责在于如何维护、创造、储存以及杠杆式地应用这座知识宝库中的知识资产。组织知识具有分布性、嵌入性、集体性和累积性等特点。知识在拥有者与需求者之间相互交流，才能强化企业价值，提高组织竞争力。管理者能促进知识在组织中或组织间流动得越频繁，那么组织所创造与取得的知识也就越多，同时知识分享与应用的成效也就会越明显。

  "学习就是工作、学习就是发展、学习就是竞争力。"正是秉承这样的理念，十多年来，振东从企业高管到普通员工，从一天一次的工作日记、一周一次的全员学习日、一月一次的经管培训日到员工论坛、经理论坛、高管论坛，无人无时不在学习，组织学习已成为振东员工工作和生活的一部分。组织学习不仅为振东知识宝库创造、累积新知识，而且促进了振东知识使用、转移、整合、取得与储存，成为振东知识库所能发挥的吸收能力、动态能力与创新能力的重要支柱。最终，组织学习解决了基础管理中出现的各种问题，夯实了基础管理水平，打造出一个基础管理扎实的振东集团。

  2. 寻找短板、持续改进

  企业制定的各种制度、规则、程序，目的是未雨绸缪、防患

第一章　简单的力量——振东基础管理

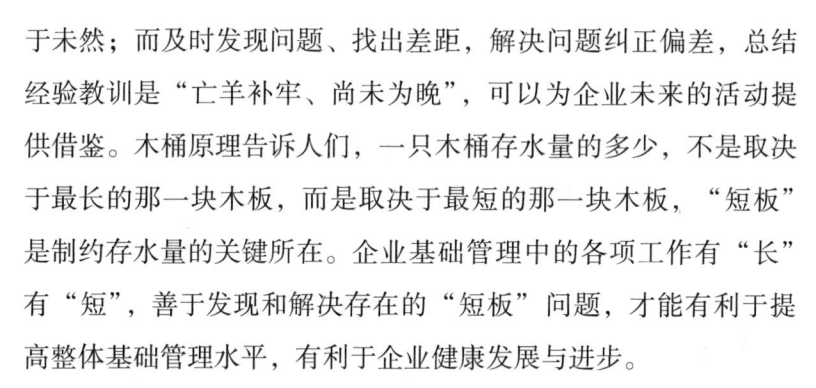

于未然；而及时发现问题、找出差距，解决问题纠正偏差，总结经验教训是"亡羊补牢、尚未为晚"，可以为企业未来的活动提供借鉴。木桶原理告诉人们，一只木桶存水量的多少，不是取决于最长的那一块木板，而是取决于最短的那一块木板，"短板"是制约存水量的关键所在。企业基础管理中的各项工作有"长"有"短"，善于发现和解决存在的"短板"问题，才能有利于提高整体基础管理水平，有利于企业健康发展与进步。

任何一个薄弱环节都有可能导致企业在竞争中处于不利位置，最终导致失败的恶果。那么如何找到短板并提升，打造企业的竞争力，实现企业的持久健康发展？振东人在管理实践中梳理总结出了应对管理短板的最有效工具。

◆　纠正偏差的利器：差距模式

总裁李安平说过，差距是前进的动力，不找差距就没有动力。世界上没有完美的人，差距与不足人人都有，但很多时候人们可能由于各种因素，不愿或不敢去承认和面对。差距面前，我们要有忧患意识，要有不进则退、小进也是退的意识。我们要充分认识自身存在的问题，要深挖、要狠挖，要制定有效的解决方案，要坚信"只要精神不滑坡，办法总比困难多"的信念。我们要学会"找比自己强的比出差距、找比自己差的比出自信"。

2004年是振东的差距年。振东要求在每项活动结束后，必须现场找出差距。所有的工作总结，必须突出差距，淡化成绩。人人找自己的差距，事事找工作的差距，时时改正缺点，避免再犯。振东的差距年创造出了"差距模式"。

为了运用好差距模式，堵塞管理漏洞，形成人人都管事，事事有人管的良好氛围，振东在实践中总结出了差距量化制度。集团部门经理及以上管理干部均有差距量化指标，这是硬性指标。奖罚依据是公司的制度，目的是纠偏树正，追求进步。差距量化罚款指标以"次/日"核定，按月进行考核。月次数＝核定日次数×当月实际出勤。比如某个管理者一个月的差距量化指标会有25个，基本上是每天一个。员工任何违反公司规章制度的事，管理人员看到了，不论是否是本部门的人员，都可以对其进行处罚。差距量化执行情况纳入管理者当月管理绩效考核，占比10%。月度差距量化完成金额比例最高的前三名给予奖励，当月指标每缺一次处罚100元。

人都有惰性，遇到问题如果没有差距量化指标，可能管理者就不愿意得罪人，对问题视而不见，管理就会下滑；因为有指标的考核，管理者必须管事。一般而言，挑别人的毛病，人们总会有反感。但在振东已经形成了习惯，员工已能安然处之。

差距量化奖励不设指标，按公司相关奖励制度执行。总的来说，有奖有罚，奖励比处罚多。

从每位管理者的差距量化指标，到每项活动后的现场找差距，每位振东人都深刻体会到了差距模式的魅力，无一不从差距管理中获益提升。差距寻找准确到位了，整改差距就变得有针对性和实操性。卓有成效的纠正措施，未雨绸缪的预防措施，详细周详的应急措施，差距模式让振东团队走上了健康发展的快车道。

差距模式是振东应用最好的模式之一。李安平要求振东人充分认识并查找个人和工作上的差距，抓住阻碍发展的短板，并制定出切实可行的解决方案，使企业保持健康快速稳定的发展。振

第一章 简单的力量——振东基础管理

东差距模式的应用,形成人人都为自己找不足,为企业找差距,个个都能为自己改不足,为企业改差距的良好氛围。

◆ 认识自我的镜子:民主生活会

坚持发扬民主,永找自身差距,这是振东的优良传统,也是振东不断取得新胜利的法宝。振东在"阳光、简单、亲和、诚信、责任"的企业文化熏陶下,逐渐养成了简单思维、阳光心态、敢于担当的好习惯。

任何人都有自己的相对短板,只有敢于去正视这些可能出现的、致命的短板,审时度势、不断自检、及时修补,才能实现进步,达成目标。然而每个人都有自己的局限性,对自身的"短板"认识不足,必须依靠外界的力量来修正自己的差距。"民主生活会"为大家提供了一个解放思想、认识自我、提升素质的互动平台。

振东集团的"民主生活会"始于2006年,是面向公司全体员工开展的一项活动。每年的3月,春光明媚,万物复苏,处处一派欣欣向荣的景象,在这生机盎然、催人奋进的季节,每个振东人都将经历一场触及灵魂的思想洗礼,这就是振东集团法定的"民主生活会"。

"民主生活会"源于中国共产党三大作风的精髓,也是振东十几年实践经验的总结。民主生活会活动按照实事求是、公平公正的原则,通过自找差距、他批帮助、领导点评、个人总结、制定措施等环节,最终达到改错纠偏,共同提升的目的。人最难的是直面自己的灵魂。"民主生活会"针对所有岗位和人员,通过自我反省,他人帮助,触及灵魂,改错纠偏,实现纯洁思想、提升自我的目的。振东将"民主生活会"各项程序贯穿于企业生产、管理、营销各个环节，结合每个部门和岗位实际，从"觉悟、责任、学习、培训、沟通、自律、执行、协作、廉洁、业务"等多方面入手，让每位员工在工作和生活中的不良问题充分暴露，使每个人认识到自己的差距和不足，并根据自己的差距制定可行的修正措施，制成警示牌，在工作中时刻警醒自己，最终提升自己。

"民主生活会"通过"上级评议下级"和"下级评议上级"的匿名评议方式，采用深揭猛批、揭丑露底、一针见血的方法，发挥全员智慧，全力营造民主管理氛围，多渠道、多层次掌握企业上下级之间的思想、工作状况，及时解决各种疑难问题，最终达到爱心帮助、共同进步的目的。因为振东有简单文化、阳光文化，所以揭别人的短不会被认为是与人过不去。

"民主生活会"也是振东发现人才，对人才进行全面考核评估的有效举措和方法。公司对每个员工"民主生活会"的参与和落实情况都会进行跟踪考核，与每个人的绩效和晋升挂钩，"民主生活会"成为发现人才、培养人才的途径与平台。

金无足赤，人无完人。一个人无论能力有多强，工作经验如何丰富，工作中总会有不尽如人意的地方，正视自己，请别人剖析自己，总结自己，才能在工作、生活中少走弯路，提高效率，做到事半功倍。在振东，接受批评的人有宽阔的胸怀，虚心接受意见；而批评别人则出于公心，从工作出发，从公司的大局出发，敢于揭短亮丑，承担责任，做到原则问题不让步，非原则问题不纠缠，着眼于提高认识，共同进步。

振东的"民主生活会"贯穿整个3月份,集团各产业、团队、班组的民主生活会都会如火如荼地开展。各层领导深入基层,查找问题,剖析原因,带动了所有振东人的参与热情。

找出差距是一种境界,承认差距是一种胸怀,缩小差距是一种本领。差距是压力、差距是动力、差距是潜力。知差而奋进,知耻而后勇。面对差距,振东人发扬永远不服输的拼搏精神和不甘人后的赶超精神,敢与强的比,敢向高的攀,敢同勇的争,敢与快的赛。

振东的民主生活会活动开展几年来,每位员工都充分认识到了"民主生活会"是一个暴露自身差距,修正自身缺点,提升自身素质与能力的最好途径。从一开始的不理解到理解,从不自觉到自觉,从抵触到主动参与,全员从思想上和行动上都有了根本的转变。今天,每个人都认识到,如果没有参加"民主生活会",就会感觉自己没有上进,没有提升,已经形成一种不甘人后、主动提升的良好氛围。这些年来,"民主生活会"已成为振东增强全员上下沟通,完善企业民主管理,推动企业跨越式发展、和谐发展的有力武器。

3. 吾日三省吾身,总结促提高

曾有人问孔子,谁是你最优秀的学生,孔子答:颜回。人们问为什么,孔子答:颜回不迁怒,不贰过。所谓"不贰过",就是不在自己第一次摔跟头的地方摔第二个跟头,不在别人第一次摔跟头的地方摔第二个跟头。要做到"不贰过",就离不开总结。

总裁李安平曾说,自己善于总结,愿意把真正的好东西,总结好,优化好。

振东在十几年创业历程中，从长治第一个民企加油站到山西第一家创业板上市公司，从传统商贸流通到中国中医药领军企业，创造了一个又一个奇迹。振东曾经也有过低谷、有过曲折，走过弯路、绕过远路。可以说，振东的发展过程就是一个不断"总结—实践—再总结—再实践"的过程。振东永远在创业，永远在总结，永远在发展。在不断发展的过程中，振东开创了独具特色的总结模式。每天的班后找差距式总结会，每天的工作日记，每周的周例会，每月的经管会，每季度总结会，每半年总结会以及每年正月的年度总结大会。公司每年年初都会制定一个发展主题，每年末都会总结形成一个管理模式，并迅速成为企业健康快速发展的指针。公司每次大型活动结束后，做的第一件事就是开现场差距总结会，找出差距，改进措施，不断提升。可以说，振东时时在总结，处处在总结。每一次总结都是一次去粗取精、去伪存真、由表及里、由此及彼的系统深入思考；每一次总结都是一次头脑的风暴，心灵的修炼，理念的创新，思想的升华。总结，已经成为每一个振东人的工作习惯，成为一种振东模式，成为振东无往不胜的法宝。

纵观人类几千年文明发展历史，人类文明之所以能够发扬光大，是因为总有一批人一直在不断地回顾与总结。小到一个人，大到一个企业、一个国家，谁不善于总结，谁就吃大亏；谁善于总结，谁就能不断进步。经历不总结就成了经过，一个不善于总结的组织终究会被历史的洪流淹没，一个不善于总结的个体最终也会被社会和组织所抛弃。

总结不是结束，是新的开始。小总结，小进步；大总结，大

第一章　简单的力量——振东基础管理

进步；不总结，不进步。总结出经验、出教训、出方法、出创意、出规律、出知识、出思想、出生产力，一个成功的人一定是一个善于总结的人，一个优秀的企业必然是一个认真总结的企业。个人的成熟与成功是总结出来的，企业的壮大与辉煌更是总结出来的。

在振东，短信是重要的沟通渠道，利用短信进行总结和感悟，成为振东的特色。

◆ 提升素质有渠道：每周一案

"每周一案"是振东管理制度的创新。每周四企管部都会通过公司短信平台将精心编制的案例发送给每一个振东人，案例回复要求全体员工积极参与、认真思考，发表自己的观点和看法。同时要求每位员工针对身边发生的案例编发至短信平台，以提升全员素质，提高员工写作能力，增强逻辑思维能力，杜绝管理偏差。

管理案例

新理不熟悉岗位流程和属员特征，又较自负，安排人和事时常不科学，多出差错，每天忙乱非常辛苦。下属提意见很生气，领导找差距很委屈，结果一再做错。无奈找总求教，总了解后曰：放下身段，向下求教，用心沟通，勇于接受，事事总结，咬牙坚持即成。理回后把总语做成各种警示牌贴挂各处，时时提醒，天天背诵，严格要求自己，逐渐成熟起来。年底被评为优秀。问：此案说明几理？请用心悟理回答。【振东信息】

案例回复一

此案说明：无论新理还是老理，都要：①始终保持态度谦虚，不断学习，自找差距，勤于总结；②善于沟通，尤其与下沟通，了解下属，听取意见，接受意见，修正差距，完善管理；③厘清团队管理流程，清楚本岗位职能，其他岗位分工合理，从而提升团队工作绩效，实现团队管理目标。【振东义琴】

案例回复二

①进入一个新的团队首先要融入，才能更好地开展工作；②不要自我封闭，要多沟通，敢于放下身段和下属沟通，才能真正地了解部门状况及提高部门工作；③要用心总结，发现问题，分析问题，接受问题，解决问题；④用明显标牌警示自己，提醒自己，通过努力终会成功。【振东永丽】

◆ 启迪智慧有方法：每周一理

赏析哲理，能让人增长知识、启迪智慧；感悟哲理，能让人茅塞顿开、勇气倍增。每周一，企管部将精选的哲理故事发给大家，要求员工及时回复理解和感悟，与大家共享。

每周一理

有只小鹿为了止渴充饥，来到一处泉水旁。当它正尽情畅饮时，瞥见水中映出自己的那对鹿角，展示出一种高雅脱俗的气质，它不禁顾影自怜，得意非凡。可是，当它又想起纤细的四肢，就不由得阵阵悲酸涌上心头。这时，狮子突然出现了，小鹿拼命奔跑起来，那纤细的四肢，轻巧灵活，跑起来速度极快。眼看着就要把狮子甩开的时候，那对鹿角竟然钩住了丛林中的树杈，使小鹿无法动弹。进退不得之际，狮子终于追了上来。可怜的小鹿，成了狮子的一顿美餐。可叹，小鹿本以为脆弱无用的四肢竟能帮助它挣脱狮子的追捕；但它引以为傲的鹿角却使自己走

向死亡。从中你悟出何理？【振东企管】

哲理回复一

这个哲理故事说明：尺有所短，寸有所长！鹿角虽美，却是逃命的桎梏，四肢虽细，但是摆脱危险的希望！任何事情都有其两面性，在一定的条件下可相互转化，不能因为"美"而沾沾自喜、得意忘形，也不能因为"丑"而妄自菲薄、自暴自弃，我们要变换思维、扬长避短，有全局观念，运筹帷幄，才能立于不败之地。【振东张锐】

哲理回复二

高雅脱俗的鹿角是鹿的优点和美丽所在，却为此丢了自己的性命。纤细的双腿是它缺憾之处，但却能救它性命。可见，在一定情况下，优势可转为缺陷，弱势可化为地利。凡事都要辨证看待，正反是相对而言的。正确认识这个道理有利于我们处理问题。【振东近荣】

在振东你不学习、不思考、不总结都难。振东的环境、振东的氛围迫使所有的员工都在不断进步、不断提升自己。正是所有人素质的不断提高，才有在扎实的基础管理，才有做强、做大的振东。

三、至简之道

管理基础工作是每个企业最基层、最基本的管理工作。管理如同建筑，巍峨雄伟的大厦下面是由成千上万的钢筋及数以万计的混凝土浇铸而成的牢固基础。基础工程的大部分深埋地下，默默无闻,但它却是建筑的根本和根基。和建筑一样,正是那些经常被人忽视的基础性因素造就了国际优秀企业的持久竞争力。全世界推崇的丰田生产方式,其核心就是持续改善,追求零缺陷、零浪费、零库存,把简单的事做到不简单,把基础管理做到极致。

分析振东基础管理的具体方法,挖掘其中运行的逻辑脉络,能给所有的企业提供可借鉴的思路和认识,有助于推进并夯实所有企业的基础管理工作。

(一) 培育土壤

大树成长要靠根,根深才能叶茂,而肥沃的土壤保证了根系吸收充足的水和丰富的营养。基础管理工作是企业茁壮成长的根基,卓越的企业文化是建设基础管理工作的优质土壤,在培育卓越文化的过程中,价值观是文化的核心,人才和创新是文化建设的重要内容。

1. 卓越文化

卓越的企业文化首先表现为明显的个性特色。企业的文化与老板的个性密不可分,且是企业发展历程中凝练和积累下来的宝贵财富。每一个企业的文化背景不同,企业领导层和员工的个性不同,不同阶段面临的竞争压力也不同,所以其对环境做出反应的策略和处理内部冲突的方式都会有自己的特色,不可能完全雷同。企业文化中包含的价值观、目标、行为准则、管理制度、道德风尚等内容,通过老板的带头示范,通过宣传、教育、培训以及文化娱乐等方式,最大限度地统一员工意志,规范员工行为,凝聚员工力量，为企业总目标服务。

　　卓越的企业文化在企业运营过程中表现出很强的适应性，俗话说，适合的就是最好的。振东基础管理的成功源于其与企业文化的相适应。振东很多的管理模式是可以复制和推广的，但也有许多的制度是无法直接使用的。振东总裁李安平在对外的培训和宣传中讲解振东的管理方法时，总在强调：有些制度只有在振东才会起到应有的效果，离开了振东文化这块特别的土壤和环境，大家必然诧异地摇头，并坚决地说"不可能"，但在振东，却有"变不可能为可能"的神奇力量。振东"民主生活会"上的揭丑露底、"差距量化"执行中的人人监督、"阳光报销"过程的当众撕票，这些不是每一个企业都能照抄照搬的，没有相匹配的文化环境，应用起来不仅不会成功，可能还会弄巧成拙、适得其反。

　　当然企业文化也有更多共性的地方，人本、诚信、拼搏、创新等是所有企业认同和追求的地方。借鉴个性文化、吸收共性内容，逐渐完善企业的价值体系，形成与基础管理体系相匹配、相适应的卓越文化环境，即企业基础管理的建设应和企业文化的建设协同推进。

2. 重视人才

　　文化的本质是"人化"，文化的功能是"化人"。以人为本就是以人为中心，尊重人、关心人、提高人的素质，满足人的需要，充分激发和调动人的积极性、主动性和创造性。

　　以人为本的理念尤其强调一定要真正落实在对员工的培训和实现员工素质的根本提高上。振东商学院的运作、"轮讲轮训"的持续落实以及特色的"论坛模式"等都是其他企业，尤其成长中的民营企业可以学习的人才培养的具体方法。2013年底,振东集团组织全员开展了"素质革命"运动,这在全国企事业单位中实属首创。总裁李安平在动员大会上发表了讲话,他指出,"素质革命"运动对提升全员素质,促进企业健康快速发展意义重大。同时强调全员务必积极参与,将"素质革命"落到实处,打破个人素质提升瓶颈,用"写"提炼智慧,用"讲"优化思维,用"算"调理思路,实现自我提升。

一次次的锤炼,振东的员工随着企业发展也实现了自我的飞速成长和能力的提高。员工在工作中奉献自己的同时,也感谢振东所提供的自我发展平台,许多的员工感慨:没有振东,就没有现在的我。

选择人才,培育人才,创造人才成长的文化环境,是每一个企业都应重视的事情。

3. 创新求变

创新就是活力,就是生命力,企业文化建设的具体内容需要不断创新,而创新的文化氛围,又可促进企业不断地发展壮大。

美国硅谷企业竞争十分激烈,以至于各公司都积极寻找自己的致命弱点,所有公司共同的生存之道是:拿出更好产品来击败自己的原有产品。有人将这种行为戏称为"自吃幼崽"。自己不逼自己,别人迟早会逼你;敢于对过去告一段落,才有信心掀开新的一章。

振东集团的"自逼机制"类似于硅谷企业的"自吃幼崽",通过不停地"自逼"、不断地"创新",达到管理由"治"到"变"的适应,正是这种持续的创新和改进,成为振东基础管理体系完善的不竭动力，使公司基础管理的整体水平不断得到提高。

接受新的思想、学习新的方法、推行新的制度都必须有创新求变的文化土壤，只有达成企业所有员工的快速认同，应用或实行新技术、新方法的速度才能更快、效果才能更好。

（二）突破难点

每次问到总裁李安平：振东企业的"五大文化"——阳光、诚信、亲和、简单、责任，其中最核心的内容是什么？他明确地回答，"简单"；其中最难实施的是什么？他仍然明确地回答，"简单"。

简单其实并不简单，简单中蕴含着一种简约和易执行的力量。简单是复杂的终极形态，当我们能从简单走向复杂，再从复杂走向简单的时候，也是企业从平凡走向优秀，从优秀走向卓越的过程。

1. 深入本质，把握规律

任何复杂事物的背后往往都有一个简单的本质，之所以复杂，多是我们没有厘清节点脉络间的相互关系，或者自己主观地把简单本质包裹起来，使清晰而简单的本质变得更为复杂难解。在充满变数与博弈的市场中，我们的思维很容易被环境所影响，在复杂中挣扎，为复杂所迷惑，或者把原本复杂的事物变得更复杂，陷入为了解决一个问题而制造出多个问题的怪圈中。

一位德国哲学家说，给我们造成困难的不是我们不知道什么，而是我们所知道的本源不是这个样子的。只有深入本质，把握规律，才能建立解决问题、化难为易的逻辑框架。

　　企业是一个复杂的系统，基础管理工作涉及企业的人、财、物、信息等所有的要素，分析企业价值链的每一环节，了解企业各职能部门的工作要点，把握各要素间的相互制约和彼此联系，必须站在企业整体的角度，方能探得企业运行的基本规律。振东集团的流程梳理、制度汇总是企业集体智慧的结晶，倾注了员工大量的心血，一次次的分解、组合、完善，最终以简单的形式表现出丰富的内容。

　　简单管理在形式上追求简单，在内涵上则要求深刻、丰富，要求对事物的规律有深刻的认识和把握，去伪存真、由此及彼、由表及里。实现简单管理，要求不简单的能力和知识水平；行动是简单的，但行动背后是要求非常高的专业化的能力和水平。

　　2. 删繁就简，化难为易

　　振东的制度表格化、三色工作程序清单、三字经的提炼，都是在深入工作本质，把握运行规律之后，通过删繁就简，将执行过程化难为易。

　　我们在企业管理中无法全部完成工作，或是做出错误的决策，多是因为被繁杂的事物所累。就像我们很难在沙堆中准确地发现珍珠一样，我们被太多繁杂无用的沙子蒙蔽了双眼。如果我们能从复杂、精密等于优秀、卓越的迷思中走出来，把繁杂的事物过滤掉，关键要素就自然显现出来。这样一来就可以集中精力去抓管理中的核心部分，效率提高，正确率也会随之提高。简化工作流程，简化不必要的规定，减掉不必要的会议，减掉多余或是不重要的层级。当真能够这样简单时，其实就是非常的不简单。当一切变得简单后，我们会感受到轻盈、清晰带来的好处，也会感受到简单的力量。

在这个平凡的世界里，企业经营的困局不是选择的机会太少，恰恰是选择的机会太多，才使我们迷失。无论是经营还是管理，只有具有分析本质、化繁为简的能力，拨开纷繁复杂的迷雾，才能清晰地看清市场的面目与经营的真谛。

把事情变复杂很简单，把事情变简单却很复杂。因为简单是由繁至简的过程，简单必须先经过复杂的过程，就像读书一样，要先把书读厚，才能真正把书读薄。

3. 持续简单，造就卓越

持续简单，一方面是指空间上的持续简单，另一方面是指时间上的持续简单。

振东的简单文化，涉及人（阳光待人）、财（阳光报销）、法（制度表格化）、时（法定日）、序（三色工作清单）等等多个方面，但凡能简化的环节，一定精益求简、精益求精。这种全方位的简单理念，使走入振东的人，处处能感受到振东文化渗透的魅力，花草树木的简单标牌、开关龙头的简单提醒、桌椅茶几的简单警示，真正实现了振东管理空间上全方位的持续简单。

张瑞敏说"天天把简单的事情做好就是不简单"。振东的"阳光化"是简单的，需要魄力才能推广；"人人监督"是简单的，需要责任才能执行；"每周一案、一理"是简单的，需要员工的高素质才能将案例升华；"早计划、晚总结"以及"工作日记"都是简单的，需要管理者和员工的理念和毅力，才能避免走形式情况出现。日复一日，年复一年，一以贯之地将一个个的简单坚持下来，就是一种骄人的卓越！

能够持续地做到简单其实并不简单，简单的背后需要极其深厚的文化底蕴、全员一致的行为习惯以及科学复杂的管理系统作为支持。杰克·韦尔奇一直提倡简单管理，他总是轻松地说："越少的管理，就是越好的管理"。但是，作为一个世界级的超大企业组织，旗下十几个单位，能够做到这样简单的管理并不容易。杰克·韦尔奇用20年时间为通用电气打造出了组织中的"自然次序"，也就是一个基于文化、制度之上，良性的、智能的、具有自我驱动力的组织，这个组织运行模式非常的简单，简单的背后又蕴藏着极其的复杂。

（三）铸就规范

从传统意义上说，企业基础管理工作包括定额工作、计量工作、信息工作、标准化工作、规章制度和职工教育等内容，它们是最基本、最一般的管理工作。随着管理理念的发展以及对管理工作要求的进一步提高，管理基础工作的内容也在不断地充实和完善。如班组建设、现场管理、组织职能、安全管理等也逐渐纳入基础管理的范畴。也有学者认为，基础管理包括基础数据的管理、基本业务流程的管理、控制过程的管理、员工行为的管理等。不论哪种观点，企业的基础管理工作都将归结为对组织中人、财、物、信息、流程等要素的基本运作秩序的管理。

如果一个企业的基础工作无法可依、无章可循、无禁可止，都按个人意愿行事，那么它必然无法正常运转，乃至瘫痪倒闭。所以企业基础管理工作最基本的要求应是达成企业由乱到治的规

第一章 简单的力量——振东基础管理

范运作,规范是促进和保障企业有序发展的必然途径。

管理学大师德鲁克指出:下一场深刻的管理革命将是对管理工作本身的管理,即用规范化的方法、程序、科学的指标来对管理工作本身进行管理。所以如何实现基础管理工作的规范化是每一个追求发展壮大的企业应首先关注的内容。

管理规范化是企业管理的一项基本功,是基础管理工作的一个重要目的。规范的基础管理建设工作除了注意以制度化、流程化、标准化、信息化、表格化、数据化等方面为具体目标外,还应注意以下几点:

(1) 最高决策者率先行动。最高决策者要真正认识到管理规范化的必要性和重要性,并让全体员工看到其坚持管理规范化的决心。必要时,最高决策者应亲自参与主要方案的制定,并组织实施。

(2) 企业规范化管理强调企业是一个有机整体,对企业进行管理的行为方式、方法,也就必须是成系统的,而不是支离破碎的。所以在组织实施过程中必须有一支能力较强,且有全局意识的核心队伍。

(3) 全面动员,全员参与。基础管理工作是企业管理中最底层、最基本的管理工作,其工作涉及面十分广泛,工作量也比较大,几乎涉及企业管理中的各个方面,因此在规范化建设中必须充分得到大家的理解和支持,依靠全员的力量,群策群力。

(4) 避免规范化的陷阱,以智慧的方式寻求突破。企业规范化管理,制度化是基础,标准化是关键。规范化建设的第一个标志就是制度化。但操作不当,企业可能马上进入另外一个极端,为了规范化而采取僵硬的标准进行制度化，禁止员工的各种行为，这样往往在禁止坏行为的同时也约束了好行为的落实。这将导致员工无所适从，企业走入误区，还没有规范化就进入了官僚化。

当然，基础管理规范化的建设工作本身应包括对规范的执行，这也是规范化的最终意义所在。企业是由人构成的，企业发展的核心资源也是人，而主导人的意志行为最直接的是人的价值观念，所以企业规范化管理强调企业内部必须首先建立员工一致认同的价值观念体系。同时，规范本身也必须具有非常强的可行性，简单明了、易于执行。

所以，借鉴振东扎实的基础管理工作方法，培育适合自身企业特色的文化土壤，以科学系统的思维方式，把握本质，删繁就简，方可铸就规范。

第二章　振兴东方的信念
——振东文化

水有源，故其流不尽；木有根，故其生不穷。

——题记

引子：枝繁叶茂的振东文化

走进振东，时时处处都能看到文化的影子，如在办公室，你能看到办公桌上"伏案自省，成就未来"和办公椅上"在其位，谋其职"的办公文化；在会客室，你能看到沙发上"忍辱负重，宽厚待人"和茶几上"中规中矩，脚踏实地"的会客文化；在餐厅，你能看到牙签盒上"牙签平凡，作用非凡"和餐巾纸盒上"开源节流，尽在举止之中"的用餐文化；在多功能教室，你能看到"勤学好问，求知悟理"的学习文化；甚至在园区，你也能看到"萋萋青草，踏之何忍""养它之身，修我之心"的园林文化……

振东文化，就像一棵大树，花团锦簇，枝繁叶茂。这些花花叶叶都长在振东文化大树的枝丫上，这些枝丫，涵盖了振东各个

方面的系统理念,指导着振东人的行为。这些理念包括:

"顺其自然,进二停一"的发展理念;

"盯细节,找差距,依程序,强执行"的管理理念;

"丝缕求细,点滴求精"的质量理念;

"识德育知,用才聚贤"的人才理念;

"干中错,错中学,学中干"的工作理念;

"思你所想,圆你所愿"的服务理念;

"强意识,重防范,找疏漏,勤完善"的安全理念;

……

但是,这些枝丫,又是长在那些强壮的树干上的。振东有五大文化,分别是诚信、阳光、亲和、简单和责任,这五大文化,构成了振东文化的信念之源。

一、诚信、阳光,振东文化的大树之干

(一) 重振晋商雄风的诚信文化

一到振东,到处都能看到"锻造精品振东,重振晋商雄风"的标语。这不仅是李安平的使命,也是全体振东人的使命。作为一个山西人,李安平特别看重晋商曾经的辉煌,也特别惋惜这种辉煌如今不再;作为一个现代晋商,李安平做梦都想在中华大地上再现当年晋商的辉煌,让晋商精神发扬光大。

李安平认为,"晋商"是一个拥有几百年历史的文化品牌,晋商的本质是文化。真正的晋商品牌,是靠着聪明才智和诚信品格经营出来的,而不是靠资源。所以,他虽身处资源腹地,却从

第二章 振兴东方的信念——振东文化

不愿涉足煤炭行业,始终将诚信作为传承晋商精神、重振晋商雄风的金字招牌。

只有内诚于心,方能外信于人。民营企业一般来说本小利薄,在其创业之初就会形成成本第一、精打细算的管理理念,但李安平所坚持塑造的"精品振东"却坚持质量第一、成本第二。他认为企业无论大小,质量是其未来发展的根本,失去了质量的屏障,成本优势将不值一提。明清晋商之所以称雄商界五百年,诚信经营、质量为本是关键。

与当前已经被泛化、滥化了的诚信不同,振东的诚信是身体力行的,它表明了振东对晋商诚信品牌的坚守,是重振晋商雄风的根本举措。

案例摘选:主动认错 诚心赔偿

1994年的一天早上,李安平刚到加油站,遇见一个司机正在找站长乔和平,说他的车加油后刚出加油站就抛锚了,需要帮助,站长马上派维修员过去维修,一会儿,维修员过来说油加错了,李安平扭头问加油员是不是给客户加错油了,加油员肯定地说加的是汽油,绝对没错。正在这时,振东的油罐车司机满头大汗地跑了过来,懊悔地说自己早上6:30放油的时候,粗心地把柴油放到了汽油罐中。李安平立即下令加油站暂停营业,并向这位司机道歉,让维修员做换油处理,维修员说油路和机器已经受到了损害,李安平马上派人把损坏的车辆拖到修理厂,并当场支付司机4000余元损失费。

随后,李安平查出在一小时内加错油的车辆已有40多辆时,立即命令在加油站内张贴告示,希望来此加油的司机能传达信息

61

优秀企业的逻辑

给加错油的司机，公司将会赔偿一切损失。乔和平说："李总，咱们加油站一年的利润也就四五万元，如果都赔，那得20万呀。"一位员工也说："车既然已经都走了，就不用管他们了。"李安平严肃地说："人得讲良心，既然给人家造成了损失，我们就应该赔偿。企业要想做大，就得讲诚信。"随后，李安平又派人专门书写告示几百份，贴到沿途通往山东、河北、河南的路上，过路司机看到后，都倍受感动，相互转告，最后共联系到20多位司机，赔付花费了将近14万元。对十几辆没有联系到的车主，李安平一直深感内疚。但通过这一事件，"振东石油"成为享誉三晋大地内外的知名品牌，石油销售居华北地区第一。

案例摘选：质量连着两条命

一天，总经理李安平在与员工聊天时，听到几批产品的颜色不一，但每项检验指标都符合规定。李安平马上拨通了质保部长的电话询问情况，质保部长说产品质量没有问题，是因为生产所用中药材因季节不同，所以几批产品的颜色略有差异，属正常现象。可李安平不这样认为，他说："制造药品绝不能有差不多思想，我看这批产品还是销毁吧。"质保部长说："这可是价值180万元的合格药品啊！"李安平说："我们的产品就是要做到零缺陷，即使是细微的颜色差异也不能放过，因为质量连着两条命，一是患者，二是企业。"第二天，在药监部门的监督下，全员在场，看着成堆的药品，李安平说："这是180万元的所谓'差不多'的合格药品，但是今天就是要把它销毁，因为我们的理想是锻造精品振东。不是精品，即使合格也坚决不能出厂。"说完，他亲自点燃浇了汽油的药品。看着熊熊烈火，员工们觉得大火仿佛烧在自己心上。从此，振东人对"质量""精品"有了深刻的认识，始终坚持如履薄冰的态度，以"丝缕求细、点滴求精"的质量理念，以"高标准、严要求、精细化、零缺陷"的工作标准来要求自己，确保了药品的质量，创造了中药注射剂单品销售的奇迹。

无论是从事石油行业，还是制药行业，以产品质量诚信待客、以工作质量脚踏实地，振东致力于重塑新时期晋商形象的诚信文化一以贯之。

在谈到2013年年初发生在山西长治某公司的苯胺泄漏事件时，李安平自信地说："在振东，这样的事件是绝对不可能发生的"。

待消费者：换位思考 以诚相对 信赖恒久

待亲朋同事：以诚相待 以心换心 互进共勉

待合作伙伴：利以义制 以诚相交 和谐共赢

（二）晾晒心胸的阳光文化

长时间不见阳光会发霉，甚至死亡，定期"暴晒"一下，把毒瘤蒸发掉，才能保持生命的健康。

——振东永丽

◆ 阳光费用

杜克大学心理和行为经济学教授丹艾瑞里在《不诚实的诚实真相》一书中这样描述：通常情况下，人们很容易被当下所引发的欲望、动机、习性等战胜，人类的行为常常受两种相反的动因影响。一方面，人天生有道德追求和道德约束；另一方面，人又总是有不择手段追求私利的冲动。当人们面临利益冲突时，环境

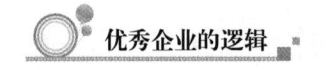

合适，条件合适，几乎人人都会自欺欺人地犯罪。

对于这种人性顽疾，通过道德提醒、保证、签名、监督等措施都可以得到缓解或排除，然而，较好的办法则是通过制度形成规范。

振东独创了阳光透明的防范机制，制定了《费用阳光审批条例》，将一切可能出现的机会主义倾向都置于阳光之下。例如一位销售员要报销其本月的餐费和招待费，需在班后会时，通过多媒体讲解的形式对费用的名目和数额进行逐一解释说明，由振东阳光费用审批小组集体听取审核，确认之后签字认可，而不是直接交由财务或主管审批报销。在阳光透明的讲解和审核环境中，讲解者会觉得任何的投机取巧都直接关系到自身的声誉和威信，自然也就主动打消了自我的机会主义念头。腐败和投机在阳光环境下销于无形。

李安平说"阳光费用制度"是振东独创的最优秀的管理制度。

◆ 阳光沟通

人都有天然的自我保护意识，在没有外界干扰的情况下，大多数人倾向于只看到自己的长处、放大自己的长处而忽略自己的缺点；同时，人又都有追求进步、希望自己不断完善的愿望。现实当中，有些人具有较好的自律意识，能够有意识地客观认识自己，通过观察别人对照自己、吸取别人的教训、向他人学习等方式修正、完善自己。还有一些人甚至是大多数人却缺乏否定自己的主观意识，或者对自己的缺点即使有察觉也不愿意承认，况且，即便是有些自知之明的人，也往往在客观全面认识自我、评

第二章　振兴东方的信念——振东文化

价自我当中在事实上隐蔽着自己所看不到的"阴面"。如何在一个人员构成参差不齐的组织中尽可能促进员工的进步、增加员工对自我差距的主观认识？

振东借鉴毛泽东思想中批评与自我批评的思想和方法，建立了以"知无不言、言无不尽""言者无罪、闻者足戒""有则改之、无则加勉"为原则的民主评议制度（会），每半年召开一次。全体管理人员的不足被晾晒在下属人员面前，通过自批、他批、点评进行阳光沟通，要求清晰具体地暴露问题。民主评议制为管理人员客观认识自己，改进工作思路和方法，增进与下属之间的理解和信任搭建了桥梁。尽管在运行初期这种方法难以被大家理解和接受，但形成例行的制度之后，每个人包括总裁在内，都在公开、平等的阳光环境下接受别人的批评，同时也去批评他人，长期下来，大家都从中得到了教益。

李安平说，民主评议制最初执行时连他自己也接受不了，但反过来想通了之后觉得还是很好的方法。

目前，阳光文化在振东已被推广至方方面面：企务阳光、沟通阳光、服务阳光、合作阳光……，阳光文化的内涵也得到了不断地丰富与扩展。

致业：透明管理 企务公开无私欲 拒绝暗箱操作

沟通：坦诚相待 阳光沟通无障碍 杜绝误解

合作：阳光合作 和谐共赢无阴影 禁绝欺凌欺诈

案例摘选：逢十计量日

一次，一位老客户找到振东加油站当时的站长冯秀堂，反映振东汽油计量的问题。他发现以前加100升汽油可以跑到山东聊

65

城，这次还距聊城 20 公里就没油了。冯站长询问员工，员工解释可能是由于成品油密度变化大而导致的，但这位司机师傅还是将信将疑，以后再没有在振东加过油。

冯站长把此事上报时任石油公司总经理的刘成仁，刘总当即派人对油品计量进行了复核，结果证实出油量准确无误，但老客户也不可能无中生有。经过认真的测量、研究，发现此批油密度小、比重轻，这是影响行程公里数的主要原因。公司领导马上决定在每个加油站匹配一个 20 公升的计量器，以备以后出现类似问题，可以当场用计量器计量，以示公正、透明、阳光，并制定出在规定的时间里自我检查的管理制度，由此诞生了振东历史上的第一个法定日——逢十计量日。在计量日时，还邀请客户参与计量，阳光操作，不但消除了客户的疑虑，而且使振东的信誉度得到提升，老客户传新客户，以至还有附近外县的司机专程来振东加油站加油，业务量大幅度提高。

（三）温暖人心的亲和文化

美国西南航空公司总裁赫伯·凯莱赫说："以爱为凝聚力的公司比靠畏惧维系的公司要稳固得多。"

有人说过，企业是员工的家。但有人也说，不能把企业当作家。企业是否会被员工当作家，不在于企业是怎么说的，而在于企业是如何想的、如何做的。人心都是柔软的，人都有感性的一面，企业是一个群体，是一个放大了的家庭，这个家庭需要所有成员团结一心，向着一个共同的目标努力。在家庭中每个成员为目标努力的同时，也都在为自己的价值寻求回报，家长的关爱，

第二章 振兴东方的信念——振东文化

兄弟姐妹的关爱，都会使家庭成员产生归属感，这样家庭才会和谐、才能进步。

◆ 称谓

振东企管部李耀光的描述：

初到振东，当我还为一个领导的称谓（部长或经理）而纠结时，一个同事提醒我：在振东称呼兄弟姐妹就行，亲切、不生分。一段时间后，真的感觉没有阶层，没有差别，有了亲如一家的体验。振东人永远是笑脸相迎，在亲切的称呼中、轻松的沟通中，完成了工作的对接、思想的碰撞……

在振东，员工没有自己的姓，互相之间的交流都称"振东××"，没有什么职位称呼，都称×哥、×弟、×姐、×妹。简单的称呼，拉近了距离，融合了感情。

◆ "敬孝金"

随着公司规模越来越大，市场也越来越广，从事销售工作的员工常年奔波在外，无暇顾及他们身在家乡的亲人。员工是企业这个大家庭中的成员，他们有什么困难，有什么烦恼，企业能够为他们分担的，尽量帮助他们实现，这是振东的想法。2007年6月11日，公司做出决定：每年拿出200万元设立"敬孝金"，为奔波于全国市场的振东兄弟姐妹尽孝。2012年1月起，公司又决定，扩大"敬孝金"的发放范围，凡与父母不在同一地区生活的振东兄弟姐妹都能享受"敬孝金"，公司每月都会按时将"敬孝金"发放到每位兄弟姐妹的父母手中。

几年来，"敬孝金"作为公司的一项法定制度，为广大兄弟姐妹及其父母送去无限关爱，温暖着每个人的心。

优秀企业的逻辑

张大爷的心声：

58岁的张大爷是平顺县虹梯关乡一位朴实的农民，他的大儿子2008年加盟振东后，一直在四川地区从事公司的营销工作。从2008年2月到现在，张大爷每个月都会收到振东发放的"敬孝金"。他饱含深情地讲述着第一次收到振东"敬孝金"时的情景。

"2008年1月30号，农历小年那天，我正在扫院子，就看到一个邮递员来到我家门口叫我的名字，说有我的汇款单。我开始还搞不清楚，谁会给我寄钱啊，儿子以前也给家里寄钱，可每次都提前打电话告诉我。我拿到汇款单后，就问邮递员谁寄来的。邮递员指着汇款单上的字，说是振东公司寄来的钱，叫什么'敬孝金'。我就更糊涂了，不是儿子寄来的，振东公司为啥给咱钱？下午我就拿着汇款单给儿子打了个电话，儿子才告诉我，原来这是振东公司专门为在振东工作的儿女孝敬父母的钱，所以叫'敬孝金'。当时，心里真的很温暖，很感动，人家这么大的公司，除了给员工发工资，还给我们这些父母发钱，真是头一次听说，人家想得真是周到。后来，我每个月都会收到这么一份钱，有时候邻居看到了，都很羡慕，都夸我儿子进了一个好企业。我心里也美滋滋的，为儿子（能在振东工作）感到自豪。每次和儿子打电话，都是让他好好干，振东对咱有情，咱就应该给人家干好工作，报答振东公司领导对我们做父母的这份爱和责任。"

振东的兄弟姐妹们在"企业对我们的父母尽孝，我们如何对企业尽心尽力尽责"的大讨论中，由衷地表示，一定要尽忠尽责，用一颗感恩的心回报振东，以优异的业绩回报公司。振东很好地践行了法国企业界广为流传的一句话："爱你的员工吧，他会百倍地爱你的企业"。

与员工：以姐妹相称 以兄弟相待 亲和相处 情同手足

与伙伴：亲和相交 使之由索取至合作 由信任至依存

与客户：亲和服务 朋友相待 真诚握手 永远朋友

与社会：亲和融入 真情付出 扶贫济困 造福一方

（四）洞悉管理的简单文化

墨菲定律说：把事情弄复杂很简单，把事情弄简单却很复杂。只有真正懂得了复杂的人才会做到简单。管理无技巧，越简单越好，如果说四两拨千斤是中国功夫的精髓，那么化繁为简就是管理实践的最高境界——复杂的终极境界是简单。

◆ 简则易达

决策及时。决策所谓的理性原则，往往追求对决策信息的充分掌握和分析，但现实中的决策虽有很多，却面临信息不全、时间紧迫的外在压力，所以，对管理者来说，最大的挑战并不是对已有信息分析不全，而是面对模糊环境在决策点上难下定论。

成功的管理者大多具有果断决策的魄力，他们并不一定追求决策的最优，却非常看重决策的时效。及时做出决策，可能并不一定需要多么缜密的思考、多么精确的判断、多么超人的智力，却需要在一瞬间使决策成理。

振东的观点是，决策没有理论上说的那么复杂，简单即是原则。

振东转产决策：

2000 年由于中石油、中石化两大集团控制石油资源，振东公司进货渠道严重受损，发展形势极为困难，经公司董事会研究决定资产重组，把振东29座油站和2座油库转让给了中石化。手里有了一定的资金，从股东、管理层到员工的心里有了各自的想法，不少股东有了"船到码头车到站"的感觉，分钱走人的思想在整个公司内部甚嚣尘上，而员工则面临下岗失业的危险。此时，作为公司的领头人，李安平忧心忡忡，现在分钱走人，振东千余名兄弟姐妹怎么办？如果不分钱，投资陌生行业造成失误又怎么面对股东？李安平经过三次股东和高层会议后，终于认识到，其实是想法太多，思维太复杂了，当初涉足石油行业的时候也是一窍不通，经过短短的几年时间，获得了很大的收益，难道转投其他行业就不能成功吗？

7月18日，在长治市国税大厦，李安平组织了二次创业全员誓师大会。他说，家乡的父老乡亲仍然生活在贫困当中，决不能让员工下岗失业，时不我待，我们要抛开矛盾，简单思维，抓住机遇，勇往直前，为振东二次创业奋力拼搏。

誓师大会结束后，李安平迅速成立了三个项目考察小组，分赴全国积极开发考察项目。2001年，李安平果断决策，一举收购濒临破产的金晶制药公司，并于2002年10月顺利通过了GMP认证。每每谈到当时的情景，许多元老们都激动地说，是简单思维让复杂的形势迎刃而解，幸亏李总思维超前，决策果断，否则就有可能延误商机，给振东的发展造成不可估量的损失。

目标专一。专注本职成专家，这是振东的箴言。一个人的想法太多，办法往往偏少。为什么分工理论奠定了经济学理论殿堂的基石，就是因为分工所带来的简单和专一。目标专一，才能思

第二章 振兴东方的信念——振东文化

路清晰。将复杂的问题化解为简单专一的目标，才容易找到解决问题的线索和途径。

振东的做法是，尽可能为员工确定专一的工作目标，使之深入思考，成为本岗位的专家。振东的管理体系中，总监和经理层有很多为"80后"年轻人，他们不一定有多少工作经历，却个个专业，对自己负责的本职工作有思路、有见解，这与公司在简单文化下对他们的专一训练和要求密不可分。

沟通直接。直截了当的沟通是最简单的沟通方式。不是"有话则长，无话则短"，而是"有话则短，无话则不说"。两点之间直线最短。事情能否简单解决，关键不在于事情的难易，而在于解决问题的人是否能够采用最简单的方法。管理工作有两大主要内容：一是决策，二是沟通。有效沟通的要求就是要尽量缩短信息传递的链条。简明扼要的信息内容、直截了当的沟通方式、层次分明的信息结构，更容易提高沟通的效率。所以，按照上述原则，将复杂的沟通内容简化，是达成沟通共识的捷径。

振东的理念是，直接沟通，减少绕弯，简单沟通，抓住要领。振东的会议不多，却有每天一早一晚的班前班后会，班前会安排工作，班后会做差距总结，有言则发，无话则不说，每个人最多一两句话，说清即可，没有冗长的指示，没有为说而说的汇报，简简单单、清清楚楚、利利索索，简单的沟通，效率最高。

◆ 简则易行

业务流程化。复杂的规章制度往往操作性差。振东将公司的所有业务整理为简单的流程图，是谓"业务流程化"，员工只需要按照流程将与自己工作有关联的上下游连接妥帖，工作就完成了。简单的流程图相对于复杂的工作说明书，更易被员工接受，也不容易出错和遗漏，简便则易行。

工作程序化。制定每天、每月、每年的工作计划是一件麻烦的事，如果没有切实可行的方法，计划制定就会流于形式。振东将每个岗位的工作在工作分析的基础上，将其主要程序节点列成清单，并依重要程度、难易程度和熟悉程度用三色标明，做成与员工岗位匹配的工作胸牌，工作中佩戴胸牌，就有了清单式的工作计划，颜色鲜明的工作提示，为员工有计划、不遗漏、高效完成任务提供了清晰明了的指导。

◆ 简则易记

制度表格化。当公司越来越大，对管理的要求越来越细时，规章制度就会越来越多，理论上来说，公司就会出现所谓的"文牍主义危机"，制度细致入微，文件满天乱飞，员工对这些多如牛毛的制度和规章难以驾驭，有法难效。

振东的制度表格化就是将对每个人、每个岗位的制度设计为简单的表格，只要在工作中按规定填写表格，就等于在按照制度要求规范自己的行为。制度变为表格，将记不住、看不过来的制度变得易记、易看。

活动法定化。管理人员的工作内容除了其岗位工作要求的例行业务内容之外，一般都会涉及一些事务性的或与岗位工作有关联的例外事项，要使这些活动事项既能够有序完成，又不耽误或干扰管理人员的例行工作，振东独创了活动法定化的管理方式。在业务工作之外将各种活动、事项以法定日、法定周、每周一理、每周一案等方式，有机地组织到企业的管理体系中，并使之与业务工作无缝协调，使这些看似繁杂的例外活动和事项犹如春种秋收一般成为"例行公事"，由自然而成习惯，省却了安排、协调、组织的成本和时间。每到一个法定时间，活动的组织者和参与者就提前做好准备，无须事先标注备忘录、无须当时发通知、无须考虑与其他工作的冲突，时间就是通知，所有例外活动的组织在无形中收到了与业务工作同步推行而秩序井然的效果。

古时官员判案有"刑名案件，有律按律，无律按例"的原则，振东的活动法定化，就是在制度之外，为各种活动设置了"例"，将纷繁复杂的活动简化为易记的时间。

规程三字经。为使各种规程落到实处，切实指导员工的工作，公司专门组织员工编写了朗朗上口、字句整齐的"规程三字经"，将复杂的专业工作以轻松易记的三字一句的形式变成了工作口诀，简则易记。

李安平说振东文化的核心是简单，最难实现的还是简单。简单是一种能力，是一种修炼，更是一种境界，是洞悉管理精髓的管理理念。

思考问题：想法多 办法必然少 专注本职成专家 办法总比困难多

与人沟通：思路清 观点明 意见建议不绕圈 问题缺点不避讳

安排工作：准确授意 讲清要求 简明扼要

汇报工作：分清层次 抓住重点 简洁明了

完成工作：依程序 繁化简 找差距 强执行 日事毕 日日进

（五）荡涤心性的责任文化

梁启超说过："这个社会尊重那些为它尽到责任的人。"

管理大师彼得·德鲁克说过:"企业存在于社会的目的是为客户提供产品和服务,而不是利润的最大化。企业的第一任务是承担社会责任,其次才是盈利。谁违反了这个原则,谁就可能被市场淘汰。"

我国古代先哲荀子曰:良农不为水旱不耕,良贾不为折阅不市,士君子不为贫穷怠乎道。

李安平常说,一个有责任感的人,始终会以国家、企业的利益为重,对家庭负责:孝敬父母、关爱子女;对企业尽职:珍重事业,立足本职岗位,创新求变,善待同事,与企业共同发展;对社会尽责:创造效益,扶贫济困。

责任是忠诚、是热爱,也是基本能力的体现。作为企业一名员工,平平庸庸、不思进取就是过错,要想成就一番事业,就必须奋发向上、争先创优。

对于慈善,李安平有更深一层的理解:慈善,于那些需要帮助的人是雪中送炭,可以帮人走出困境,助人改变命运;对那些尽己所能回馈社会、帮助别人的人,能加倍体会到人生的幸福感和成就感;于社会,是一种良好的润滑剂,有助于推动建设和谐社会;对企业,则能增强企业的凝聚力,为企业的发展营造良好的环境。他的目标是"尽最大努力发展好企业,创造更好的效益,拿出更多的钱来资助那些贫困的人。"

李安平的言传身教、公司的责任制度、企业的社会责任行为,时时熏陶着员工的思想,荡涤着员工的心性,振东员工具有超越于大多数企业的认真负责的工作习惯和乐善好施的人格品性,就是这种责任文化的作用。

初次与振东员工接触的人,都会对员工认真负责不推诿的习惯印象深刻。振东员工大多数都是 30 岁左右的年轻人，有些则是刚入职场不久，但他们很少有目前社会普遍评价的"80后""90后"年轻人的那些顽劣、浮躁、眼高手低的毛病，对待工作热情、成熟、稳重，对被安排配合的工作有始有终，无论是总监、经理，还是普通员工。见惯了在大多数企业里存在的员工对工作虚与委蛇、以把工作干完而不是干好为目标，尤其是当一些工作不是其日常工作的常规内容时常常表现出来的不耐烦，振东员工认真负责的工作习惯，可以说是不同寻常的。

振东不仅在公司层面上实践着"与民同富、与家同兴、与国同强"的价值观，注重慈善捐赠、扶危济困，而且很多员工都在公司的这种文化熏陶下，默默地、自发地从事着对弱势群体的帮扶、救助等慈善公益事业。

员工责任：孝敬父母长辈　对家庭负责　关爱同事亲朋
　　　　　为企业尽责　精优产品服务　对消费者负责
领导责任：用心带培下属同事　对员工负责　科学管理事无
　　　　　巨细为企业尽职
企业责任：提供平台　优厚待遇　对员工负责
　　　　　诚实守信　互利合作　对客户负责
　　　　　开发产业　扶贫济困　为社会尽责

"诚信、阳光、亲和、简单、责任"五大文化，形成了振东"阳光为天、诚信为地、亲和为人、简单为路、责任为站"的文化特色，它们纵横交织，相互贯通，相互渗透，又不断升华，服务于振东"服务社会、奉献人民、开发产业、富强国家"的终极追求，呈现出振东独有的文化强杆。

75

那么，什么样的树身才能支撑这样强壮的树干呢？

二、晋商精神，振东文化的大树之身

走进振东办公区，首先看到的是照壁上李安平手书的"名以清修、利以义制、绩以勤勉、汇通天下——新晋商理念"的书法。与李安平交谈，时时处处流露出的是其对今日晋商形象的叹惋和对昔日晋商形象的推崇，传承和光大昔日晋商的光荣与辉煌，塑造新时期的晋商新形象，李安平念兹在兹。

振东五大文化看似分散，实则是对晋商精神的传承与升华。李安平认为，明清晋商成功主要有两大原因：一为经营中的诚信品格，二为商业实践中的聪明才智。将明清晋商的成功经验用于振东，致力于重振晋商雄风，不是照搬其做法，而是对其商业思想中的精神元素进行提炼与升华，形成了作为新晋商指导思想的晋商精神，李安平将"名以清修、利以义制、绩以勤勉、汇通天下"的"新晋商理念"付诸实践，塑造了振东外显于企业实践的五大文化。

（一）名以清修——修己为人的原则

名以清修——清心修炼方可提升自我，清正做人方可得到认可

——李安平

改革开放之后，山西有许多企业依托本土的资源优势并伴随着对环境的掠夺性破坏而发展起来。在快速积累起财富后，一些人的炫富行为与煤矿安全事故频发所形成的鲜明对照使山西企业

第二章 振兴东方的信念——振东文化

形象在近几年屡遭社会诟病。20世纪八九十年代以煤炭起家的"山西煤老板"几乎已成为一个专用名词,给山西人、山西老板、山西企业以及晋商都带来了很大的负面影响。

李安平认为,明清晋商的成功不是依靠资源,而是依靠勤劳苦干和聪明才智才建起了具有真正核心能力的品牌。所以,振东作为山西企业,从成立之初就不愿依赖资源,不愿涉足煤炭行业,期望在其他领域清心修炼、清正做人,传承与光大晋商精神,塑造新时期的晋商形象和晋商文化品牌。

振东筹建时,首先面临行业选择的战略问题。李安平偶然一次乘车发现在某一长达几十公里的路段上没有一座加油站时,在当时对石油相关领域几乎毫无知识储备和信息积累的情况下,决定开办加油站,为将山西的产品运往外地,将外地的产品运来山西提供便利,并将公司名称确定为"振东",意为"振兴东和"。从此开始了对如何经营好加油站的从无到有的探索,阳光文化、诚信文化、责任文化就在此探索过程中端倪初现。

2001年因国家政策原因不得不转产时,振东依然没有选择消耗当地资源且污染严重却被山西企业普遍看好的煤炭行业,而选择了重组盘活长治当地的金晶药业,进入自己并不熟悉且风险很大的医药行业。与选择加油站时一样,制药行业也是自己从未接触过的领域;而不一样的却是,制药行业是需要细致入微的精细制造业,没有对其中的风险、难度的充分估计和对战胜这些风险、克服这些困难的足够的心理准备,振东接下金晶,无异于自毁前程。况且,当时的振东早已度过了谋生阶段,怀揣着经营加油站所获得的厚实的荷包,选择冒险,令当时的很多元老和专家疑虑重重。

但李安平却有自己的想法，振东刚刚开启的事业需要接续下去，不进入煤炭领域却进入复杂的制药行业，恰恰证明振东不依靠资源而依靠能力。然而，经营企业不是过家家的游戏，不是靠一时的逞强，而需要实实在在的功夫，对企业经营管理深有体会的李安平当然深谙其中的凶险和困难。既然敢于接下金晶，振东要做的就是清心修炼、苦心钻研、清正做人、不走捷径——勤勤恳恳下功夫，踏踏实实做好药。

李安平和他的团队开始了连续几个月的突击学习和钻研，学习与医药行业相关的国家法律法规和专业知识，李安平本人甚至因看书过度而致双眼无泪。濒临倒闭的金晶药业要成为"精品振东"的全新载体，只有从一开始就按照最严格规范的制药企业的高标准，精益求精打好基础才是正道。因此，振东在2001年8月收购金晶后，2002年就对金晶进行了GMP改造，并于当年一次性通过国家GMP认证，脱胎换骨成为"精品振东"的核心产业。

振东从创立到发展至今，财富随着企业的发展不断增长，但李安平始终怀着"淡泊宁静"的财富观，从未被财富的光环遮住发展的道路。无论何时，对员工、对客户、甚至对一切可能与企业毫无利益关系的旁人，坚信"财散人聚"。同时，企业也谨记"成由勤俭败由奢"，不事奢华、不慕富贵、不贪享受、俭以养德。

李安平虽是老板，却清廉随和，看不惯挥霍浪费，他常说：若把这个钱省下，能帮助多少贫困孩子。

名以清修——化为企业实践，使诞生于振东石油时代的阳光文化、诚信文化、责任文化进一步延伸、发展和升华；使诞生于企业转型之际的简单文化，开始在制造业的企业管理中持续发酵。

（二）利以义制——人际交往的准则

利以义制——以义取财，以义服人，义字为先才能取之有道
——李安平

汉代儒士董仲舒有语："天之生人也，使人生义与利。利以养其体，义以养其心。"利是企业赖以生存的根本，义是企业持续发展的源泉。秉承晋商精神的振东崇尚儒家义利观，始终秉信赚钱不是衡量企业发展的标准，而是企业在实实在在的努力后理应达到的结果。李安平认为，晋商的成功主要来源于其信义为本的儒商思想在实践中的成功——持节守义，义字为先。做生意就是做人缘，卖产品就是卖口碑。振东在产品质量、薪酬水平、员工关爱、供销政策、政企关系、与邻为善等各个方面都有口皆碑，给顾客、员工、经销商、供应商、政府和家乡人民留下了守信、仁义的印象。

振东是一个企业，企业是以盈利为目的的经济组织。然而，振东的企业行为常常带有极强的感情色彩：多年来，振东用于社会公益事业的投入累计超过亿元，受助人数达到上万人次；公司在员工培训中的投入年均百万余元；公司对关系国家前途命运的政治事件积极声援，对全国各地发生的自然灾害和危机事件解囊相助。当然，积极履行社会责任，这是未来所有企业都必须做到的，但振东的做法，并不是源于其在这方面的超前或先知，也不

是出于企业忍痛让出暂时利益以期获取长期利益的考虑,而是企业价值观——与民同富、与家同兴、与国同强在实践中的自然流露,是企业价值观与晋商的诚信精神相融合而产生的共鸣在实践中的回响。

老子言:"天地所以能长且久者,以其不自生,故能长生。是以圣人后其身而身先;外其身而身存。非以其无私邪?故能成其私。"

利以义制——诠释了振东的诚信文化,诠释了源自晋商儒商思想的振东诚信文化。

(三)绩以勤勉——企业管理的理念

绩以勤勉——业绩源于勤奋,自勉自励方得成就大业

——李安平

如果说"利以义制"更多地表现为振东处理人际关系的准则,那么,振东在企业管理中的独特思维与行为则是对"绩以勤勉"的诠释。李安平始终认为,明清晋商的成功除了源于以诚信为本的儒商文化之外,更重要的是他们的聪明才智超凡脱俗。晋商在五百年的商界辉煌中所创立的商业模式、经营方略、管理方式至今为商界中人所叹服和景仰,这些成绩是他们在殚精竭虑、日思夜想企业经营管理的探索中勤勉积累总结而来的。振东能够形成独具特色、行之有效的管理模式和思维方式,正是对"绩以勤勉"的注解。正如一个人,当他全身心地投入到一项自己喜欢的工作或事业中时,无论遇到什么问题或障碍,似乎总能为自己找到解决问题或突破障碍的良方。

第二章 振兴东方的信念——振东文化

企业之所以在管理水平上分出高下,并不完全在于管理者的智商和水平,而更多在于其是否用心、是否投入。一个企业管理得法,很多人会认为是管理者智商超群、举重若轻;其实谁都没有神话中的灵光乍现,很少有人能眉头一皱、计上心来,管理的真知灼见蕴藏在投入其中、潜心思虑、细心琢磨、厚积薄发的过程中。李安平所表现出来的在管理思维上的天赋异禀,可能有先天秉性中的成分,但客观地讲,更多的是源于其对企业管理的长期勤勉钻研所形成的职业化思维。所以,振东的管理理念用最简单的语言来表述,就是:管理没有什么花架子,只要实处着手、勤学善思、用心留意,总是能找到好的管理思路和办法。

"管理难不难?其实不难",李安平说,"管理就是面对形形色色的问题,找到解决问题的办法。"我们问到在振东的五大文化中,哪一个是核心?李安平说:"简单文化"。蕴含着深刻管理思想的"简单"二字,包含着"管理就是将复杂的事情简单化"的真知灼见。在振东,简单文化所辐射出来的管理光芒已远远不止是管理流程化、工作程序化、制度表格化、活动法定化等这样的方法,而已经成为一种管理的思维模式,任何一件与管理有关的事件或做法,都源于寻求找到最简单的解决思路和办法这样的思维。超常的学习机制、各种各样的"运动"和"活动",都是在这种简单思维模式下,为使复杂的管理问题找到最简单的破解之法而对员工所做的知识和心态上的必要储备。

当我们问道,五大文化推行中最难做的是哪一个?李安平回答的仍然是"简单"。管理不难,却为何最难的是"简单"?其实其中的道理也很简单,就是厚积薄发的辩证法。只有"勤勉"——不懈地学习、钻研、琢磨,才能将看起来很难的管理工作理出头绪,厘清思路,找到方法,在需要艰苦努力的勤勉中获得看起来简单的结果。

绩以勤勉——简单文化在振东开花结果的根。

(四) 汇通天下——精品振东的追求

汇通天下——汇集天下财富,产品通达五洲,福祉于民,强盛国家

——李安平

晋商一纸汇票通达天下,成就了票号在中国商界的传奇。振东虽与票号无关,却钟情于晋商的这种精神,将汇通天下——以服务和产品汇通天下作为企业的追求。"精品振东"追求的是产品的高标准、员工的高素质和企业的大格局。不是偏居一隅追求财富的膨胀和现期的安乐,而是将企业置于"天下"这一无垠的大市场环境下,通过锻造能够与大市场对话、与强对手竞争的振东品牌,来超越物质财富的追求,为社会民众谋福祉,为中华民族的繁荣昌盛做贡献。

"精品振东"的追求与《基业长青》中高瞻远瞩的百年企业相类似。与知名大企业相比,振东还算不上大企业;与百年企业相比,振东只是二十岁的青少年;与驰骋国际市场的跨国公司相比,振东还只是中国一个不大的城市中的新秀企业。但汇通天下的企业追求,使振东具有一流企业的管理思维。

1. 搜索国内外优质资源

振东在经营管理理念方面与其他许多民企最大的不同之处也

许就在于振东具有不安分、不满足、不唯利的特点。在中国的民营企业界，在山西的商界，振东虽没有多大的名气，没有多么令人目眩的财富，却在低调稳健的行事风格中流露出企业纵览天下的雄心和气魄。

2011年1月，振东制药股份有限公司在创业板上市；2012年5月，振东与澳大利亚阿德莱德大学和山西中医学院三方合作组建了第一个以我国中药企业冠名、设在西方综合大学的国际化研究机构——振东中—澳分子中医学研究中心；振东以北京研究院、太原工程中心为平台开展的系列创新药物的研发和生产；与美国艾格科技公司的脂质技术平台、中国军事医学科学院的缓控释技术平台的项目合作；与中国药科大学、中国中医科学院中药所、天津中医药大学、南京中医药大学、山西中医学院、山西省中医药研究所、山西财经大学等合作的科研和管理创新项目等。所有这些都展示了振东努力搜索国内外资源，致力于将最优质的资源引进振东，使振东能够在中医药产品现代化、企业经营国际化的视野下突破地域限制，放眼全球的远见卓识。

2. 志在全球医药健康市场

在西医西药占据着全球绝对话语权的医药产品市场上，中医药品及其相关产品在全球市场上的地位微乎其微。中医药作为中国历史文化遗产中的珍贵资源，其市场价值和对人类健康事业的价值亟待开发。身为医药行业中的企业，振东以自我担当的责任感和企业发展的使命感，致力于以优质可靠的中医药产品和现代化制造技术传承和发展中医文化和中药价值。

根据中药产品的药效对药材产地、种植时间等要求很高的特点，针对近年来中药产品普遍因药材品质缺陷而导致的药效下降问题，振东在近年来所确立的"以农业开发为基础，以制药为龙头"的大健康产业发展战略，将药材种植作为药品品质保障的源头，期望通过从根本上保证药品的品质来建立起中药产品走出国门的基础，以中药精品来获取国际市场对中药产品的信任和青睐。

此外，振东致力于在健康产业中形成产品系列的振东五和食品公司和振东家庭健康护理用品公司也正在筹备上市，以中药产品防病治病、以健康产品养生保健的中医药健康护理理念，正伴随着振东志在全球医药健康产品市场的发展而逐渐成形，成为指导企业向着现代化、全球化、精英型企业方向发展的指引。

3. 锻造一流员工队伍

管理理论将管理区分为人本管理与官僚控制两种相反的管理导向，并将人本管理作为管理的发展趋势。而在管理实践当中，两种截然不同的管理导向却都有在不同企业中的适用性，所以一流企业并不强调人本与否，而讲求在制度机制的设计中是否能够最恰当地召唤人性，激发出人性中勤劳智慧和真善美的光辉，而无论这些制度或机制是引导性的还是强制性的。这是所有一流企业对员工的共同要求或者说是人力资源管理的基本标准。

振东的制度和机制设计遵循这样的设计思路和思维逻辑：每个人都有极强的可塑性和价值潜能，无论企业当前在财务指标上的表现如何，企业始终按照"疏通"员工创造性智慧与"堵住"员工怠惰情绪和不良习惯二者并重的思维来塑造员工。即使按照

第二章　振兴东方的信念——振东文化

企业目前的条件，振东无法招聘到一流的员工，但要尽可能培养和塑造出一流或接近一流的员工，一流的员工才可能生产出一流的产品，才可能打造出胸怀天下的企业。

案例摘选：振东绿化公司经理马燕飞的职业传奇

马燕飞，毕业于某中专院校的园林绿化专业，2006年入职振东，负责振东厂区的绿化和维护工作。工作之余，专业兴趣所至，萌生了利用公司废旧材料和闲置场所培育花卉的想法，遂向总裁李安平提议，得到肯定后，于2010年建起了日光温室并于同年秋季生产了第一批年销花卉并投放市场，收回成本且获得回报。初尝喜悦的他又萌生了独立成立绿化公司对外承揽绿化业务的想法，2012年，在公司资助下，振东园林绿化公司正式成立，并开始自负盈亏。通过对外承揽绿化工程、苗木花卉销售等业务，使得绿化公司至今已将业务先后拓展至潞城、长治、晋城、高平、陵川等地，与各地政府、企业、园林单位建立了良好的合作关系。2012年，马燕飞被长治县林业局推荐为"长治市育苗楷模"，其养护的单位绿地被评为"省级园林化单位"。

振东"一流员工标准"下的"打工仔"，借振东之力成就了其向"创业者"的蜕变传奇。

振东塑造一流员工的制度和机制堪称业界楷模。

◆　制度约束

人都在主观意识上期望成为一流员工，但要成为一流员工，需有强大的毅力和极强的自律能力，否则，人天性中的弱点会消弭毅力、弱化自律。所以，如何塑造一流员工，振东不是盲目信仰"人本自由"，而是制度先行。

(1) 规范细致的基础管理。

振东的基础管理堪称民营企业管理的典范。从计划到流程到执行，几乎每一个可控管理事项都已形成制度化的规范，每个员工、每道工序、每项工作都有章可循、井然有序。员工一上班，有胸牌上的三色工作流程清单对岗位工作作出计划和提示，工作的质量和进度有制度表格一目了然、掌控齐全。工作中的疑问和感悟有工作日志记录、思索和整理，工作的结果下班后向上级汇报得到反馈。日常行止和例外事项有斑马线、行为规范、法定日来保障执行、避免疏漏。

(2) 民主评议的考绩制度。

没有考核，便没有约束，但振东对员工的考核更严一筹。每个人每月的工作实绩，都要经民主评议程序之后确定出A、B、C三个档次，张榜公布，并与薪酬发放挂钩，这也许是最简单却也是最有效的制度约束机制。

(3) 福利加制度的培训模式。

振东的培训制度，前文已有详述，员工接受培训和培训他人既是公司给予员工的职业成长福利，也是一种制度和约束。员工在这种福利加制度的培训模式约束下，逐渐由培训和被培训形成了对工作态度、工作方式和道德修养等方面的深刻理解和认识。

◆ 环境影响

(1) 视觉化情景教育。

去过振东的人，可能都对其遍布各个角落的标语、提示、劝诫标贴印象至深。振东对员工的视觉化情景教育可以说达到了极致。大到厂区宣传栏、办公室、会议室，小到椅子上、厕所里、开关旁都有各种各样的劝诫式标贴,甚至男厕所、女厕所的都不一样,这种全面覆盖的超级视觉化情景教育方式,于不知不觉间潜移默化地影响、规范着员工的心态和行为。

(2)专题式培训渗透。

振东的培训内容中,有相当一部分是有关企业文化、社会责任和职业道德等方面的内容,这些专题培训有意识地将员工的思想和行为引向企业所推崇的方向,在员工形成符合追求勤劳智慧和真善美的价值导向、思维方式和行为习惯方面,起到了引导和激发的作用。

(3)仪式化行为引导。

振东在业务工作之外,有各种形式多样的仪式和活动。例如公司例行的高管论坛、经理论坛、员工论坛以及研究生论坛,在增进员工互相之间的了解与沟通合作的同时,通过活动的组织和启智益思的讨论,锻炼并培养了员工独立处理问题的能力,提升了员工的综合素质。此外,公司为倡导爱国主义而举行的9·18集体集会活动,为引导员工培养爱心而组织的扶贫济困活动,为增进员工自豪感的大型司庆活动,为引导员工价值导向的大型表彰奖励活动等,都以令人鼓舞的仪式化形式,强化着员工的思想和行为。

(4)正能量信息传递。

振东利用短信平台、微信订阅号、内刊等多种媒介形式,传递和共享正能量信息,员工在分享和传递信息的同时,这些真知灼见或多或少会被员工理解、接受、领悟和认同,影响着员工的做人行事原则。

◆ "自逼"提高

(1) 找差距、知不足。

为使员工行为趋向"标准",振东有一项差距量化制度。每个振东员工都可以为自己和他人找差距,公司以激励和约束机制推动这项工作的制度化。在为自己、为他人找差距的同时,员工主动学习他人、规范自己,逐渐养成了良好的行为习惯。

(2) PK中,见危机。

每年的4月,是振东的"PK月",每个人都可以向你认为的对手发起PK挑战,每一个被挑战的人都必须应战。PK中,见危机,对手的成长和超越会给你真切的危机感,不学习、不进步,就会在别人的进步对比下落后,学习别人,提高自己,永无止境。

(3) 走出去,多吸取。

振东给所有的管理人员都有定期走出去的次数指标,尽管这会增加企业的差旅费。明清晋商曾经的保守和落后就是源于高墙大院的封闭,振东让所有管理人员走出去,就是让他们去开拓视野、增长见识、拓展思维。走出去,员工会有意识地吸取外界的信息,学习他人的经验,反省自己的思路,改进工作的质量。

◆ 真情感化

制度和机制的设计仅仅考虑了对员工的强制和引导,还不足以形成一流企业所表现出的员工的忠诚和敬业。人一方面会受利益的威慑和引诱而表现出利益导向下的行为,另一方面,人还受到情感的引导而表现出自发的行为。振东对员工的关爱,对社会的关爱,从正面为塑造企业的一流员工起到了示范性的真情感化作用。

"汇通天下"培育了企业的精英主义追求,振东之所以崇尚和形成了阳光文化、责任文化、亲和文化,以开放的胸襟谋求发展的大格局而不是小利益,与此有着深厚的渊源关系。

晋商精神,这粗壮的树身支撑了振东以五大文化为核心的文化体系,那么,什么样的根系才能支撑起这庞大树身?支撑这种文化在企业持续推进和升华的力量又来自哪里?

三、家国天下,振东文化的大树之根

与民同富 与家同兴 与国同强

——振东核心价值观

这条悬挂在公司大会议室、股东会会议室和董事会会议室的条幅在任何时候都是那样的醒目。它标志着振东的终极理想和信念,是企业的终极追求,是振东人为之奋斗的不竭的精神源泉。当振东文化的希望之树愈是向上蓬勃生长时,它的信念之根就愈是向下,向下,在太行深处,向中华民族古老的传统文化寻求营养。

在今天这样一个物质至上、市场第一、财富为王的时代,曲高和寡的家国天下的理想情怀还有土壤吗?与商界你争我夺、尔虞我诈的气候相容吗?这样的企业还是企业吗?在今天这样一个信息爆炸、五光十色的营销招数、公关绝技都泥沙俱下,令人迷茫、令人晕眩的喧嚣时代,这样的企业是在财富积累后附庸风雅、曲意矫饰、营销公关吗?

振东家国天下的理想情怀,不是头脑里大而化之的虚空概念,也不是出于营销公关目的的曲意逢迎,而是以贯穿企业发展过程的侠义精神为根本、以中国传统文化为土壤培育起来的企业信仰。

(一) 家国天下的侠义精神

自古以来,"侠"与"义"相连,侠义精神一直是传统文化最推崇的精神品格之一,晚唐名相李德裕所撰《豪侠论》对侠义精神概述为:"夫侠者,盖非常之人也,虽以然诺许人,必以节义为本。义非侠不立,侠非义不成,难兼之矣。"指出了侠义精神的实质——侠是根本,义是手段。

振东的侠义精神体现在伴随着企业发展的理念和行为中。

1. 兴家

振东的创立始于其振兴家乡的使命,因此,振东的发展始终以为家乡人民谋福祉为根本。

◆ 泽被家乡

振东在产业致富之后,积极参与民营企业"光彩事业"扶贫开发计划。其子公司道地药材开发公司以"诚实守信、全程监管、服务农户、带农增收"为宗旨,采取"公司+政府+基地+农户"的模式,免费为农户提供药材种子、化肥和技术,长期为农户举办种植技术和田间管理培训。通过与农户签订保护价合同、提前发放预付款等方式,带动和帮助家乡人民增收致富。

为尽快改变家乡贫穷落后面貌,公司先后投资 350 万元为家乡修建柏油马路、村中心主要街道,并对家乡大小街巷进行硬化、绿化、美化，改变了祖祖辈辈出门就是泥土路的历史；投资60万元解决东和村电网改造，使全村800余户3500余人受益；投资130万元为家乡打深井并完成了自来水安装工程，使千户农民解决了祖祖辈辈饮用又苦又涩浅表水的历史问题；投资310万元为家乡兴建了老年活动中心和养老院，投资200万元建起了乡卫生院。

1995年，投资120余万元兴建了现代化的"振东中学"，解决了东和乡700多名学子的上学问题。2005年，投资100多万元兴建了现代化的"振东希望小学"，并坚持每年出资20万元用于对振东中学、振东希望小学模范教师和优秀学生的奖励和教学设施的改善。每年六一儿童节，公司还为当地学校和各网点学校赠送图书、学习用具。

此外，面向家乡弱势人群的一年一度以法定日形式长期实施至今的"扶贫济困日""冬助日"和"敬老日"活动，已成为振东回报家乡的常规工作。

◆ 呵护家乡

振东所在的长治县古称"黎都"，素有"华夏农耕文明之源、中国民间文化艺术之乡、三晋和谐秀美之城"的称誉。诞生于这块风光秀丽、气候适宜的大地上的振东对这块土地呵护有加。十年前，正当煤炭行业进入新一轮的景气周期时，振东却不像大多数山西企业一样，选择具有资源优势的煤炭产业，而是选择了对环境影响相对较小，并能带动本地旅游和种植农业发展的医药健康产业。在公司成立之后，将环保问题作为公司生产经营工作的前提，坚持污染预防，减少污染排放，努力保护生态环境；投资实施节能降耗减污增效工作，致力于建设绿色振东和环境友好企业；并通过教育培训提高员工的环保意识和技能，关爱环境，珍惜大自然赋予的蓝天白云、青山绿水。

◆ 重塑晋商形象

作为山西企业，晋商尤其是明清时期晋商的辉煌业绩既是振东的榜样，也是对振东的激励，振东的新晋商理念——"名以清修、利以义制、绩以勤勉、汇通天下"展现了企业"重振晋商雄风""重塑晋商形象"的使命感，企业一方面希望传承晋商诚信守义的价值观念和开拓进取的创新精神；另一方面，也希望通过企业的勤勉努力和健康发展来扭转山西企业形象在人们心中已经形成的恶劣印象，重塑新晋商"以天下为己任"的新形象。

2. 强国

振东强烈的爱国情怀体现在企业经营中，表现为推崇中国传统儒商的"实业报国"理想，期望通过致力于企业发展来回报国家。

◆ 封侯非我意，但愿海波平

作为一个纯粹的民营企业，振东具有令人惊异的大多数民营企业所不具备的爱国情怀。振东认为，国家不能富强，就会被强权压制。国家富强，不仅是政府的事，每一个公民都有责任。作为企业，爱国就要为国家富强承担责任——首先要办好企业，但办好企业不是为个人财富的增长、企业财富的增长，而是指向国家富强的终极目标。所以，振东不是只要有钱赚就去做，而是要选择能使国家富强的产业，来实现"实业兴国""实业报国"的目的。

第二章 振兴东方的信念——振东文化

振东致力于在以中药注射剂为核心产品的中医药健康产业领域走科技创新的企业发展之路，就是要通过提升中药产品在国际上的竞争力来为国家富强做自己能做的事。

◆ 侠之大者，为国为民

金庸名著《神雕侠侣》中有一段郭靖对"侠之大者"的表述："我辈练功学武，所为何事？行侠仗义、济人困厄固然乃是本分，但这只是侠之小者。江湖上所以尊称我一声'郭大侠'，实因敬我为国为民、奋不顾身地助守襄阳。"

振东的侠义行为表现为——国有难时，为国分忧；民有难时，倾力帮扶。

2008年，南方遭遇雪灾时，公司员工捐款53万元。汶川大地震后，李安平带领十名员工在第一时间包专机向灾区送去价值1060万元的药品和127万元员工捐款，员工志愿献血30万毫升，成为山西第一支进入灾区救援的队伍，并现场参与搜救。同时，公司为长治医学院87名四川籍学生捐款58万元，并给予长治医学院来自地震重灾区的11名学生每人每年8000元的资助，直至毕业。2010年青海玉树发生地震后，公司组织车队千里奔赴灾区送去价值508万元的一线救急药品和员工捐款91.6万元。2013年四川芦山地震，振东为灾区筹集善款200多万元，捐赠价值525万元的急需药品、物资。

◆ 民族的才是世界的

国家富强不仅是物质财富的增长，还需精神文明的强大。改革开放以后，我国已发展成为世界第二大经济体，在物质财富上已积累起较为雄厚的经济基础。然而，伴随着改革开放之后文化的多元化，原来的洋文化逐渐因其经济基础上的实力而成为主流文化被国人推崇。相反，我国五千年的文明积淀却在文化竞争中渐渐被替代、甚至被自己的国民所丢弃。因此，弘扬民族文化，使中华文化融入世界文明也是每一个中国人的责任和使命。

中药作为中华文化中重要的组成部分，使之融入世界文明，为人类社会发展做出贡献，理应成为振东的使命。

"民族的才是世界的"，2012年6月，振东投资建设了国际神农中医药文化博览园，致力于让中草药知识、中医药文化和中药从规范化种植、炮制、萃取到精制、成型的全过程被社会大众所了解，对促进祖国中医药产业的现代化、多元化和可持续发展，扩大中医药文化的国际影响力做出了努力。

3. 关爱天下

振东将其"以天下为己任"的理想情怀付诸实践，表现出立足企业、心忧天下的精神境界。

◆ 既为社会生产产品，也为社会培养人才

振东耗资极高的人才培养系统，常被商界中人质疑："如果企业花费巨资，但很多培养出来的人才却跳槽了，企业岂不是为他人做了嫁衣？"事实上这也是很多民营企业不愿在人才培养上多下功夫、多花成本的顾虑所在。对此，李安平常以一句简单的话回复："为社会培养人才有什么不好？一样值得。"

振东认为，企业既要为社会生产产品，也应为社会培养人才。当一个企业培养出来的人才为社会做出贡献时，其实等同于企业为社会做贡献，这与企业通过产品为社会做贡献没什么不同。

抛开了企业竞争的狭隘思想，而将企业置于一个社会角色之下而不计得失，这是振东的信仰所致。

◆ 既珍爱生命，更关心健康

一个企业要成为社会的企业，首先其产品要能够为社会带来福利，振东选择中药健康产业，正是基于其产品对人类生命健康的呵护。然而，防病胜于治病，养生重于疗伤，心健先于身健。企业选择了制药，似乎就把人类的病痛当作了市场，而忽视了对身心健康的预先呵护。所以，振东在保持其当前药品生产的同时，逐渐将产业链延伸至防病、养生，开发出了五和健康养生产品系列，阳康中药家庭护理产品系列，并致力于开发防病保健的中药产品，既珍爱生命，更关心健康，振东期望天下苍生永远健康、远离病痛。

此外，作为医药健康企业，振东不仅关心人民群众的生理健康，也关心员工的心理健康。振东有丰富多彩的愉悦员工身心的文体活动，注重员工的心理保健，振东的发展伴随着员工的健康成长。

（二）中国传统文化的思想沃土

李安平因为家境不好没有接受过系统的学校教育，但正是这样的经历使他一方面养成了自学勤学、终身学习的习惯；另一方面，也使他在没有过多的考试约束的环境下得以相对自由地发展自己的志趣。中国传统文化成为李安平从中汲取养分的知识沃土，这些思想影响造就了振东充满理想主义和浪漫主义情怀的企业价值观与企业文化体系。

1. 修身齐家治国平天下的理想追求

国学经典《礼记·大学》中的名段,"古之欲明明德于天下者,先治其国;欲治其国者,先齐其家;欲齐其家者,先修其身;欲修其身者,先正其心;……心正而后身修,身修而后家齐,家齐而后国治,国治而后天下平",清晰地展现了古人或者说古代读书人对于自我成就的最高要求或理想追求。

修身、齐家、治国、平天下,由李安平所缔造的振东正是源于这样的理想追求,才形成了超越于致富、超越于利润、甚至超越于企业经营逻辑的价值追求,才能在企业经营范畴内做出异乎寻常的慈善义举,超大力度地履行企业社会责任且乐此不疲,才能以源源不断的管理创新使企业日新月异,使家乡人民致富,为晋商正名,心系国家富强和社会公平正义而令业界瞩目。

根植于这样的思想沃土,才生长出振东"与民同富、与家同兴、与国同强"的价值观,也正是在这样的思想沃土滋养下,才使振东的价值观落地生根,开花结果,结出了企业实实在在的大爱善举。

2. 产业报国的强烈责任感

我国近现代民族工商业的发展无论是官办还是民办企业,最初的发起人或创办者很多都带有强烈的救国报国的使命感,如盛宣怀、张之洞、张謇、卢作孚以及改革开放之后的倪润峰、张瑞敏等,这些源自于古已有之的报国情怀的企业家责任意识,深深影响着李安平,成为鞭策振东实践其家国天下理想的精神动力。

爱国报国不是虚空的概念，也不是喊在嘴上的口号，是要通过实践产生价值，通过自觉努力和辛勤付出来为国家做出贡献。实践的途径有很多，振东选择的是兴办产业。以兴办产业造福家乡、报效祖国的责任感，使振东在二十年的企业发展历程中始终孜孜不倦将企业作为自己的事业——报国的事业而勤勉努力，不是追求财富的增长，而是追求事业的长久和以此为途径的国家强盛。

强烈的责任感才能为理想和梦想的放飞插上翅膀，信念坚定，则无论山重水复，蜀道艰难，都不会停歇，不会停止思考和判断，不会停止努力和学习，不会停止向前飞跃。振东二十年取得的业绩和在此过程中从不间断地管理创新和自我加压，就是源于这始终悬置心头的责任感。

3. 悲悯天下的人文情怀

《周易》讲："观乎人文，以化成天下。""文明以止，人文也。"人文情怀是古代先哲所推崇的精神教化目标。以文化人，区别于人的自然演化，强调通过对人的伦理礼仪教化使天下安定和谐。被誉为"现代新儒家"的民国著名哲学家冯友兰总结人生的四个境界为：自然境界、功利境界、道德境界和天地境界。天地境界乃人间大爱，也就是悲天悯人的大爱。

振东的侠义真情，振东的扶危济困，振东从上到下表现出的对社会弱势群体的关爱，富而持节稳健低调的德行，不流俗不媚上，名以清修的行事原则，心系国家前途命运的爱国情操，为社会育才的道德品格，都源于中国文化源远流长传承至今的悲悯天下的人文情怀。

四、匠心独运，振东文化的独特实践

（一）振东文化的独特性

1. 家国天下的侠道精神和企业理想

最能表现一个企业精神追求的就是企业的核心理念体系，而使命与价值观是构成企业核心理念体系的主体。企业使命表达了企业的追求，回答了企业要做什么的问题，核心价值观表达了企业的精神特质，回答了企业是谁的问题。振东使命——"服务社会、奉献人民、开发产业、富强国家"与振东价值观——"与民同富、与家同兴"表达了振东所确立的以服务为民、以产业报国的事业追求和以家国兴旺为己任的精神特质。

振东的核心理念体系简单、朴实，直白地表述了支持企业未来发展的原动力在于通过产业这一载体的发展来实现企业为国为民为家为人的理想追求。立足于企业应有的逐利本质之上，具有标签作用的振东使命和价值观呈现出的是一种与众不同的企业"侠道"——民、家、国在其价值序列中与企业价值处于同等位置。

彼得斯和沃特曼在《追求卓越》一书中指出："我们研究的所有优秀公司都很清楚它们主张什么，并认真建立且形成了公司的价值准则。事实上，如果一个公司缺乏明确的价值准则或价值观念不正确，我们很怀疑它是否有可能获得经营上的成功。"

经营一个企业除了实现其盈利赚钱的目标之外，卓越企业大

第二章 振兴东方的信念——振东文化

多有对赚钱背后的经营意义的思考和定位。《基业长青》中引用惠普公司曾经的 CEO 约翰杨的话:"我们清楚地表明:利润虽然重要,却不是惠普存在的原因。公司是为了更基本的原因而存在。"享誉世界的百年制药企业默克制药在其 1989 年印行的《内部管理方针》中说:"我们做的是保存和改善生命的事业,所有的行动,都必须以能否圆满实现这个目标为衡量标准。"我国制造业翘楚华为总裁任正非说过:"对公司来讲,长期要研究的是如何活下去,寻找我们活下去的理由和活下去的价值。"

在《基业长青》中,作者通过对一流企业在利润与理想之间的认识和做法的总结分析后指出:高瞻远瞩的公司追求利润,可是他们也追求更广泛、更有意义的理想。利润是生存的必要条件,而且是达成更重要目的的手段。但是对很多高瞻远瞩的公司而言,利润不是目的,利润就像人体需要的氧气、食物、水和血液一样,这些东西不是生命的目的,尽管没有它们就没有生命。

振东家国天下的侠道精神和企业理想,表明了企业存在与发展的意义,是引领和驱策企业发展壮大的明灯,是使振东在不同产业领域勤奋进取的思想基础和动力来源。

李安平说:"我的理想就是用管理报国,振东发展不好,我的责任;长治发展不好,我有责任;山西发展不好,我有负罪感。所以我就是要通过振东实现振兴家乡,振兴东方,屹立世界的理想。"

2. 透析人性的商道理念与管理智慧

也许您会说,振东高远而激动人心的理想信念谁都会说,对于落地生根的企业来说,实实在在的经营管理可能更重要也更难。事实上，理想信念是行动的内在驱动力，坚如磐石的信仰往往生发出百折不挠的勇气和机敏过人的智慧，以理想信念为基点，执着于事业回报所指向的终极目标，企业的经营管理便会异彩纷呈。

毫无疑问，一个企业会形成和塑造出什么样的文化，首先与企业创始人具有什么样的人格品性密切相关。振东侠道为本、商道为体的文化，自然也首先来自于李安平本人的思想观念和人格品性。与李安平有过交往的人都会对其人格特征中最鲜明的两个方面印象深刻：一个是其家国天下的理想主义情怀，一个是其异常敏锐的管理思维。前者似乎与商人天然具备的精明不够相容，而后者却又表现出从商的天赋异禀，这样两种看似有些冲突的人格特征集于一身，形成了李安平领导下的振东集团异乎寻常的两种基因：侠和商。

（二）振东文化的原生性

李安平出生在山西省太行山区长治县东和村，自幼聪明好学，但因家境贫寒、生活艰苦，不得不早早辍学，那时，他就怀揣梦想要改变家乡，造福乡民。1993年，当年31岁的李安平向他的亲朋好友四处游说筹措30万元，兴建了一座加油站，开始了他的事业梦。加油站被命名为"振东"，这个朴实的追求，随着事业的发展，逐渐形成为"富强祖国、振兴东方"的宏大愿望。

振东五大文化最初都来源于偶然事件。例如，阳光文化的形成源于"逢十计量日"事件，简单文化的形成源于"转产决策"

第二章 振兴东方的信念——振东文化

事件等。五大文化都有其产生的来源，经过实践中的不断扩充、修正、完善，逐渐形成了覆盖企业全员、管理全程、工作全项的指导思想，成为指导企业发展的"圣经"。如今，振东人可能早已忘记或者根本不知道它们是如何形成的，但却在身体力行着这些文化理念。偶然事件导致了某种思路的闪现，当这些分散的闪光点经过实践的检验成为真知之后，就逐渐沉淀为文化，并逐步被赋予更多的内涵、更多的意义，形成了覆盖整个企业的振东文化。

说来也是。始于加油站这样一个服务性行业的振东集团，最初怀揣着的是振兴家乡的梦想，所以想要办好一个企业。

如何办好企业？李安平在边干边学中总结着企业经营管理的经验。最初是想招数，如为来加油的人送上一份印着财神爷的宣传单，使之不得不看；让加油站的服务员学习普通话以接待外地客户；成立轮滑服务加油组以吸引眼球同时提高服务效率；等等。到后来是找方法、讲规矩、定制度。经过仔细地观察、思考，到最后形成企业文化，以文化人。在企业不断发展的过程中，文化也不断系统、成熟。到了2000年，顺利经营的加油站遇到了需要转产的问题，2001年，振东由服务业转向制造业，进入制药行业。李安平知道，制造业所需要的人员规模是以往的加油站无法相比的，制造业对生产的要求、制药行业对规范的要求也是振东从来没有遇到过的，若没有管理系统的同步跟进，公司会瞬间乱了方寸，振东引而未宣、靠默契形成的文化开始走向系统化。

如今，发源于公司始终如一的价值观的振东文化已形成一个完整的系统，有理念、有行为、有制度、有形象。

阳光、诚信、亲和、简单、责任，五大文化和企业核心价值观、企业使命互相融合，彼此渗透，已内化为员工的行为，外显为企业的形象。

◆ 振东员工行为习惯

（1）居安思变的习惯。

振东的阳光文化、责任文化所形成的找差距的工作习惯，使企业常常有各种常规的、运动式的管理活动，如"全员下岗运动""民主生活会""全员素质革命"等等，这些立足于不同问题的管理活动，形成了员工居安思变的工作习惯，他们在常规的工作当中，习惯于从工作中发现差距、找出问题，寻求变的办法。振东每年都会总结出一套管理模式，总有花样繁多的改革创新，得益于员工这样的工作习惯。

（2）效率至上的习惯。

振东的简单文化使员工在长期紧凑、有序的工作环境中养成了效率至上的习惯，工作不拖沓，需要做的工作尽管很多，但都习惯了以时间进度为准。源于企业的工作程序化和管理流程化的制度约束，员工工作的计划性很强，能在今天将明天、后天和一周甚至一月内的工作安排妥当，有序执行。细、实、快的工作作风要求，养成了员工既关注日常小事，也勤于思考业务大事，遇到问题务求快速解决的工作风格和习惯。大多数经理、总监都表现出雷厉风行、果断干练的工作作风。

（3）严谨律己的习惯。

振东的阳光文化、简单文化、责任文化所形成的程序化、

第二章　振兴东方的信念——振东文化

制度化、严执行的管理方式，培养出员工严谨自律的工作习惯。大到工作中的请示指挥，小到日常言行举止，都有章有序，不越规矩。一年四季，振东员工都有适合不同季节的工作制服，并要求在工作中穿工装、戴司标、佩胸牌，几乎所有员工的工作服都干干净净，穿戴整齐，即使是打扫卫生的员工；是自己负责或该管的事，无须督促强调；遇到需要与他人协调或其他部门配合的时候，能主动去协调解决；无论职务等级的高低，有违反规定的行为，会互相提示；员工在严格遵守公司各项制度要求的同时，能够主动修身正己，一言一行表现出较高的综合素养。

（4）互帮互助的习惯。

振东阳光透明、简单亲和的文化孕育了员工之间和谐互助的工作习惯，在振东，由于各种考核、排名、奖励等等都有一套公开且客观的制度和机制，工作中90%以上的工作内容都已程序化、流程化，加之公司经常举办的各种形式多样的论坛、仪式、庆典等都在无形中拉近和润滑着员工之间的关系，使得员工之间的工作关系简单、自然，在大多数企业中都会存在的员工因工作中的竞争关系和岗位界限而产生的尔虞我诈、心存芥蒂、互相防范、人情淡薄等情况在振东几乎不存在。员工之间因工作关系而成为同事，因互相帮助而成为兄弟姐妹。员工之间在称呼上是兄弟姐妹，在实际工作中，也形成了良好的配合和关照，在紧张的工作中，无论是上下级之间，还是同级之间，为了大家共同的工作，互帮互助已成为习惯。

工作之外的生活中，公司对员工、员工对员工，也形成了遇

103

到困难互相帮助渡过难关的习惯,员工每有生活中的困难或危机事件,公司和同事总会帮助缓解困难或化解危机。

◆ 振东企业形象

(1)振东徽标。

"振东"之"东",源于公司董事长李安平的家乡"东和"村,"振东"寓意振兴家乡、振兴东方、屹立世界。

公司徽标由抽象的喷薄而出的太阳和挺拔的山峰组成,蕴含着振东如初升红日,从太行山冉冉升起。太阳由金黄色渐变为彤红色,象征阳光普照大地,刚柔并济。

(2)振东厂容厂貌。

振东厂区以蓝色的建筑物和绿色的绿化带为主色,体现振东以制药为主业对清洁、干净、环保的追求,办公区以绿色生态为主基调,并采用大玻璃窗与玻璃门的设计,使各部门的工作流程都在"阳光"下完成,便于相互监督与交流,有益于改善工作态度,提高工作效率,也体现了振东的阳光文化。

厂区内到处都有湖景花园,以中国地图为原型别具匠心设计的"中华湖",是振东敬业报国的理想信念的象征。振东行业特色的药文化装饰物、蕴含企业特点的劝诫式教育宣传语和标牌等随处可见,体现了振东注重细节、注重学习的管理理念,这些都对员工随时随地进行着教育。

(3)员工仪容仪表和产品特色造型。

振东员工除一线技术人员和作业人员着白色或蓝色棉质工装

外，其余行政办公人员夏季为白衬衫、黑裤子或一步裙，春秋和冬季为中华立领柒牌正装制服，员工上岗统一着装并佩戴胸卡、胸牌。员工形象干净利落，具有职业特征，中华立领也诠释了浓浓的中华情。

振东制药系列产品外包装设计均以白黑两色为基本格调，间有绿色、蓝色，寓意阳光透明、洁净健康。

此外，振东还有统一的司歌、司旗与司徽，同工装一道构成了振东统一的视觉识别系统。

（三）振东文化的发展性

1. 振东文化的自然演进

振东文化生于振东、长于振东，是在企业二十年的发展历程中，随着企业的成长壮大逐步发展完善成型的。振东文化不是对流行文化的借鉴，也不是对其他优秀企业文化的复制。

振东侠道为本、商道为体的文化首先来源于李安平的理想信念与管理智慧，这是振东所独有的；其次，随着企业规模的扩大、管理渐趋复杂、员工素质逐渐提高，最初由李安平个人所倡导的文化观念在与员工需求的碰撞中，逐渐加入了对员工的信任和培养成分，振东责任文化就是在李安平的个人工作体验基础上，有意识地淡化其个人成分，而强调员工整体行为的思路下形成的。正如《基业长青》中对"报时人"与"造钟者"的区分，振东文化首先来源于李安平，但李安平所做的并不是无时无刻地"报时"，而是适时地"造钟"，有了这个"钟"，才能有长久报时的保障；此外，振东文化的自然演进还有企业在转产过程中行业转变这一重大事件对企业的影响，由此所形成的简单文化也是振东所独有的。

没有文化的自然演进，再优秀的文化都可能是不适合的。

但仅仅依靠文化的自然演进，也难以形成真正有效的、强有力的文化。

2. 振东文化的人为演进——超常的学习机制

振东文化的原生性，除了来源于其自然演进的过程之外，其实更重要的是在文化演进过程中对文化的人为引导和推进。

一个企业，要想培育出以文化人的文化，不在于提出什么样的文化理念，而主要在于如何使文化理念顺利为人所接受、为员工所理解和认同。

李安平本人是一个相当勤学的人，也正是因为勤学所收获的过人才智，才使其对学习的重要性感悟至深。但他也深知，学习是一件苦差事，没有压力，可能多数人会逃避学习，而没有学习，振东要培育的文化就没有可以被种植下去的土壤，所以，振东才成为民营企业中少有的将学习当作员工的工作任务来要求的企业。

在振东，如果说员工在哪些方面对企业的管理颇有微词的话，那就是大家觉得在自己的本职工作以外，有太多的学习任务。员工要按时填写每天的工作日记，对当天的工作进行梳理和总结；要对每周一案、每周一理及时收集整理、阅读、思考和评论；要对每周要讲课的内容及时学习和储备，要每月独立完成两篇工作论文，要准备每季度的业务考试……

紧张的工作加上繁重的学习任务，员工一方面为额外增加的

第二章 振兴东方的信念——振东文化

"负担"而感到辛苦,但另一方面,几乎所有员工都因学习为自己带来的收获和进步而欣喜,觉得没有这样的学习压力,可能不会有这些收获和进步。所以,尽管员工颇有微词,公司依然任务多多。因为洞悉人类惰性的李安平明白,勤学本身就是一件苦差事,只有当它真正开启了员工的心智、提高了员工的素质时,才能为员工所接受,也才能被员工真心理解和认可。也就是在这种不得不学的压力下,振东的员工素质明显高于同行企业和当地企业,振东的员工才逐渐养成了勤学慎思的习惯,才能对企业文化形成认知和理解,振东的企业文化也才能走向系统化。

李安平说:"创新精神从实质意义上是要我们自我加压,以积极的态度对待学习,不断地充实自身,从而具备创新的资本,拥有创新的能力。当你来到振东,融入振东时,你就要记住纵容自己就是毁灭自己,别让你的怠慢、弱点、安逸和需要毁灭了你的明天,因为我们是振东人!"

为给员工学习创造条件,2007年,振东投资建设了现代化的多功能培训中心;2012年,成立了"振东商学院",独创了"1+2"导师带培制[1]、"2+2"全员培训制[2]、内部职称制、轮讲轮训制等人才培养机制,使公司全体管理人员从上到下人人都是培训师,人人都是受培训者。这些制度和机制的设立,使很多新入职的年轻员工在短期内通过接受培训和去培训他人而学习成长

---

[1] 根据公司的《导师制工作条例》,经理级以上管理人员,采取"一对二、下沉一级或两级"的方式,对带培对象进行为期两年的培养。
[2] 第一个"2"即每一位员工都有接受内部和外部培训的双重任务,第二个"2"即每位管理者都有在公司内部和对外去培训他人的双重任务。

起来。通过不懈的努力，振东商学院荣膺2013年度中国企业商学院唯一最佳成长奖。

　　振东在日常工作之外的学习任务和培训教育活动，以及在这些活动中员工互相之间的学习和启发，养成了员工学习总结的习惯，员工通过工作日志总结工作中的得失和感悟，通过内刊杂志发表文章学习总结先进的管理理念和工作方法，通过短信、案例、哲理故事的编发、回复、讨论启迪心智、开阔思路，通过接受培训和培训他人学习总结提升业务技能、提高个人综合素养的知识和经验。

　　振东对员工的学习要求和教育培训，也培养了员工文明礼貌的习惯。在振东，无论是员工的仪容仪表、言行举止，还是员工的工作方式、人际交流都表现出较好的文明礼貌修养。见面问好，接电话问好，彼此尊重礼让，办公场所干净整洁，厉行节俭，员工习惯使用规范的礼仪手势、动作、语言，卫生间全天候放置卫生纸，提醒员工讲究卫生，等等。所有这些工作中的细节，展现了振东员工良好的职业习惯和较高的综合素质。

　　浓厚的学习氛围和学习习惯，已成为振东的标签，给初到振东的人以强烈的感受和深刻的印象。由此所形成的高素质的员工队伍，为振东文化的推行奠定了良好的人员基础。

　　即便面对跳槽的可能性，李安平也总是这样回答："他们跳槽了还不是为社会做贡献吗？振东的投入，照样值！"

　　正是这超越了企业层面的理想信念，使振东文化的人为演进过程自然而然。

　　振东之所以在二十多年的企业经营中形成如此独树一帜、运作成熟、原汁原味的企业文化，与其背后作为支撑的商业思想密不可分。

五、管中窥豹，振东文化的普惠价值

管理之道，千变万化，振东之"道"可能最适合振东，然而，管中窥豹，探索振东文化的发人深省之处和可资借鉴的道理，也许对其他企业来说更有意义。

（一）超越利润的信仰是文化功力的原动力

荣格说："一切文化最终都会沉淀为人格。"企业文化最终也会沉淀为企业人格，即企业与社会环境相互作用表现出的一种与别的企业不同的独特的行为模式、思维模式和整体企业情绪反应的特征。振东之所以取得今天的业绩，是因为振东和其他优秀企业一样，具备良好的企业文化素养。这种文化素养体现为对超越利润的信仰的坚守，这是文化素养所形成的文化功力的原动力。

超越利润的家、国、天下的信仰，修身、兴业、报国、富天下的事业层次，是支持企业永续发展的根本。振东的"与民同富、与家同兴、与国同强""锻造精品振东、重振晋商雄风"；海尔的"海尔——中国造、敬业报国，追求卓越"；华为的"爱祖国、爱人民、爱公司"。这些优秀企业的宏大目标，是造就企业非凡未来的源泉。

企业关注的时间和空间要比一般人大很多。人类的环保、核竞赛、恐怖主义、外空探索、资源危机，人们的精神走向和伦理前景都应在企业的关注之列。从总体意义上了解企业生存的意义，通过努力推动社会进步，这是企业成功的终极力量。

（二）人的文化是企业文化的本质

企业文化是人的文化，企业文化通过将企业的使命、愿景和价值观与员工的追求和价值观趋于统一来形成企业与员工志同道合、齐心协力地朝着企业目标努力的组织凝聚力。

人是理性的，也是感性的，当企业文化与员工的利益诉求和情感诉求趋于一致时，员工会有自发的积极性；人是趋利的，也是有精神追求的，当企业的理想和追求符合员工心中的精神指向时，会使员工产生强烈的归属感而与企业甘苦与共；人的品性、行事风格、习惯，既有先天成分，也受后天环境的影响，当员工受到企业文化的潜移默化和人为引导时，员工的品性风格习惯会得到改造或重塑，员工会表现出与企业期望一致的品格和风格；人既有时代特征，也受历史文化的影响，一个民族的历史文化会通过家庭教育、社会教化和人的自我学习使这个民族的人在不同时代都表现出带有经典文化烙印的共同特征，当企业文化与本民族的经典文化殊途同归时，文化所产生的精神感召力将有益于企业吸引和留住本民族的优秀员工；人既有个性化的精神追求，也有与社会大众共有追求一致的价值判断倾向，当企业文化符合真善美的人类社会共同的文明取向时，更容易得到企业员工的信赖和认可，企业文化所产生的精神效力也更大。

人的文化是企业文化的本质，企业文化只有深入人心，才能真正为企业带来价值。

(三)"自逼机制"是企业创新的源泉

在变化与速度的时代,活力、创新才是企业发展的关键词。老子曰:"物或损之而益,或益之而损。"老子又曰:"物壮则老,是谓不道,不道早已。"振东的"自逼"机制,就是在企业不断地发展历程中通过时时处处的自我加压、自我完善来实现企业的持续创新和发展。

1. 搅动平静,浪里淘沙

振东常有一些"运动"式的活动,一些员工称之为"折腾"。例如公司曾组织的声势浩大的"全员下岗运动",牵动公司上下并真的造成了公司一位高管愤而辞职的"批评与自我批评"活动。这些活动本身所引发的争议我们暂且不论,仅从公司组织这些"运动"的初衷来看,这恰恰符合了老子所讲的"损之而益"的辩证思想。

一潭静水,常常蕴积起底层厚厚的泥沙;一汪流水,却清澈而干净。公司经营,与此类似,过于稳定的发展,往往会在平静中孕育惰性、滋生瘠症。历史上每一个盛世之后都会有大的动荡,甚至改朝换代,也同此理。所以,一些看似劳民伤财的"折腾",正是振东搅动平静,大浪淘沙,保持公司活力的"损益"之法。

这些做法,使公司时时保持着清醒的头脑,时时保持着鲜活的生机,时时为自己可能出现的问题敲响警钟。所谓"户枢不蠹、流水不腐",也正是这个道理。

2. 搅动平静，沉淀是金

振东从 1996 年开始，每年根据企业的中心问题设立一个主题，围绕主题开展工作，并不断总结提炼，在年底将此工作方式总结为管理模式，持续推行。例如，2009 年确立为成本年，年底总结为"控化管理模式"；2010 年为提升年，年底总结出"跨越管理模式"；2011 年为标准年，年底总结为"规范管理模式"；2012 年为优化年，年底总结为"创先管理模式"。

如果说，"运动"是企业在搅动平静中，大浪淘沙，为企业未来发展冲去淤塞流水的泥沙，那么，在年复一年企业稳定发展的过程中，振东年年不同的主题和模式，则是在搅动平静中寻求沉淀的金。

结语：振东文化的未来

"水有源，故其流不尽；木有根，故其生不穷。"文化是企业发展的源头，文化是企业生命的根本，未来的企业发展需要文化的提升和发展。

尽管振东已取得了今天的成就，并已积累起独特而成熟的管理真知，但站在新的高度上，振东将以更加高远的视角审视和反省企业当前文化中的利弊得失，以更加人本、专业、开放的理念和行为，让企业走得更远。

更加人本——反思当前文化中，严格的制度与人性的宽松需求之间的矛盾和平衡；

更加专业——反思当前文化中，领导角色与员工角色的平衡，使员工充分参与到企业的决策中来，虚心听取员工的真切呼声，追求企业的"器良技熟"、员工的"胆壮心齐"；

更加开放——反思当前文化中，以国家利益为目标与以人类健康为使命之间的平衡，追求未来在更高远的层次上的人类大爱和企业大道。

家国天下的理想主义情怀，使振东鹤立于商界的名利场，高扬的理想信念也使振东充满了执着向上的活力，但企业的性质决定了企业行为的边界，未来的企业将是社会的企业、民众的企业，职业的企业家应当是将企业利益与社会责任均衡关照的决策者，企业应当有更加务实的践行理想、追寻信念的经营之道。

"知之者不如好之者，好之者不如乐之者"，振东，既是侠道的好之者，也是商道的乐之者，二道的结合将怎样赋予企业基业长青的经营启示和文化走向。我们希望振东能在知之、好之、乐之的基础上，将二者更加充分地融合，以侠为念，以商为本。更好更精！

第三章 行空的天马
——振东战略

古之善战者，非能战于天上，非能战于地下，其成与败，皆由神势。

——《六韬》

改革开放以来，我国民营企业迅速兴起和蓬勃发展。据国家工商总局网站统计数据显示，截至2014年2月月底，全国共有企业1546.16万户，其中民营企业1274.79万户，占企业总数的82.5%。然而，据中华全国工商联合会编写的首部《中国民营企业发展报告》蓝皮书显示，全国民营企业的平均寿命只有2.9年，其中有60%是在5年内破产，只有15%能在10年之后继续存活。普华永道会计师事务所发布的《2011年中国企业长期激励调研报告》也指出，我国企业数量众多，重复走着"一年发家，二年发财，三年倒闭"之路，即使是集团企业的平均寿命也仅7~8年，与欧美企业平均寿命40年相比相差甚远。民营企业普遍长不大已成为我国经济发展中的一个突出问题。因此，那些已经长大还未"英年早逝",并正在致力于打造"百年老店"的民营企业就尤为引人注目。在山西省东南部的长治县就存在着这样一家企业——振东集团。

山西省素以富含煤炭资源闻名,全省118个县(市、区)中,有94个县区储存煤炭资源,91个县有煤矿。改革开放以来,作为资源大省,煤炭及与之密切相关的焦炭、冶金、电力等产业快速崛起,形成了以资源型产业为主导的资源依赖经济体系,一度成为国家工业化发展的重要支撑。在山西,煤炭工业曾一度占到全省规模以上工业利润比重的80%左右,不以煤系产业为主业的大型民营企业可以说是凤毛麟角。因此,从一个小小的加油站起家,短短20年成长为山西省规模最大、最具有发展潜力的制药集团的振东集团在长治乃至整个山西都显得十分的"另类"。

2013年10月1日,振东集团迎来了成立20周年的喜庆日子。振东科技园内张灯结彩,花潮涌动,集团总裁李安平发表了题为《同舟共济铸辉煌,砥砺奋进再启航》的讲话:"忆过去,振东人铭记创业激情,分享荣誉与成就;论现在,振东人意气风发,向着百亿振东的伟大梦想进取;望未来,振东人踌躇满志,规划着做民族健康产业知名品牌的伟大宏图……"20年的时间,振东集团走过了一个不平凡的战略发展历程,经过"创业——发展——总结——再发展"几个轮回,从一个小加油站发展成为一家集种植、研发、生产、销售为一体的健康产业集团。在此过程中,振东集团逐步走向成熟,发展战略越来越清晰。

优秀企业的逻辑

一、初次创业，试水石油行业

振东的创始人李安平是一个着眼于实际，放眼于未来的企业家。这种战略性眼光不仅促成了振东的诞生，而且使振东从一出生便是一家"志存高远"的企业。仅仅用了7年的时间，振东便从一个小小加油站发展成为全国最大的民营石油连锁企业。

（一）机会驱动，振东诞生

纵观近30余年的中国本土企业发展史，不少民营企业都是依靠某个好的机遇而诞生的。一个企业的创立是企业家最初必须做出的战略选择。李安平的战略性眼光首先体现在发现了一个蕴藏巨大能量的新市场，并及时抓住了有利的战略时机来进行创业，成立了长治地区第一座民营加油站。

对企业和企业家而言，在中国改革开放的过程中，涌现出了众多机遇。然而，对民营企业而言，这种机遇一直到1992年邓小平南方谈话之后才逐渐明朗起来，因为在1988年之前，民营企业甚至不具有合法地位。1992年10月，党的十四大召开，确立了建立社会主义市场经济体制的改革目标，中央和各个地方政府及有关部门也相继出台了促进非公有制经济发展的政策和措施。这些政策和措施的出台直接引起中国民众经商意识与热情的大爆发，"下海"和"全民经商"成为这个阶段最广为人知的词汇，全国上下出现了一股前所未有的办公司热，民营企业进入了"第二次"创业期。

第三章 行空的天马——振东战略

正是在那个充满了起点感的年份,时任长治县东和乡综合厂厂长的李安平发现了一个属于自己的机遇,决定开始他人生中的第一次创业。他看中了加油站的生意,"转年之后的1993年,207国道长治段即将开通,到时每天将有数以万计的卡车从长治出发,有车就必须要耗油,那么开个加油站,还怕赚不来钱吗?"

可能当时的李安平还未清楚地意识到,他无意中发现的是一片辽阔的海洋。今天的长治县交通极其便利,207国道、长晋高速、长陵公路纵贯县境南北,长安高速横跨县境东西。而在20世纪90年代初,这是多么难以想象的事。不只是长治县,即使是山西省乃至全国交通基础设施总量都严重不足。20世纪80年代末,全国公路通车里程仅102万公里,高速公路只有区区200多公里。而另一方面,随着我国改革开放政策的实施和推进,我国经济社会快速发展,对交通运输的需求急剧增加,"行路难"成为当时制约经济发展的"瓶颈"和突出矛盾。针对这种情况,交通部于1992年正式提出了国道主干线系统布局方案。1993年,全面部署实施"五纵七横"国道主干线系统建设。从此,我国公路建设进入了快速发展时期。到2013年底,我国公路总里程已达到435.62万公里,高速公路通车总里程则达到10.4万公里,超过美国居世界第一。

具体到山西省,其公路建设也是从1992年开始被提到战略优先地位的。20世纪80年代和90年代,遵从国家产业发展政策的基本导向,能源重化工基地建设成为山西全省经济社会发展的主导战略,全省经济要素和社会资源迅速向资源型产业转移,而与之不相适应的是省内交通运输生产力却十分落后。在1993年以前，山西省煤炭行业的"单兵突进"状况非常严重，大量煤炭的外运挤占了其交通运输能力，致使省内许多其他工业原料、农副土特产品等都运不出省，直接影响了其他产业的经济效益。1992年，山西省制定了五年内全省实现乡乡通公路、镇镇通油路、村村通机动车路的"三通"目标。次年还启动了全省第一条高速公路——太旧高速公路的建设。1992年末山西省公路通车里程3万多公里，到2012年年底，这一数字已更新为13万多公里，其中高速公路已突破5000里，居全国第5位。

可以看出，对与交通运输密切相关的石油行业而言，1993年是一个非常关键的时间节点，而这个商机恰好被李安平敏锐地捕捉到了。就这样，李安平误打误撞地闯进了一个未经深耕的巨大市场，开启了振东集团成长的序幕。靠着90多位亲朋好友举债而来的近30万元，振东集团的第一座加油站于1993年4月5日在长晋二级路旁的乱坟岗上破土动工。同年10月1日，该加油站正式投入运营，并宣告了振东集团的前身——长治县振东实业公司的正式成立。

（二）五年计划，迅速崛起

许多民营企业在创业阶段，由于生存的压力，往往比较急功近利，目光只锁定眼前，缺乏长远的规划，而振东更为关注的却是未来。在振东刚刚成立的时候，虽然发展战略还不是一个清晰的概念，但振东已经制订出了公司的第一个五年计划，明确提出了要"一年打基础，二年大动作，三年上台阶，四年成规模，力争五年建成全县一流股份制企业"的发展目标，并同时出台了一

第三章 行空的天马——振东战略

系列相应的实施办法和措施。这种前瞻性战略思维正是振东的成功基因之一。无独有偶，IBM 的创始人汤姆·沃森曾被问及 IBM 如何能取得今天如此卓越的成就时，他将其归结于三个原因，其中之一就是还在公司刚刚起步的时候，就已经对公司建成后的规模和功能有了比较详细的设想。

这种不拘泥于眼前的战略思维使振东在初创期便赢得了供应商和客户的信赖。石油，一直被视为"现代工业的血液"，是关系国民经济命脉和国家安全的重要战略性物资。因此，中国石油产业一直保持着一种高度垄断型的市场结构。1998 年之前，实行的是上下游分割垄断的体制：中国石油天然气总公司和中国海洋石油总公司垄断石油天然气开采业（上游），中国石油化工总公司垄断石油加工业（下游）。这些大型国有企业一般是不与民营企业打交道的。因此，建立自己的进油渠道是振东成立后首先要解决的问题之一，李安平几次三番地找到中国石油天然气总公司新疆吐哈油田销售公司驻山西办事处，在被李安平锲而不舍的精神打动后，办事处负责人来到振东。虽然看到的是一个普通的再不能普通的加油站，但该负责人还是决定了与振东进行合作，因为"那是一家小公司，但在办公室墙上所贴的第一个五年计划显示了李总的雄心壮志"。

另外一个因不唯近期利益而使振东赢得了首批客户和供应商信赖的例子是"卸货卖油"事件。当第一批运往振东的石油到达长治县火车站的时候，振东的油库还没建成，而运油的火车却是到点后便要开走，李安平便想出了"卸货卖油"的办法，即四处散播消息说需要用油的人可以先用后给钱，但要自己去车站拿。

119

这个消息立刻吸引了不少当地搞煤炭运输的大车司机，振东的第一批油很快就卸完了。虽然由于当时对石油并没有太精确的计量，也没有明确要求客户何时付款，再加上油气蒸发等一系列不可控的原因，这次"卸货卖油"给振东造成了亏损，但却对外彰显了自身实力，为振东带来了第一批忠实的客户。同时，该事件也使吐哈油田负责人更加坚定了与振东合作的决心。1996年11月，通过与吐哈油田联营，振东建成了自己的第一座油库，年吞吐量3万吨。

振东的这种敢为人先的战略思维还体现在其跳跃式发展战略上。众所周知，在国有企业效率普遍低下的20世纪90年代，民营企业则因机制灵活而充满活力。作为长治地区石油行业民营企业的先行者，振东先天具有市场开发的优势。得益于当时火爆的运输市场，这种先行者优势使振东很快赚到了第一桶金，仅用一年时间就还清了欠债，并且走上了快速成长的道路。为了实现迅速扩张，振东采用了"定先补后"的发展战略。1995年，振东开始筹建自己的第二座加油站。然而，该加油站并不叫第二加油站，而是叫第五加油站，中间的二三四则在其后的发展中来填补。后来同样把新建的第六座加油站叫第十加油站，新建的第十一座加油站称为第十八加油站……这么做的目的首先是给企业定下了近期发展目标，形成一种自逼机制，同时也在无形中扩大了企业的影响力。

通过这种跳跃式的发展战略，振东加油站如雨后春笋般地成长起来。到1997年振东第一个五年计划实施的最后一年，振东已成为长治地区最大的成品油批发公司，业务不仅遍及晋东南的长治、高平、晋城、陵川等地，还延伸到了晋南的安泽、晋中的榆社及河北的涉县等地。为了扩大业务联系范围，振东于1997年在长治市设立了驻市办事处，购置了6部油罐车，组建了日发运量200吨以上的运输队，修建了公司的第二座直属油库，年吞吐量5万吨。当年，振东的销售额达到了8000万元，利税100余万元，比公司第一个五年计划的十倍还要多。现在看来，振东的跳跃式发展战略，对当时振东的迅速成长起到了决定性作用。这种发展模式，至今在某些领域里依然具有一定的生命力。

（三）进二停一，稳中求进

日本索尼公司创始人井深大曾经说过："对于一个志在长远的优秀企业来说，一个好的布局，就如同一粒好的种子。"1998年10月和1999年3月，振东太原分公司和西安分公司相继成立。1998年，振东已拥有30余座加油站，销售额达到2.64亿元，一举成为全国最大的民营石油连锁企业。1999年，振东加油站发展到了47家，销售额达到6.64亿元。截至2000年，振东的加油站达到50多家，遍布山西、陕西、河南等省份的交通干线，形成了强大的石油销售网络。

为了确保企业不会因为走得太快而导致战略决策失误，李安平于1999年提出"进二停一"的波浪式发展模式。所谓"进二停一"，就是"发展二年，停顿一年"。在停顿的一年中，回头看看，存在哪些失误，总结经验教训，并确定下一步发展方向，认真规划，科学校正，然后有序实施。"进二停一"的"停"，看上去似乎影响了企业的发展速度，但有效地避免了企业在高速发展的时候头脑发热，失去应有的判断力。

　　企业成长是一个长期的动态过程，并表现出明显的阶段性特点。在企业成长的每一个阶段中，其发展动力和存在的问题都不尽相同，如果处理不当，就会使企业提前衰败下去。对民营企业而言，在企业的初创期，家族成员之间的血缘、姻缘、亲缘和地缘关系有助于信赖合作关系的形成，在关于企业发展战略上更容易达成统一共识，为企业发展创造先机，因此，家族化管理使家族制企业能够在很短的时间内获得竞争优势，较快地完成原始资本积累。然而，当企业进入快速成长阶段后，随着企业规模的不断扩大，家族化管理将极可能成为企业进一步发展的障碍。例如，家族成员对外来的资源和活力会产生一种排斥作用，形成各类利益集团，进而造成企业战略决策和执行等方面的一系列问题，导致企业日渐衰落乃至"英年早逝"。

　　显然，李安平很早便意识到了这一点。虽然振东在创业期便取得了不俗的业绩，但这主要得益于把握了市场的机遇而非管理能力。因此，振东在"进二停一"的过程中，一个重要的工作就是创新管理，提升既定战略的执行力。在振东第二个五年计划刚刚开始的时候，便采用了去"家族化"管理体制，引入了现代企业管理制度，建立了董事会、监事会、经理办公会，还先后成立了党总支、工会、团委等组织。与企业的成长速度相适应，振东的管理模式也在不断创新。早在1995年，振东就形成了第一本制度汇编册。为克服传统管理上下重叠、左右交叉的弊端，李安平于1997年率先提出了程序化管理，并开始了初期探索。1999年，振东集团成立。同年6月，振东内部期刊《振东视野》创刊，使企业管理与企业文化紧紧地结合在一起。2005 年，振东正式启动了"工作程序"管理工程。2006 年经过总结、梳理，细化了进入北大案例库的"个人工作程序化、岗位管理流程化"的管理工程。

"进二停一"的发展模式一直延续到今天，为振东的稳健成长立下了汗马功劳。2004 年，振东收购了阳泉的"威尔森药业"。2005 年，振东投入与其匹配的固体制剂车间，当年通过认证，运营效果良好。这时，公司的部分高管头脑发热了，他们认为要抓住机遇，加快扩张。但由于企业有"进二停一"的规则，冒进的想法被叫停。事后，尽管市场发生了变化，但振东的生产一直保持着良性循环。振东能取得今天骄人的成绩，无疑是对"进二停一"发展模式的最好肯定。

二、战略转型，中药产业显身手

就在振东成长为全国最大的民营石油连锁企业，踌躇满志准备向更高目标进军的时候，国内的石油产业环境却发生了巨大变化。此时，振东选择了战略转型——从石油产业转战中药产业，先后进入了构成中药产业的四大环节——中药制造业、中药材种植业、中药零售业和中药流通业，逐步形成了以中药农业为基础、中药工业为主体、中药商业为枢纽的中药产业体系。后来的事实证明，这是一次成功的战略转型，这次转型对振东后来的发展至关重要。仅仅用了 10 年时间，振东集团便成功跻身"中国民营企业 500 强"，其核心业务的载体——振东制药实现飞跃，

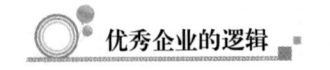

成为山西省首家登陆创业板的上市公司。

（一）二次创业，锁定制药业务

1. 被迫转型

企业的外部环境是不断变化的，企业自身能力也在不断演变。当企业步入新的成长阶段或当企业外部环境发生较大变化时，企业通常会选择新的生存与成长模式，即推动企业发展模式的战略转型。战略转型对于企业就如同昆虫的一次次蜕皮，是企业发展必须经历的过程。只不过，振东的这次战略转型有点出乎自己的预料，它发生在振东正准备在石油行业大展拳脚的时候。

石油作为一种不可再生的重要战略性资源，常被称为"石油黑金""工业血液"，石油产业的发展在极大程度上影响着一个国家的经济增长和可持续发展。随着改革开放的不断深入和国民经济的快速增长，我国对于石油的需求也在逐年增加。到1996年，已从改革开放初期的石油净出口国发展成为石油净进口国。为了激活国内国有石油企业的经营活力，打破石油行业的发展僵局，1998年以来，国家对石油产业进行了历史性的改革以及一系列的持续重组改造。1998年，国务院将原化学工业部、石油天然气总公司、石油化工总公司的政府职能合并，成立了国家石油和化学工业局，由国家经济贸易委员会管理。1998年5月，它们的下属企业组成两个特大型集团公司：中国石油天然气集团公司（以下简称中石油）和中国石油化工集团公司（以下简称中石化）。到此，国内石油产业基本上形成了中石油、中石化和中海油三大石油一体化公司有限竞争的格局。

第三章 行空的天马——振东战略

重组后的中石油和中石化两大巨头迅速在全国发力,开始抢占位于石油产业链终端的加油站,占据了从原油勘探、开发、储运和加工到销售的整个石油产业链。这使得振东已形成的加油站网络根本没有任何竞争机会,打造中国加油站连锁经营龙头企业的梦想将注定无法实现。李安平回忆起当初的情形:"世纪之初,风云突变,国企垄断,振东何去何从,前途迷茫……"严酷的现实迫使振东不得不重新思考未来之路。经董事会研究,振东毅然做了一个重要决定,果断地把振东集团的29个加油站、两座油库出价亿元转卖给了中石化。

手里有了一定的资金,振东的不少股东有了"船到码头车到站"的想法。然而,作为公司的领头人,李安平却忧心忡忡,现在分钱走人,振东千余名兄弟姐妹怎么办?如果不分钱,投资陌生行业造成失误又怎么面对股东?在是否要进行二次创业的问题上,李安平是慎之又慎。经过三次股东及高层会议,李安平最终厘清了思路,提出了"资产是股东的,事业是员工的"理论。2000年7月18日,振东在长治市国税大厦举行了二次创业全员誓师大会,正式拉开了二次创业的序幕。

2. 战略试错

中国企业经过改革开放30年的发展,经过血与火的洗礼后,一批批倒下来,一批批又开始了新的创业征途。倒下去的和仍旧活着并发展壮大的区别就在于是否成功进行了战略转型。实践证明,成功的战略转型要求企业在进入新的业务领域时要尽量利用企业原有的优势,具有与新业务相匹配的资源,使企业在原业务中取得成功的某些关键因素能够方便、快捷而且有效的复制到新业务之中。因此，企业在转型过程中不能轻易放弃自己熟悉的领域。然而，在改革开放初到20世纪90年代中后期，大量市场机会的存在催生了中国企业的第一轮多元化浪潮，多元化成为很多企业在取得初步成功之后的普遍做法，振东也成为其中的一员。在探索新业务领域的过程中，振东也曾走过弯路，并为此付出了一定的代价。

当振东初步发展起来以后，李安平便提出了"多元化经营，超常规发展"的战略思想。成立振东农产品开发公司是振东多元化经营的第一个大动作。振东公司驻地是个贫瘠的地方，虽然家家户户有种植经济作物的传统，但由于交通不畅而导致很多农户种植的农副产品无法销售出去。在帮助一位农民与河南客户进行土豆交易的过程中，李安平有了建立农贸市场来充分发挥家乡蔬菜种植等资源优势的想法。1998年10月，振东投资200万元，控股由于经营不善而濒临倒闭的当地政府"菜篮子"立项工程——东和蔬菜集团公司，并在原址上成立了振东农产品开发公司。次年，该公司又投资200余万元新建了农产品深加工车间。当二次创业的钟声敲响之后，该进入什么样的业务领域，又成了一道摆在振东面前迫切需要解答的命题。为此，振东成立了三个项目考察小组，分赴全国开发考察。当走访了全国几十家科研机构，筛选了多个适合项目后，振东于2000年5月成立了潞维特生物食品公司。2001年8月，农产品开发公司和潞维特生物食品公司整合为五和食品有限公司。无论是整合前的农产品开发公司和潞维特生物食品公司，还是整合后的五和食品有限公司，由于对行业、市场懵懂，在开始的几年中都面临市场无法打开，利润很低甚至亏损的局面。这种状况一直持续到 2002 年底开始停产整顿之后。

在此过程中,振东还做过玉米加工,搞过金属铸造,试验过煤变油产业,甚至还做过脑白金的销售代理。但这些转型无一例外都失败了。其中最为典型的是玉米加工项目。考虑到当地玉米多,原料不成问题,振东选择了生产低聚麦芽糖。当李安平到省计委立项时,被告知山西这类厂家已不少,再上这个项目,效益不一定好。但是,已经为选择场地、设计图纸和购买设备等投入 200 万元的李安平却很不甘心。于是,振东又投入近 200 万进行市场调查。然而,调查结果却让人沮丧:以长治为中心辐射半径 700 公里内的低聚麦芽糖生产企业已有 30 家,年总产量 8 万吨,而市场需求只有 1 万吨。如今谈起这件事,李安平感触良深:"决策不能想当然,这 400 万是刻在骨头里的教训。"

3. 兼并药企

在企业进行战略转型的过程,只有那些与时俱进做出了正确决策的企业才可能成为幸存者,而大多数企业则被残酷淘汰。当企业开始实施转型时,对外部契机的把握可能是至关重要的。例如联想希望拓展国际市场,特别是欧洲市场的打算在并购 IBM 之前就存在,但只有当 IBM 想出售其旗下的 PC 业务这个契机出现时,联想的战略转型才得以大规模开展。显然,振东抓住了这样的契机。

就在振东广撒网为二次创业忙着战略试错的时候,长治县政府有关部门希望振东能够收购当地一家意欲转让的制药厂——山西金晶药业有限公司(以下简称金晶药业)。这是一家濒临倒闭的制药企业，经济效益低下，厂房破旧不堪，一年只生产三个月，工人的月工资也就500多元，维持生活都很困难。虽然进入制药行业能够造福百姓，促进当地经济发展。但对振东而言，则意味着进入一个完全陌生的行业，因此，振东的元老们对收购金晶药业持怀疑的态度。

  然而，李安平并没有被眼前的困难所迷惑。在经过一番详细的调查研究之后，李安平认为，这是一个非常好的机会。首先，中药是中华民族真正的民族产业，具有很大的市场空间，国际上每年的中药销售收入在百亿美元以上。然而，全球80%的中药产品是日本生产制造的，韩国占10%，中国只占3%。李安平相信，中药是我们的国粹，外国人都能搞得这么好，中国人也一定可以搞好。其次，山西历史上从来不乏名医，名药和名店更是闻名遐迩。例如创建于明代嘉靖年间（公元1541年）的广盛号药铺（现山西省广誉远中药有限公司的雏形）是我国有文字记载的最早的中药制药企业之一，曾与广州陈李济（1600年建立），北京同仁堂（1669年建立），杭州胡庆余堂（1874年建立）并称为"清代四大药店"。其生产的传统名牌产品龟龄集、定坤丹曾为明、清两代宫廷"御用圣药"。此外，金晶药业经营不善的主要原因在于没有把准市场的脉搏，管理机制落后，如今因无力投资《药品生产质量管理规范》（即GMP）认证而面临破产的威胁。在李安平看来，企业是社会的子系统，直接反映社会的特性和运行状态。企业落后，就是缘自企业一直以来是一个封闭的系统，创造力和自我更新能力滞后。更为重要的是，金晶药业拥有一个国家中药独家保护品种和专利产品——"岩舒"复方苦参注射液

(以下简称岩舒)。早在 1995 年,岩舒就已经被批准上市,但是,最初"孕育"它的金晶制药却并没有将其"抚养成人"。后来李安平谈道:"我买断的是一个拥有自主知识产权的、具有很大市场空间的产品,不仅是一个厂。"

事实证明,振东在转型的关口,又一次把握到了属于自己的契机。医药行业源于人们防病、治病、保健的需求,是一个长久存在和发展的行业,被称为是"永恒的朝阳产业"。在振东正式兼并金晶药业的 2001 年,我国中药工业总产值还只有 534 亿元。到 2005 年,这一数字已经实现翻番,达到 1192 亿元。而到 2010 年,这一数字更是接近 2005 年的 3 倍,达到了 3172 亿元。根据《中医药事业发展"十二五"规划》,到 2015 年,我国中药工业总产值预计将达 5590 亿元。这意味着在振东兼并金晶药业的时间段里,我国中药产业一直处于高速增长状态,为振东制药逐步发展成为振东集团的核心业务提供了良好机遇。回忆起当时的情景,许多元老们激动地说:"幸亏李总的决策果断,转型及时,否则就有可能贻误商机,给振东的发展造成不可估量的损失。"

(二)打造核心产品,制药产业初长成

1. 赢在执行力

无论多完美的战略,都需要依靠强有力的执行力来保证实施。然而,战略的执行力问题正是多数企业领导者最为关注也最为头疼的话题。摩根大通 CEO 杰米·戴蒙(Jamie Dimon)就曾经说过,我宁愿要一个执行到位的普通战略,也不要一个执行糟糕的宏伟战略。前英国石油公司(BP)托尼·海沃德(Tony

Hayward）谈到战略时也说，我们的问题不在于战略本身，而在于战略执行。《财富》杂志对全球 CEO 的一项调查表明，在所有经过精心制定的战略中，得以有效执行的还不到 10%。在美国大约有 70% 的企业失败，并非缘自差强人意的企业战略，而是因为这些战略没有能够被有效执行。由此可见，强有力的执行力是企业战略制胜的法宝，没有执行力就没有竞争力。

振东从商贸流通领域转入高科技领域，使制药逐步发展成为其核心业务，强有力的执行力正是其转型成功的关键所在。在振东调研，提到核心竞争力问题，振东的高管们异口同声，振东最突出的就是执行力。振东的执行力一是来自决心，二是来自速度。在振东的二次创业大会上，李安平提出了"世上无难事，只怕下决心"的理念，号召大家要简单、同心协力、认准目标、摒弃杂念就能成功，在特殊时期，决心比智慧更重要。李安平后来也曾一再强调："世上无难事，只怕下决心，再大的困难在我这里都不算困难。"这种决心贯穿了振东从创业到今天的整个发展史。谈到执行力，振东的高管们说到，李总在决策前总是会征求很多人意见，进行广泛调研，但一旦做出决定，就会马上付诸行动。

2001 年 8 月 28 日，振东集团正式兼并金晶药业。虽然李安平看中的产品岩舒因具有抗癌、抑癌、止血镇痛等神奇疗效而具有明星潜质，但要使其成为真正的明星却不是件容易的事。接手金晶药业后，振东不仅面临着官司缠身，对医药行业了解浅薄，人才匮乏，人心不稳等问题，更面临着 GMP（Good Manufacturing Practice，药品生产质量管理规范）认证难关。虽然我国从 20 世纪80年代初便已引进GMP，但由于政策、体制、资金、人员等各方面原因，在1998年国家药品监督管理局成立（以下简称国家药监局）之前一直进展缓慢。从1996年开始的GMP认证工作，也只是作为第三方检查，没有强制要求。国家药监局组建后，开始强制实施GMP认证。进行GMP认证改造需要投入大量资金，因此当时医药圈里流传一句话：搞GMP认证是早死，不搞GMP认证是等死，搞也是死，不搞也是死。但是，李安平却坚持认为，再难的目标，既然去做了就一定要实现。转型就是与时间赛跑，2001年11月，振东科技园第一个中药注射剂项目正式启动。同期，中药提取车间进行GMP异地改造。2002年9月，"振东牌"复方苦参注射液在新建的厂房成功生产，同年12月，金晶药业一次性顺利通过国家GMP认证，创造了"当年施工，当年认证，当年投产"的神话。

2. 借势营销

药品属于特殊商品，只能在国家规定的流通、零售渠道销售。因此，有学者指出，现代制药企业的成功因素关键有两个：一个是新药开发，另一个就是药品营销。振东由石油行业跨界进入制药行业，能够制胜的法宝之一就是将其在原有业务中所形成的营销能力成功地转移到了新业务之中。现在振东制药的销售网络已遍及全国（各省市区），李安平说："没有经销石油时构建的销售网络，这么大的摊子是不可能一下铺开的。谈到药品的销售，长治市经贸委王副主任也说："那可是振东集团经营石油打下的基础。"

处于转型起步阶段的振东集团收购了濒临倒闭的金晶制药公

131

司之后，进军医药产业的振东发展方向也逐步明晰，但问题也随之而来。有了"岩舒"这样的好产品，如何打开市场便成了迫在眉睫需要解决的问题。虽然不了解医药制造领域，但对于市场运作规律，李安平却是了然于胸。在中国医药市场上，医院是药品终端销售的主要渠道。因此，城市医院的药品市场，历来是医药企业的必争之地。据统计，在医药产品中，处方药几乎占70%以上，处方药的销售选择权主要在医院的医生和执业药师。医药代表到医院进行处方药营销主要有九种方式：临床拜访、推广会、研讨会、学术赞助、临床试验、广告、商业订货会、义诊推广及宣传费。振东首先选择的是临床拜访，让其成功突破营销困局的却是一起医药行业的危机事件——非典。

　　2003年年初，非典开始肆虐神州，全国都笼罩在危机和阴霾之中，许多医药代表不敢到医院里去，而医生也不想接待他们。就在许多制药企业的生产和销售受到打击之际，李安平却发现了其中的商机，"非典时期大家不是都待在家里吗？我偏偏往外跑。振东制药是一家新的企业，还没有一个药品销售网络，那个时候我要抓住这个契机。"为了抓住这个机遇，李安平身先士卒，带领一支业务小分队，从山西出发，在全国进行市场开发，而且还是专跑别人避之不及的医院。调动公司所有的中层以上销售人员到各地医院里推销自己的药品。在此期间，振东制药还按照市场需求，对产品结构及时进行了调整。2003年5月23日，振东制药生产的"岩舒"被科技部确定为非典八种治疗用药之一。同时，振东还向北京的16家医院捐赠了价值50万元的复方苦参注射液。正如李安平所料，危机就是被危险掩盖着的机会，只要勇于迎难而上，就能迎来真正的发展。一时间，"振东营销"成为中国医药界的一支最强的"晋商铁军"，而"岩舒"也一举成为振东制药的重磅产品，在全国的中成药销售中名列前茅。

随着振东制药业务飞速发展，振东的营销手段也在不断创新。2004年10月，振东在全国首家推广学术营销，组建了以各地首席专家为主的学术研讨网络。由于近年来兴起的互联网技术之"以简为本"的理念十分契合李安平追求的"简单思维"，因此他对互联网新产品的运用也是情有独钟。在李安平的大力推动下，振东制药在营销中广泛应用电子商务网站、微信、微博等方式。各公司、各团队注册了自己的微信公众账号并建立各自的网站，为振东营销创新和品牌建设开拓了新的空间。为了进一步细化市场，增强专业化销售，2013年振东还对销售公司进行重组，成立了8个事业部。截至2013年，振东制药的营销网络已覆盖全国400余个城市，与全国数千家医疗单位建立了业务关系，并与国内网络广泛且实力雄厚的经销商建立了稳定而密切的合作关系，形成了"多渠道，多模式"的销售体系。同时，为了强化终端控制力，公司还建有完善的客户档案和地区代理商数据库，实行统一管理、统一维护、统一开发。

3. 锻造精品

被誉为中药"杜冷丁"的复方苦参注射液，由苦参、白土苓经现代中药提取技术制备而成，具有很好的止血止痛、抑制肿瘤发展的功效，是用中药治疗肿瘤最有效的药物之一，广泛应用于肺癌、肝癌、胃癌等实体瘤的联合治疗，因此市场需求量很大。借"非典"之机，将"岩舒"复方苦参注射液这个国家中药独家保护品种和专利产品成功推向市场后，振东制药迈入了迅猛发展的快车道。振东制药市场份额的不断扩大既得益于振东的营销团队，更来源于振东"好人好药，好药好人"的做药理念。

虽然中药是中华民族传统文化的瑰宝，几千年来绵延相传，但与西药相比，中药标准化、现代化的研究才刚刚起步。虽然目前国内中药注射剂质量控制标准有十多项，这些项目检测为中药注射剂的质量可控性提供了前提保证。但由于原料产地、生产条件、生产过程控制等诸多因素的差异，目前市场上常用的一些中药注射剂，不同厂家生产的产品其指纹图谱相似性很差。即使是同一厂家生产的同一产品，也存在质量差异大的问题，难以保证药品疗效的稳定发挥。因此，中药生产过程中的质量控制问题仍是制约中药产业发展的主要瓶颈。李安平深知："质量就是企业的生命"，药是用来治病救人的，质量来不得半点含糊。李安平认为：不存在供过于求的市场，只存在供过于求的产品，企业要多在产品质量上下工夫，勇于抓住别人抓不住的机会，一切自然海阔天空。抓住了质量，便赢得了信誉，就为企业腾飞插上了翅膀。

振东制药成立之初，员工素质参差不齐，技术不精，理念落后，李安平只好亲自严抓质量管理。曾被广泛传为佳话的海尔"砸冰箱"事件使海尔砸出了"零缺陷"，振东也曾有过相似的经历。在前面振东文化篇中记录了"质量连着两条命"的案例，180万元的所谓'差不多'的合格药品，在汽油的助燃下瞬间变为灰烬。一把火烧毁的不仅是药品，更是"差不多合格"的理念，开启了振东制药人对"质量""精品"的追求。

为了确保药品的质量，振东制药始终坚持如履薄冰的态度，以"丝缕求细、点滴求精"的质量理念,以"高标准、严要求、精细化、零缺陷"的工作标准来要求自己。振东制药根据不同产品的生产特点,建立了相应的质量保证体系,并制定了《质量管理制度》《企业 GMP 自检程序》《生产过程质量控制管理制度》《半成品、成品、水质取样管理制度》《成品放行审核程序》《质保部管理规程》等多种质量保证制度和标准,使公司执行的内控质量标准常常高于国家质量标准,形成了覆盖原材料采购、产品设计、生产、销售服务各环节的药品供产销一体化的、动态的"大质量管理观"。为保障生产出的每一支"岩舒"安全有效,振东多年来不断就药品的原料药材、物质基础、功效、质量标准、安全性再评价、生产过程等方面展开研究。为了从源头上控制产品质量,振东还于 2003 年成立了"中药材种植公司",对原料药材实行 GAP 规范化种植,并严控采收、运输、储藏等各环节。在"好人做好药,好药治好人"这样一个朴实理念的指引下,振东不仅创造了中药注射剂单品销售的传奇,还安然度过了医药行业的每一次危机时刻。例如人们至今记忆犹新的 2012 年"毒胶囊"风波波及了许多企业,其中不乏一些大型的知名药企,而产品将近 1/3 为胶囊剂型的振东制药却平安过关。振东岩舒产品于 2004 年 3 月被中国质量监督管理协会和中国质量标准研究中心评为"中国市场医药行业十大知名品牌",在 2011 年中药行业年度峰会上荣膺"临床用药肿瘤类十强"第一名。

(三)纵向一体化,布局中药产业链

1. 向前延伸至医药流通领域

2001 年中国加入 WTO,推动了医药卫生领域的改革开放。

优秀企业的逻辑

因此，振东进入制药行业，正是我国药品市场变动最剧烈、改革力度最大的时期。在此期间，国家对医药市场先后出台了一系列政策性的措施，包括医药分家、药品分类管理、价格管理、药品集中招标采购、实行医疗保险制度等。特别是，从2003年开始，中国医药分销领域全面放开，为医药商业的发展带来了全新的机会。医药流通行业是连接上游医药制造业和下游药品零售终端的重要环节，医药制造企业通过向下游发展进入医药流通领域，不仅可以通过更快地对顾客需求做出反应而获取良好的终端优势，还能够基于规模经济优势和范围经济优势从而充分挖掘企业在库存、配送等环节的成本潜力。因此，制药企业无疑具有选择前向一体化战略而进入医药商业的动机。例如，海正药业为了获取营销能力，完善其制剂药品在国内销售的产业链，于2006年全资并购了在浙江医药商业公司中排名第三的浙江省医药工业有限公司。

随着振东集团在制药行业地位的不断提升和国内营销网络的全面建成，李安平逐渐产生了要做长治地区中药龙头企业的想法，并确定了以扩张商业企业为主的成长战略。李安平认为，过去药品生产企业重生产，轻物流，对物流的投入相对少。对如何加快企业医药物流发展，李安平提出，将销售渠道的各个参与者（厂商、批发商、零售商和消费者）结合起来，实行一体化管理，有利于降低物流成本，提高物流效率和服务水平，保证医药物流行为的合理化。振东进入医药流通领域始于2006年创建的零售药店——山西振东长治县大药房。该药店归属于振东营销公司，主要销售振东的自产药品。药店的开业，不仅提高了振东在当地

第三章 行空的天马——振东战略

的知名度，还使振东药业实现了产销一体化。显然，仅仅一个零售药店是不能够实现振东发展医药商业的梦想的。很快，李安平又有了参照当地"昂生""康宝"等一些药企建立医药公司的想法。2007年1月，山西振东医药有限公司正式成立（以下简称"振东医药公司"）。不久，振东集团将零售药店从振东营销公司分离出来，划归振东医药公司。同年8月，李安平开始筹建药品零售二、三店，10月1日新增的两个药店同时开业，正式成立振东医药公司零售部。2009年1月18日，振东医药公司获得《GSP认证证书》，正式启动了药品配送工作。同年年底，振东医药物流立体库建成。

长期以来，中国医药流通领域存在着"多、小、散、乱"现象，行业无序竞争时有发生，医药物流企业普遍存在经营成本高、赢利能力差的问题。在山西，更是缺乏规模大、管理科学、技术先进、资金雄厚的医药物流企业。截至2009年年底，山西省拥有医药流通企业423户，其中仅有15家通过了GSP认证。2010年2月，山西省出台《山西省医药行业调整振兴实施方案》，把医药产业列为全省的新兴支柱产业。该方案明确提出建设山西省医药物流配送中心，提高晋药在全国市场的占有率。因此，通过并购重组，提高医药物流行业集中度已是大势所趋。在李安平看来，通过兼并重组不仅可以使振东的销售规模快速做大，同时可直接提升企业竞争力。2010年5月，振东医药公司与山西省内排名医药商业前三甲的山西晨东医药物流公司实现重组，成立振东医药物流有限公司。通过此次重组，振东一举成为山西省内医药终端覆盖面最广、服务能力最强的企业。

2011年，振东再度出手，控股大同卡利德医药公司和山西医大科贸有限公司，进一步完善了公司医药商业在省内的布局，形成了"市场和医院两条腿走路"的医药商业体系。到2013年年底，振东已经与全国数千家制药企业建立了合作关系，并拥有了太原、长治、临汾、大同、运城、晋城、忻州、晋中等8个分公司，面向全省11个地市108个县区的24小时送达体系已经完成。振东还充分利用现有的电子商务和电子信息体系优势，实现了从传统医药批发向现代医药物流企业的转变，通过完善物流链管理，形成强大的网络能力和终端优势，实现厂商和终端客户之间多方共赢。

2. 涉足中药材种植业

中药，是中华民族传统文化的瑰宝，中药产业已成为当前我国增长最快的产业之一。作为中药的重要原材料，中药材资源对传统中药产业的影响遍及整个产业链。从种植、采摘到中药饮片、植物提取、中成药生产直到终端医院和零售药店，可以说是牵一发动全身。近年来，随着市场需求的不断增长，中药材资源的稀缺性和战略性也日渐凸显出来。为了稳定供应需求和缓解成本压力，国内不少中药企业加快了向上游整合的速度，他们通过自建种植基地、并购或形成战略联盟等方式来控制中药材资源。例如天士力集团以商洛丹参药源基地为核心，不断扩大种植面积，建成了跨六个省的上万亩中药材种植基地，完成了当归、川芎、黄苗、丹参、麦冬、五味子、决明子等基地的挂牌。

我国常用药材有1000多种，其中可人工种植的有200多种。目前，中药材的种植和栽培分为三大类：一是经过国家认证的中

第三章　行空的天马——振东战略

药材种植基地，二是中药饮片生产企业所属的药材种植农场，三是民间自发种植者。然而，我国中药材种植滞后于农业种植20~30年，种植技术水平严重滞后于农业的发展。现实中，大多中药材种植者是从其他种植业转行而来，沿用传统的、单一品种的平面方式种植中药材。更有一些生产者不具备技术条件，不清楚药材的生长环境和采集周期，不分时节乱加采集，还有的在栽培中大量使用农药、化肥，导致药材品质降低甚至改变。2003年下半年，中国药品生物制品检定所组织省级药品检验所对河北安国、湖南廉桥、四川荷花池、安徽亳州共4家中药材专业市场进行了监督抽查，在抽取的1080件样品中，不合格产品就有247件。虽然中药产业前景光明，但处在中药产业链基础的种植环节却成为中医药产业成长中的烦恼。以至于有专家悲痛地说："中医将亡于药"。

　　显然，与其他中药企业相比，通过后向一体化来保证产品质量，达到稳定供应和缓解成本压力，振东的步伐要早很多。李安平销毁"差不多合格"药品的事件开启了振东制药人锻造零缺陷精品之路。然而，生产岩舒产品所需的主要原料——"苦参"和"白土苓"饮片，由于产地不同、加工方法不同和采收时间不同等原因，质量很难保证。因此，李安平产生了人工种植苦参和白土苓的想法。同时，这两种中药材的野生资源也越来越少，而随着振东营销网络不断充实和延伸，岩舒产品销售额快速提升，两种中药材相继出现了供不应求的局面。此外，振东另一个以苦参为原料之一的家护产品生产企业于2003年3月实现投产，振东要建造自己的中药材基地的思路逐渐明确，"山西振东金晶中药材开发有限公司"（后改为"振东道地药材开发公司"，以下简称药材公司）于 2003 年 11 月正式注册成立。

药材公司成立后，建立规模化、规范化、标准化的中药材种植基地得到振东上下的一致认可，集团副总董迷柱说："建设和生产必须严格按国家规定来，一点都马虎不得。"例如，为了建成高标准的苦参种植基地，"把最好的苦参物种找出来，把最适合种植苦参的基地定下来"，振东先后进行了为期一年半多的苦参野生资源大调查和试验，并先后聘请了来自研究院所、高校、民间的各方专家来进行论证。目前，振东已形成了道地黄芪、道地苦参、道地党参和道地连翘四个专业化公司，在全国范围内建立了五大中药材种植（抚育）基地，并全部通过了国家新版 GMP 认证，形成了以中药材种植、饮片加工、原料药提取及市场销售于一体的产业链，成为全省中药材产业的"旗舰"。

（四）横向整合，腾飞中药产业

振东在沿着中药产业链进行纵向布局的同时，还展开了行业内的横向整合。虽然靠着岩舒振东实现了华丽转身，由一家石油企业变身为制药企业，但企业并不能只靠一个产品生存。在"一等企业做明天，二等企业做今天，三等企业做昨天"的理念指导下，振东组建了由科研、经济、营销等专家组成的"专家顾问团"。在专家顾问团的建议下，振东于 2004 年在北京组建了"振东北京药物研究院"，借助北京的专家、信息和人才资源优势，走上了一条"创新、强仿、弱仿"相结合的研发道路。然而，药品研发是一个投入多、周期长、风险大的过程。在我国，创新专

第三章　行空的天马——振东战略

利中药研发周期一般都在 10 年以上。因此，振东在加大研发投入的同时，进行了一系列以获取竞争力品种和潜力在研品种为目的的并购整合行动。

就我国中药行业整体而言，长期以来存在着"进入门槛低，整个行业处于多、小、散状态，缺乏竞争力；恶性低价竞争愈演愈烈，企业无力提高质量标准；国际竞争步履维艰，面对洋中药无还手之力"等问题。因此，行业整合成为一些志在做强医药主业的企业的必然选择。例如，2002 年，在非处方药方面实力强大的太太药业收购了拥有中国最好的处方药销售网络的丽珠集团，形成战略上的互补。然而，尽管一些中药企业进行了积极的兼并重组，同时国家以淘汰劣势医药企业为目的推行了中药行业的 GMP 认证，但一直到振东开始行业整合前，中药行业上规模的大型龙头企业仍为少数。截至 2005 年年底，我国共有中药企业 1636 家，约占全国医药行业企业（5053 家）的 32%。从企业规模看，大型、中型、小型企业呈金字塔形分布，小型企业为绝大多数，约占整个中药行业的 4/5。低集中度的行业现状为振东在行业内进行横向整合来提高自身竞争力提供了机遇。

2004 年，振东制药二期工程奠基，从此开始了一系列的并购整合行动。2004 年收购地处阳泉的"威尔森药业"，使它的 30 余个产品落户振东，并于 2005 年投入与其匹配的固体制剂车间，于当年通过认证，投入运营。2007 年 8 月，兼并拥有 218 个产品文号、在山西药界业绩颇佳的山西大同泰盛制药有限公司。2008 年 8 月，控股长治中药厂，重组成立山西振东开元制药有限公司，填补了振东在中药普药方面的空白，特别是扶正固本颗粒、芪蛭通络胶囊两大独家优势品种的加入，进一步提高了公司在产品上的竞争力。2009年，投资建设振东制药三期工程（生活中心、物流中心、百亿片剂车间）。2011年5月，全面收购位于晋中的山西安特生物制药股份有限公司，使振东的产品线向消化类药物延伸。

2011年1月7日，振东集团实现质的飞跃，其控股公司振东制药股份公司（以下简称振东制药）正式在创业板挂牌上市，成为山西省首家登陆创业板的上市企业。2013年，振东安特成功收购山西省恒山中药有限责任公司的38个产品文号，使振东制药拥有的产品品规达到548个。至此，振东已拥有振东、泰盛、开元、安特四大生产基地，产品覆盖抗肿瘤、心脑血管、抗感染、消化系统、呼吸系统、维生素营养、解热镇痛、补益中成药等八大用药系列，其中岩舒、比卡鲁胺胶囊、芪蛭通络胶囊、扶正固本颗粒、烟酰胺葡萄糖注射液、盐酸吡硫醇氯化钠注射液6个独家品种极具市场竞争力。成为"以肿瘤产品为核心，医院临床用药为基础，普药为补充"的国内一流的大型综合性药品生产企业已成为了振东制药新的成长目标。

三、战略成型，谋划大健康产业

演化理论认为，企业的成长是一个由大量战略事件组成的动态转变过程，企业后续的战略行为取决于其前面的战略事件，在企业的成长过程中形成的核心资源是其后续战略制定的基础。振东集团在中药产业实现高速成长的同时，对自己的发展方向也重新进行了定位——利用自己累积的优势资源，向"大健康"领域迈进，实现跨越式发展。2011年，振东的《"十二五"健康产业发展规划》正式出台，提出了打造健康产业集团、建设百亿振东的宏伟目标。目前，振东已初步形成了覆盖医药产品、功能食品和健康护理产品三大业务版块的健康产业集团。

（一）合作创新，突破医药业务成长瓶颈

医药行业是全球公认的永不衰落的朝阳产业之一，也是一个弱周期性行业。根据中国医药商业协会有关资料，全球医药行业一直保持较高速度的持续稳定增长，我国的医药行业发展速度则远高于国际平均水平。全球著名医疗咨询机构 IMS Health 预测，中国到2020年将成为仅次于美国的世界第二大医药市场，具有诱人前景的中国医药市场也引起了越来越多外资企业的高度关注。虽然传统中药产业不同于化学制药产业，其有着自己独立完整的中医理论体系作指导，但在全球化发展趋势下，传统中药产业在国内市场也面临着日韩的汉方药和欧洲植物药的激烈竞争。此外，医药行业也是受国家政策影响最大的行业之一。在过去的16年中，国家发改委做出了30多次覆盖数千种药品的降价行动。2009年启动新一轮医药卫生体制改革以来，更是启动了我国医药行业的大洗牌。在此背景下，如何能够突破成长瓶颈实现持续成长已成为众多医药企业不得不面临的难题。对此，振东给出的答案是："创新"。

美国著名竞争战略专家迈克尔·波特认为，在未来竞争中，"没有哪一个企业可以预测未来""任何战略都是可以被模仿的"

优秀企业的逻辑

"不再有持久的竞争优势""唯一的竞争优势就是学习和变化的能力"。壳牌石油公司原企划部主任阿瑞·德格斯曾经说过:"21世纪的企业将是学习型企业,因为唯一持久的竞争优势就是有能力比你的竞争对手学习得更快"。《第五项修炼——学习型组织的艺术与实务》的作者彼得·圣吉还曾经指出:"学习智障对孩童来说是个悲剧,但对组织来说,可能是致命的"。振东从创立之日起,就已经注定了将成为一家从合作中学习和创新的企业。当李安平决定建加油站的时候,对加油站的运营管理一无所知,甚至连汽油型号都不懂。为了学习加油站的经营流程和管理知识,振东曾先后选择与有加油站经营经验的福建老板和长治县供销社进行合作。振东的工作理念就是"干中错,错中学,学中干"。

创新是企业发展的不竭动力。李安平说过,"在激烈的市场竞争中企业就像放在斜面上的一个球,随时都会有掉下来的危险,要想企业在竞争中不被市场淘汰,企业必须具备两种能力,一个是止动力,另一个就是上升力。止动力就是要加强企业的基础管理,提高各项管理水平;上升力就是要不断创新,因为创新无处不在,如果不审时度势企业就会陷入盲目性,失去发展的机会或被市场淘汰。"战略上,"创新"一词应该做最广义的解释,它可以只是一个新的产品设计、一个新的流程、一套新的营销战略、新的组织或教育训练。振东的创新体现在文化、管理、营销、技术等各个方面。其中,科技创新一直以来都为振东的发展提供着强劲的内动力,因此也是振东最为重视的一个方面。正如李安平所言,"一个企业的科技创新能力,决定着它的今天与明天。振东集团在转型跨越发展中,用实践证明,只有引进、消化、吸收新技术以及提高自主创新能力，才能成为企业发展核心竞争力所依、发展后劲所在、前途命运所系"。

我国的药品可大致区分为专利药（创新药）、原研药和仿制药。其中，97%以上的国产药为仿制药。究其原因，新药研发的高技术、高投入、长周期和高风险是国内大部分药企不愿或无力进行自主创新的主要原因。正如塔夫特中心主席肯尼思·凯特林（Kenneth I. Kaitlin）所言，"将新药引入市场总是一件非常昂贵并且充满风险的事情，我们最近的研究表明成本仍然在直线上升。"据美国食品药品管理局（FDA）统计，通常企业要完全独立研究出一个创新药物，需要投入的研究费用约为10亿美元，研发的周期约为10年。因此，全球专利药和原研药多掌握在具有强大研发能力和资金实力的跨国制药巨头手中。由于20世纪八九十年代，大量专利药研发成功并上市，近年来全球药品市场已迎来专利到期高潮，这为以生产仿制药为主的国内制药企业带来了空前的机遇。为此，振东走上了"创新、抢仿、弱仿"相结合的研发道路。2004年，振东投资1000多万元，在北京建立了振东北京光明药物研究院，聘请了国内外知名的21名医药专家。为了打造具有国际先进以及国内领先的中药、化学药、生物药物的研发旗舰，振东还先后与国内外40多个科研机构通过组建研发平台、承担课题等形式建立了战略合作关系。例如，与中国药科大学、山西省中医药研究院、中药复方研究国家工程中心等单位联合，承担了国家"十一五"重大科技专项"超5亿元岩舒大品种技术改造"；与山西省中医中药研究所联合组建"振东中药现代化研究中心"技术平台，开展注射用乌骨藤冻干粉等中药新药的研制工作；与军事医学科学院毒物药物研究所共同研究建立了创新制剂－缓控释制剂开发技术平台；与美国艾格科技公司（AG Research Co. LTD）进行脂质体制剂平台的研究开发；与山西中医学院在澳大利亚阿德莱德大学联合建立的振东中－澳分子医药研究中心。此外，振东还牵头成立了由企业、大学、科研机构组成的山西晋药产业技术创新战略联盟。到目前为止，振东制药已拥有80多项发明专利。

（二）清晰定位，健康食品业务获生机

健康是人类自身最普遍、最根本的需求，也是一种积极的生活方式。大健康产业是"防、治、养"模式的产业体现，涉及医药用品、保健食品、保健用品、绿色环保产品、医疗康复机构等与人们身心健康息息相关的各个生产和服务行业。随着社会发展和人们生活方式的改变，健康产业已经成为全球范围内最为热门的产业之一，美国著名经济学家保罗·皮尔泽在《财富第五波》中将其称为是继IT产业之后的全球"财富第五波"。在我国，随着广大群众生活水平的提升，居民对健康品质的诉求也越来越高，对天然、绿色的健康理念倍加推崇，2009年开始的新一轮医改更是推进了我国健康产业的快速发展。目前，我国已步入人口老龄化社会，加上13亿人口的庞大基数，健康产业的市场容量迅速上升。正如复星集团创始人之一、现任公司副董事长兼首席执行官梁信军在"2014正和岛岛邻大会"上断言："我觉得6~8年内，大健康就会成为中国第一大行业"。近年来，随着国内肥胖症、糖尿病、高血压等富贵病的蔓延，许多国际知名的医药企

第三章 行空的天马——振东战略

业，如辉瑞、葛兰素史克、赛诺菲等，纷纷趁势涉及功能性营养食品和健康保健产品的开发与研究。诚然，中国健康食品产业的"蛋糕"很是诱人，虽然门庭若市，但赴宴者若对自己没有清晰的战略定位，这块蛋糕恐怕难以下咽。

"竞争战略之父"迈克尔·波特指出，"战略就是创建一个有利的定位"。按照定位理论的提出者——美国著名营销专家杰克·特劳特的观点，"定位就是如何在顾客的心智中实施差异化，使品牌进入心智并占据一席之地"。根据哈佛大学心理学家米勒的研究，顾客心智中最多也只能为每个品类留下七个品牌空间。而特劳特却进一步发现，随着竞争的加剧，顾客最终连七个品牌都容纳不下，只能给两个品牌留下心智空间。因此，通过定位，让品牌在消费者的心智中占据最有利的位置，使消费者产生相关需求时，便会将定位品牌作为首选。例如云南白药创可贴通过"有药好得更快些"，重新定位强势品牌邦迪的战略性缺点（无药），从而反客为主成为领导品牌。王老吉通过定位为"预防上火的饮料"，走上了高速发展的快车道。振东亦是在2009年左右通过对两次创业过程中初步形成的食品业务和护理产品业务进行清晰定位而创造了新的生产力。

振东现有的功能食品业务始于其创业初期机会驱动成立的振东农产品开发公司和后来二次创业战略试错过程中创立的振东潞维特生物有限公司（2001年8月二者整合为山西振东五和食品有限公司，后于2009年12月更名为"振东五和健康食品股份有限公司"，以下简称五和公司）。然而，由于对产品缺乏清晰定位，在2002年年底开始停产整顿之前，五和公司一直处于市场无法

147

打开，利润很低甚至亏损的状态。尽管公司内部出现了不同的声音，李安平却坚信，食品加工业对振东而言，是有前途、有资源、有优势的产业。他认为，食品是人们必需的消费品，而且随着生活水平的不断提高，人们对食品的卫生、安全、口感、营养、便捷，特别是对杂粮都会有更高更多的需求，所以这是一个前景看好的产业。另外，山西是全国小杂粮基地，是国际杂粮老大，更是山西的第三大资源，在资源占有上五和公司作为山西的一个企业有得天独厚的优势。并且，在杂粮的制作上，省内更是有许多传统的方法可供借鉴，有近水楼台之条件。为此，五和公司进行了一系列改革。首先，对公司产品进行了梳理和定位。五和公司定位于针对健康和亚健康人群，推出适合他们的功能食品，并提出了"五和食品、制造健康"的宗旨和"随药随症、呵护健康"的发展目标。"五和"意指用五谷杂粮生产的食品可以"和五脏"（心肝脾胃肾），契合了"药食同源"、"治未病"等中医哲学理念。公司最初有三个产品系列："青禾牌"豆制品、"五和春"白酒酿造和"糠佳"糖化秸秆饲料。通过梳理，这三个产品系列中只保留了适合"三高"人群的部分豆制品，并陆续增加了具有良好抗癌功能的黑小麦系列、被誉为"五谷之王"的苦荞系列及特色礼品等系列产品。此后又着力提升公司产品的品牌形象，不仅通过对产品进行升级改造、实行精细加工和细化生产工序来提高产品质量，还通过创新销售模式、申请国家和地方有关部门认证及成立五和养生堂的方式来提高公司品牌的信誉度。

如今，以"五和调养、制造健康"为宗旨的"五和"产品已涵盖食疗性糊、粥、汤、茶、粗纤维食物等各类有机、绿色健康功能食品，拥有国际食品质量安全体系的 HACCP 体系认证、6 个单元的国家技术监督局的 QS 认证及 14 个品种的国家有机认证中心的有机小杂粮认证（11 个种植认证，3 个生产认证）。从 2004 年开始，其豆制品系列的产品还走出国门进入了澳大利亚市场。2013 年，"振东五和"再次被山西省工商行政管理局评为山西省著名商标。

（三）行业抢位，健康护理业务现雏形

中国医药产业经过一段较长时间的持续高速发展后，目前，已进入一个危机与转机并存的关键时期。随着众多国外跨国药企的强势进入和国内药品价格受国家管制而导致药品利润的持续下降，国内已有不少中药生产企业通过向中药衍生品产业延伸来获取高额利润。随着经济的发展和人们生活水平的提高，消费者对护理产品的需求已经越来越多样化，对自然健康的意识也越来越强烈。显然，涉足健康护理产业是拥有一些优质中药资源和品牌的药企的理想选择之一。如云南白药从 2005 年开始相继推出了牙膏、洗发、沐浴等多品类日化产品，北京同仁堂在 2009 年将"化妆品"生产作为战略重点来实施。虽然我国健康护理市场中由于宝洁、联合利华等国际大鳄及上海家化、南风化工、广州浪奇等国内大型日化企业的存在而壁垒重重，但新进入者只要能够找到属于自己的细分市场，快速切入，仍然可以创造奇迹。例如云南白药推出的牙膏产品以具有止血化瘀、活血止痛和解毒消肿功效的云南白药百年配方为支撑，通过定位于"非传统牙膏"——能有效解决成年人口腔问题的保健牙膏，上市仅 3 年时

间就实现 6 个亿的销售业绩，成为国内功能性牙膏的著名品牌。

山西地处黄土高原，土质贫瘠，且人多地少，以精细、严谨、勤俭、务实为根基的晋商在历史上曾经叱咤中国商界数百年，然而随着煤炭资源的开发，山西变成了一个资源大省，昔日晋商的风貌已经渐渐远去。随着振东的不断发展壮大，李安平和振东的理想也由创业之初的"振兴东和村"逐渐演变为现在的"锻造精品振东，重振晋商雄风"。2003 年初，李安平组建"新晋商"团队，出台了"民以清修，利以义制，绩以勤勉，汇通天下"的新晋商理念。家庭健康是社会群体健康的重要基石，家庭健康产业是小康社会的必要基础。李安平认为，现在老龄化社会越来越明显，环境污染日益严重，如何保证个人和家庭的健康成为晋商要考虑的首要问题。但是山西现阶段的家庭健康产业发展并不被重视，因此，家庭健康产业的改革和发展势在必行。对致力于创建最具竞争力的民族健康产业知名品牌的振东而言，发展中药健康护理产品无疑具有先天优势。山西是中医药文化的重要发祥地，中医药资源优势显著，是公认的道地药材大省，名医辈出，名方荟萃。振东总部的所在地长治县（古称上党）更有炎帝故里之称，相传为神农尝百草之所在，是当之无愧的远古中药主要发轫地。早在 21 世纪初的时候，刚刚转型为中药制药企业不久的振东便从当地一位老中医的后人手中重金购买到一个叫"避瘟汤"的祖传秘方。后来振东涉入了中药材的种植业务和振东北京光明药物研究院的成立，为进一步为振东中药健康护理业务的开展奠定了坚实的基础。

先行者优势理论认为，进入某一市场的先行者可能能够获得超越后续进入者的某些优势，例如赢得顾客忠诚度、建立良好的企业形象、得到好的声誉等。在中药健康护理这个新的蓝海市场中，定位于中药健康护理产品领导者的振东要想取得领先优势，就必须进行行业抢位。振东的健康护理业务起源于2003年成立的岩康事业部（后更名为阳康事业部），最初只有一个产品——在"避瘟汤"配方基础上研制的空气清新剂。在李安平"速度加决心"的理念指导下，在振东北京光明药物研究院与中国中医科学院及山西省中医院等科研院所鼎力支持下，振东陆续推出了以"中药抑菌"为基础的足部护理、成人护理、儿童护理、家居洗护等系列产品。2009年10月，振东家庭健康护理用品有限公司（以下简称康护公司）正式成立。2011年出台的振东《"十二五"健康产业发展规划》进一步明确提出了要"发展中高层群体居家使用的中药家庭型健康护理日用品"，用5年时间将康护公司培养成为振东集团的第二家上市企业，成为中药抑菌健康护理行业的领军品牌。2011年6月9日，振东神农中医药文化园奠基仪式在神农当年布五谷、尝百草所在地——长治县五谷山隆重举行。整个园区开发面积3000亩，园区将建设"神农氏文化广场、千草园、养生堂、神农观、中医药始祖雕塑群、中药标本馆、中药炮制工艺工具馆、中药古方展示馆、国际学术交流中心、清水神湖"等十余种文化研究景区、仿古建筑及景观和相应配套设施，融中医药疑难杂症治疗、名贵药材贸易、科普科教、旅游观光、健身疗养于一体。神农中医药文化的建成进一步强化了振东中药健康护理产品的品牌内涵。

截至2013年，振东康护公司旗下已拥有"益呲康""伊洁露""阳康""小贝乐""喜乐喜""九支草"六大品牌，较为成功地打造了山西、湖南两个样板市场，并逐步覆盖到北京、广东、湖北、福建市场。其中，"益呲康"单品销售额突破千万元。

四、新征程，追梦国际化

从振东的战略演变的历史来看，具有高度环境适应性的特征，但这种适应性已由被动逐步转向主动，企业自身的资源和能力在战略选择中的作用也越来越明显，开展国际化经营已成为振东新的逐梦目标。

目前，我国医药行业正进入一个崭新的时代。从 2013 年下半年起，受医保控费、招标延缓、新版 GMP 改造检查等影响，我国医药工业总产值已由高速增长转为中高速增长。据 CFDA 南方医药经济研究所发布的《2014 年度中国医药市场发展蓝皮书》中的数据显示，我国医药行业已经告别了以往高达 20% 以上的增长速度，2013 年我国医药工业总产值增长降至 17.2%，而 2014 年这一数据预计仅为 13% 左右。增速持续放缓意味着行业将面临新一轮的考验，医药行业已从机会竞争转变为战略制胜。在这个大浪淘沙的新时代，谁都有可能成为新的医药王者。对志在"做国际品牌，做中国名牌，做山西名片"的振东而言，全球一盘棋的战略蓝图已然开始形成，科技先行是振东迈出国门的第一步。近年来，振东每年投入科研的资金高达 2.2 亿元，科技的贡献率达到 73%。2011 年 11 月，李安平对澳大利亚阿德莱德大学进行了访问并签署了合作备忘录。2012 年 5 月，振东中–澳分子医学研究中心在北京成立，成为我国首次采用"国际化校企联合"模式组建的第一个以我国中药企业冠名、设在西方著名综合大学的国际化研究机构，由此开启了振东进军世界的前奏。进入2014年，振东走向国际舞台的决心越来越明显。5月底，李安平踏上了考察美国市场的征程。11月初，振东联合国家中医科学院在美国国立癌症研究中心成立了"中医药治疗肿瘤"科研办公室，成为我国首家在美国国立科研机构组建的中药科研机构。同时，振东还成为国内唯一一家参与筹备国际中医药治疗肿瘤联盟的药企。11月21日，振东与荷兰国家应用科学研究院下属的SU生物医药公司（以下简称SUB）就振东产品欧盟注册合作进行了协议签订仪式。12月1日，振东与德国医药保健行业资讯全方位服务商Diapharm有限两合公司（以下简称Diapharm公司）就传统中药在欧洲的应用注册、欧盟认证等相关事宜进行了深入交流。

  随着全球经济一体化步伐的加快，国内企业无论是否走出国门，都会面临跨国公司的巨大竞争压力。因此，走出国门，到更广阔的市场中去历练，拓展管理层的视野与战略眼光，打造全球化的品牌和世界级企业，已是国内不少谋求长远健康发展的优秀企业的必经之路。中医药是我国的特色医药产业，近年来，涌现出了一批优秀的中医药企业，但在开拓海外市场的道路上，目前仅有同仁堂、天士力、云南白药、胡庆余堂等少数大型企业取得了些许突破，更多的中医药企业仍然处于准备阶段，整个中医药产业在国际市场的发展处于起步阶段。据统计资料显示，全球中药市场每年以10%以上的速度增长，而我国中药产业仅占全球市场份额的5%。中医药产品虽然已经远销世界160多个国家和地区，但在大多数国家和地区只是作为补充与替代品出现，且大部分只局限在华人较多的东南亚、台湾、香港地区，而前景更为诱人的欧美市场却难以开拓，迄今未有中药以治疗性药品通过美国FDA批准，在欧盟中成药则多以保健品的身份出现，依然停留在欧盟市场的灰色地带。究其原因，除了在海外市场面临的诸多政策和技术性壁垒之外，中西方文化的认知不同也是一个重要的障碍。中医药与西医药是在不同的文化背景下产生的不同的医药学理论体系和医药学模式，在理论基础、思维方法、诊治手段等方面均有本质上的不同。西方人由于不了解中医药理论，所以认为中药就应该像植物药一样，分清楚化学成分，按照西药的标准来衡量。然而，正如曾在美国食品药品管理局任职多年的天士力集团副总裁孙鹤所说，"中药大多数是复方的，有效成分特别多，而西药成分大多是比较单一的化合物。中药配方来源于几千年经验积累，很难像西药那样解释清楚到底是哪种化学物质在起作用。"即使是中国传统中医的权威专家，也往往很难说清中医到底科学在哪里？"阴阳理论""五行学说"和"经络学说"等对外国人来说更是虚玄难释，已构成了古老中医与现代医学交流的巨大障碍。例如英国官方就把中医定义为"无科学证据而与某种宗教和哲学相关联的疗法"。

尽管中医药"说不清、道不明、听不懂"的现状极大地影响了中医药的国际推广，但李安平和振东人坚信，有着悠久历史的中医药，一定会得到世界的认同，中医药文化定能走出国门，实现中医药产业国际化的"振东梦"也定能实现。西医药学采用分析法，视人为各零件的组合，讲的是辨病名论治、对症（症状）

处理，追求即时效应，通常是治标不治本，并伴随着或多或少的药物毒副作用。例如抗生素在杀灭细菌的同时，也起到了筛选耐药细菌的作用。以往，人们通过开发新的抗生素来解决耐药问题，但现在开发新抗生素的速度却远远赶不上细菌耐药的脚步。为此，欧盟已经从法律上开始限制抗生素的使用。美国虽然没有从联邦政府层面上以法律的形式限制抗生素的使用，但是奥巴马已经批准降低抗生素使用的研究经费。在我国，被称为"史上最严限抗令"的《抗菌药物临床应用管理办法》已于2012年8月1日起开始实施。与西医药学相比，中医药学因"上医医未病之病，中医医欲病之病，下医医已病之病"理论则更具有独特的优势。中医药学将人看作一个有机的整体，机体的各部分相互影响，讲的是辨证施治，对症用药，以药物的偏性来调整人体的阴阳平衡，通过改变患者的内环境促使其康复。因此，我们有理由相信，随着中西方文化交流的不断深入，中医药获得欧美主流市场的认可一定能够实现。

曾经，晋商称雄商界500年，不仅足迹踏遍祖国各个角落，而且插足于整个亚洲地区，甚至把触角伸向欧洲市场。让我们拭目以待，作为新时代的晋商，"下个二十年，再聚振东时，北京总部，澳洲中心，美国NCI，沐金色朝阳，科技人文，交相辉映；振东产品通达全球，振东品牌名震神州！"

第四章　意在天下　心系苍生
——振东社会责任

人文精神和经济效率并不是互相排斥的，从长期来看，是彼此互补的。

——魏尔汉

人，生长于浮华尘世，都有物质追求；人，思想于心智空间，都有精神寄托。中外古今，为人所景仰之人，往往精神高洁；为人所不齿之人，往往唯利是图。在二元追求的标杆上，倾向于物质追求的人不会成为社会精英，将物质追求当作终极追求也无法支撑起人的卓越成就。为人如此，由人所建立并组织起来的企业亦是如此。

营利是企业的第一属性，但作为社会组织，企业对利润的追求建立在能够担当社会赋予其角色责任的基础上，能够按照角色要求完成任务才能换取社会给予的回报——利润。超额完成任务的，获得高利润；出色完成任务的，获得中等利润；基本完成任务的，获得基础性利润；不能完成任务的，则付出亏损的代价。

第四章　意在天下　心系苍生——振东社会责任

如何看待营利的高低多寡，如何看待企业的角色任务，以及如何看待二者之间的关系，成为企业之间形成差异的根本。

西蒙的决策理论认为，决策应以"有限度的合理性"而不是"最大限度的利润"为前提，应采用满意决策原则而不是以利润为标准的最优原则，认为对决策者本身的行为和品质的研究是决定决策合理性的根本。

现实中的成熟企业的决策者，他们有个性，有感情，有各自与众不同的价值观和对人格修养的追求。在度过了企业的"谋生期"，进入"事业期"之后，他们的行动已超越了对利润的刻意关注，而首先关注企业的角色任务，关注企业的社会价值和社会责任，期望经过企业的发展为社会排忧解难，为社会有所建树，甚至推动社会进步的进程。对于责任与利润，他们不一定完全遵循其中的因果关系，却始终将兼济天下，泽被苍生的理想信念悬置心头。

振东在20年的发展历程中，已逐渐形成了成熟的企业文化和经营理念。对待营利，企业务求精进，在不断地自我否定和总结中始终保持着昂扬向上的创新激情；对待角色任务，企业不仅追求尽职尽责，还能够满腔热情投入到企业之外的社会角色中去；对于二者之间的关系，其生而确立的"振东——振兴东方"的使命感，时刻激励着企业超越利润的追求，将企业发展作为推动社会发展的力量，甚至当企业利益与社会效益有所冲突时，将企业利益暂且搁置。

在企业利益与社会责任的权衡问题上，振东似乎没有太多的计较和盘算，意在天下、心系苍生的社会责任感和使命感使企业胸怀大志，腹有良谋。既怀有关爱天下的理想信念，也修炼着普济苍生的企业能力，理想使企业从成立之日起就将社会责任视为己任，能力使企业始终以足够的实力托举起责任实实在在的重量。

一、精耕的田园——榆柳荫后檐，桃李罗堂前

振东的社会责任行为以企业成立当年就开始的敬老活动为起点，借由企业发展的阳光雨露，由小荷才露尖尖角逐渐长成了精耕细作的田园——振东社会责任体系，成为企业福荫家乡、泽被万民、惠及天下的景致——榆柳荫后檐，桃李罗堂前。

（一）振东社会责任金字塔

振东的社会责任行为主要集中在针对家乡贫困人口的慈善捐助、以药材种植为载体的"光彩事业"公益计划和发挥振东行业优势的"中华仁爱天使基金"项目。三大板块的社会责任行为构成了振东社会责任体系金字塔，如图4-1所示。

图4-1 振东社会责任体系金字塔

第四章　意在天下　心系苍生——振东社会责任

1. 与公司同生同长的慈善捐助

振东的社会责任行动源于企业成立之日的理想——"振东——振兴东和（李安平的家乡村名）"，所以，振东的社会责任行动不是始于企业有所成就之后周济贫民的善举，而是在公司一成立便同步展开。

李安平四处筹款、几经周折、白手起家——1993 年 10 月 1 日，公司成立。意气风发的李安平为公司取名"振东"，一则赋予企业以振兴家乡、振兴祖国的使命感；一则为企业的奋发图强注入责任意识——虽起步艰难，却步伐坚定，振东，要为生他养他的家乡竭尽所能，励精图治。

◆　敬老日

北方的腊月，天寒地冻，滴水成冰，空旷的田野，更是寒风凛冽。腊月二十三，俗称"小年"，是中国传统文化民间祭灶、扫尘、吃灶糖的日子。扫尘自是简单，但一周后就是春节，对于缺衣少食，短米少面的家庭，眼神困顿、纠结愁楚，几个老人正扳着指头、吃力地盘算着这个年如何过？李安平熟悉乡里的每户人家、每个老人，这些情况他看在眼里，急在心头。家乡的冬天虽然很冷，但不能让乡亲们寒心，更不能让老人们没了基本的生活保障。他和振东弟兄们扛起一袋袋大米、白面，抱着一堆堆保暖衣物等生活必需品，送给这些盘算着过年的乡里老人。

这一行动就从公司成立那年的腊月二十三开始，坚持多年一直延续了下来，成为振东以家乡慈善捐助为起点的社会责任行为开始的标志。俗话说，一个人做一点好事不难，难的是一辈子做好事。振东在公司成立之后的三个月就开始并一直延续至今的慈善捐助,不同于其他企业在发家致富后回报乡里的善举,它是企业从成立之日起就将社会责任揣在心中、做到实处,即使企业还并不富裕。

随着企业逐渐走上正轨和管理逐步正规化,这一活动也已制度化——振东将腊月二十三这一天定为公司一年一度的法定日——"敬老日"。从公司成立开始至今,每年这一天振东为周边村庄60岁以上老人,后来扩展到也为公司药材种植基地的老人送米送面、送生活必需品,截至目前已累积资助农户12000余户,价值1000余万元。

◆ 敬孝金

在"敬老日"制度化为法定日的同时,振东的另一个制度化的慈善项目"敬孝金"也正式诞生。

一天,李安平斜靠在车背上,他的情绪仍然沉浸在刚刚与某炼油厂合作成功的喜悦中,音响里正在播放着陈红的歌曲《常回家看看》,一向酷爱唱歌的李安平也随着音乐哼了起来,"常回家看看,回家看看……"李安平忽然想起自己很长时间没有回家了,是该回去看看父母了。

当车子停在大门口的时候,听到声音的母亲几乎是从屋里跑出来的,当她看清站在面前的儿子时,高兴极了,说:"你知道你有多少天没回来过了吗?58天了。"李安平愣住了,他的心一下子回到了那58个日日夜夜,不识字的老母亲是一天天扳着指头数过来的,"慈母手中线,游子身上衣",是啊!儿女是父母最大的牵挂,即使你走得再远,却总也走不出父母的心窝,世间还有什么比父母的爱更伟大、更无私的呢?由此,李安平想到了振

第四章　意在天下　心系苍生——振东社会责任

东长年在外的兄弟姐妹，他们离家在外的时间比他更长，他们的父母何尝不是相同的心情，何尝不想让儿女回来多陪陪他们，可因工作需要，他们不能回到父母跟前。作为兄长的李安平想到这里，决定为他们担起这份责任，用特殊的方式解除他们的后顾之忧，让他们安心工作。于是李安平郑重宣布：振东设立"敬孝金"，按月按户寄发给在外工作员工的父母。

凡与父母不在同一地市生活的公司员工，振东每月发给其父母150元的"敬孝金"，以公司的名义替员工表达儿女的孝心。

"敬孝金"截至目前累计资助人数约5000人，资助金额近千万元。

◆ 扶贫济困日

振东对贫困大学生的资助始于1998年，在2002年正式设立法定日——"扶贫济困日"，时间为每年8月的第4个周六。目前已扩展为主要资助因家庭困难而上不起学的大学生，以及患急重症大病和有其他特殊困难的家庭。

振东地处上党老区，经济基础薄弱，许多老百姓含辛茹苦地供养着孩子们读书，每到高考前夕，家长们盼着孩子能顺利考入大学，可又发愁高昂的费用，9月，是莘莘学子满怀喜悦将要踏入大学校门的季节，可是在很多家庭，面对着录取通知书却愁眉不展，万般无奈之际，他们想到了刚刚发展起来的振东公司。当他们把自己的困难向李安平倾诉时，他立即安排解决这些孩子们的上学费用。之后，为了使这项活动持续下去并使之服务于最需要帮助的家庭，真正解决家乡人民的急难所需，2002年，经董事会研究决定，把每年8月的第三个周日确定为"扶贫济困日"，之后，

161

优秀企业的逻辑

又根据企业实际于2014年正式将之调整为每年8月的第四个周六。

随着企业的发展和活动的深入,"扶贫济困日"的规模越来越大,辐射范围也越来越广。2014年8月30日,振东第十七届"扶贫济困"救助活动在集团总部会场及武乡、平顺分会场成功举行。本次活动共救助贫困大学生1062名,贫困、特困户24户,发放救助金额526万元。截至目前,振东已累计捐款9000多万元,帮助7700余名学子圆了求学梦。

◆ 冬助日

2003年12月21日,李安平参加了由长治市慈善总会组织的孤儿救助活动,看着台下那么多孤儿漠然无助的眼神,他的心变得异常沉重,感到了身上那份沉甸甸的责任。一个孤儿上台发言时,或许是小男孩想到他死去的爸爸,已再嫁的妈妈,小男孩再也无法控制自己的情绪,一时声泪俱下,跪在地上大声哭喊:"妈妈,你在哪里呀?我想你啊……"这一景、这一幕震撼了所有在场的人,李安平的眼泪再也无法控制,他想到自己的孩子有父母的关爱是一件多么幸福的事情,而这么多的孤儿却无法享受到父母的亲情,这对他们来说太不公平了,进而他又深层次想到:这些孩子从小无人关心、缺少关爱,可能会引起畸形的心态,有的会成为将来的"问题"青年,只有让他们感受到社会的温暖,让他们有一颗感恩的心,他们才会健康成长,成为对社会有用的人。

会议结束后,李安平当即拨通了县民政局长的电话,请他统计当地孤儿的人数。回到公司以后,李安平立即召开高管会议,决定将救助孤儿作为法定的公益慈善事业,将冬至这一天定为

第四章 意在天下 心系苍生——振东社会责任

"冬助日",让受助者在冬季最寒冷的一天里能感受到振东的爱心。有领导建议将孤寡老人也纳入救助范围,得到大家的一致赞同。公司管理干部也深受感染,纷纷与受助孤儿或老人"一帮一"结对子。

"冬助日"从2003年冬至日开始,每年在这一天面向家乡的孤儿、残疾人、孤寡老人和特困家庭等弱势群体进行集中救助。

从2003年振东第一届"冬助日"开始,救助的范围和金额不断扩大。2013年12月22日,振东"冬助日"救助大会在振东集团总部主会场及武乡、平顺分会场同时举行,来自长治县、长子县、郊区、城区等县市区的重症、大病、贫困户和孤儿及他们家属到现场接受爱心救助。12月23日,"冬助日"救助大会继续在屯留、襄垣、壶关、黎城四个分会场召开。本次活动共救助孤儿445人,特困残725户,孤寡老人、五保户及驻地60岁以上老人7968户,资助金额共470余万元。活动现场,公司还为孤儿发放了书本、羽毛球、篮球等学习、体育用品。仪式结束后,振东温暖小组爱心车队带着全体振东员工的关怀和问候,分区域奔赴被捐助家庭进行慰问,挨家挨户为他们送去米、面、油、被褥等生活必需品。

随着"敬老日""扶贫济困日""冬助日"和"敬孝金"的确立,"三日一金"已经成为振东规范化、常规化的慈善活动。截至目前,"三日一金"已累计投入约1.6亿元。

◆ 非常规化项目

除了上述已常规化的"三日一金",振东非常规化的慈善活动也不胜枚举,如为家乡捐建振东希望小学、振东中学,并每年

163

出资20万元用于对模范教师和优秀学生的奖励与教学设施的改善，且在每年"六一"期间出资慰问；先后投资350万元为家乡修建柏油马路、村中心主要街道，并对家乡大街小巷进行硬化、绿化、美化；投资60万元解决东河村电网改造问题；投资130万元为家乡打深井并安装自来水工程；投资310万元为家乡兴建老年活动中心和养老院；投资500万元建起了乡卫生院等等。

规范化的"三日一金"和众多的家乡建设投资活动，为家乡及周边区域的父老乡亲带来了温暖和希望，成为振东社会责任体系的基础性板块。

2. 授人以渔的"光彩事业"

光彩事业是我国民营企业家响应《国家八七扶贫攻坚计划》所发起并实施的一项以扶贫开发为主题的公益事业。1994年4月23日，民营企业家联名倡议《让我们投身到扶贫的光彩事业中来》，"光彩事业"由此得名并发起。

山西是中医药资源大省，是全国中药主产区之一，不仅野生药用植物种类丰富繁多、质地优良、蕴藏量大，且人工种植的中药材面积和产量也逐年扩大，常用的中药材如苦参、连翘、地黄、黄芩等品种，在全国中药材市场上占有较大份额。如何利用地理优势，将建设中药材种植基地和国家倡导的扶贫事业结合起来，既保证中药药品的药效，又能促进基地所在区域的经济发展。振东从药材源头上将"光彩事业"拓展开来。

平顺、武乡、浑源等都是山西省的国家级贫困县，区域农村经济结构单一，规模小，农民经济来源有限，缺少规模化的产业经营。这些地区虽然拥有非常丰富的中医药资源，但长期以来一直是以家庭作坊式的经营为主，以中药原料和粗加工经营为主，规模小、手段简陋，产品附加值低。振东于2003年成立道地药材公司，选择这些地区成为"道地苦参""道地连翘""道地党参""道地黄芪"等中药材规范化种植基地及野生抚育基地。通过科学选育适合当地生长的优良中药材品种，采取"公司+政府+专业合作社+基地+农户"的经营模式推广中药材种植，免费为农户提供药材种子，采用SOP标准作业流程种植，促进中药材产业化发展，从根本上促进农业产业结构的调整，增加就业岗位和就业渠道，确保基地乡镇经济可持续发展。为鼓励农户种植中药材的积极性，公司实行"免费技术指导、免费技术培训、承诺价格保护"的政策，与农户签订保护价合同，使农户放心，确保农户种植增收，利益有保障。

目前，公司的中药材种植区域已开始突破山西境内，扩展到贵州、新疆等地。公司已先后启动了山西平顺50万亩中药材种植基地和浑源5万亩黄芪、新疆2万亩红花、贵州5000亩白土苓建设项目，同时签订了中阳、榆社、晋城、安泽等地的大宗药材种植协议，基地的建设保证了药材基源稳定、质量可靠，并帮助农民脱贫致富，带动当地经济发展。以平顺50万亩中药材产业项目为例，该基地的建设将平顺中药材资源优势更好地转变为区域的经济优势，同时可使人均年收入增加3000元，并带动包装业、运输业、旅游业等相关产业协同发展，使2万多农户依靠产业稳步脱贫致富，实现年销售收入15亿元，利税2亿元。

集团子公司——五和健康食品有限公司的有机产品原料种植基地位于太行山区的平顺、武乡、长治、陵川等地，面积8000

余亩。有谷子、小黑豆、小红豆、小绿豆、小黄豆、苦荞、玉米等九个品种。这也是集团所确立的未来农业产业开发、造福一方百姓的基业。

授人以鱼不如授人以渔，振东以振兴中药产业为驱动力将企业发展与帮扶贫困地区百姓勤劳致富相结合的"光彩事业"，成为振东履行社会责任的中坚板块。随着企业大健康产业的推进，未来"光彩事业"的规模和深度将逐步扩展。

3. 振东独创的"中华仁爱天使"基金

医和药、医和患总是紧密相连的，作为医药企业的振东一方面和医生频繁沟通，另一方面又对病人充满怜爱，尤其是面对家境贫寒而又疾病缠身的人群，振东急切地想奉献一己之力帮助他们，点燃他们对于生命的希望。

"中华仁爱天使"基金就是在这一背景下筹划设立的，于2006年在北京注册7000万元成立，基金来源为公司、业务员和医生三方出资，基金用途为向全国特困大病重症患者提供帮助，目前已累积捐助4500多人，2000余万元。

基金的救助活动仪式也是由公司、遍布全国的业务员和医生共同参与，在每年的学术研讨会期间分别在全国各省区同步展开，将振东人的关爱和医生的真情传递到每一个特困患者心中。对医生而言，重塑了医生"白衣天使"的社会形象；对企业而言，回报社会，救助患者，履行振东作为医药企业专业领域内的社会责任。

2014年3月，东北三省、山西、山东、湖南、安徽等各省区学术会议陆续召开，"中华仁爱天使"活动也相继开展，活动现

第四章 意在天下 心系苍生——振东社会责任

场,如图4-2所示。由各省区经理及邀请的专家、医生对特困病人和特困家庭进行资助,表达振东人和医生对患者的爱心。截至3月15日,在这些省区举办的天使基金活动,共捐助98000元,救助各类贫困患者49人。

图4-2 2014年"中华仁爱天使"基金发放现场图片

"中华仁爱天使"基金是振东履行社会责任的特色板块,是振东作为医药企业以治病救人为核心理念,以发挥企业专业所长为导向而自发创设的。做一个对社会有担当、能负责的企业,振东期望自己能够做得更好,所以,在上述两个社会责任行为板块基础上,振东独创了与医药直接关联的天使基金,将企业经营与社会责任更加紧密地结合起来。"中华仁爱天使"基金是振东以企业资源和能力优势为基础、最具战略意义和公司特色的社会责任项目板块,今后,这一板块的社会责任行为逐步走向深远,甚至走向全球,将成为振东社会责任行为体系中最具成长性的部分,也是振东计划在今后深入推进、重点投资、面向全社会的标志性项目。

振东的三大社会责任板块自下而上,基础板块、中坚板块、特色板块,既互为支持,又相对独立,在企业发展的背景下,在振东的社会责任田园里如争艳的花朵,竞相开放。

（二）撑起金字塔的匠心

享誉国际的慈善家、美国钢铁大王卡内基说过：在神圣的慈善外衣下漫不经心地胡乱挥霍的百万富翁比一毛不拔的守财奴对社会的危害更大，实际上是他们制造了乞丐。

事实上，怎样履行社会责任可能比是否履行社会责任更值得企业深思。可能正是百万富翁的随意挥霍助长了乞丐好逸恶劳的恶习，可能正因为企业的慈善捐助挫伤了一个孩子的自尊心，可能因为企业一念之间的扶持给了一个家庭希望却又因其有始无终而使家庭走上绝路，可能是企业有难必帮的习惯为企业偶然一次的缺席带来了无尽的骂名……

振东社会责任金字塔不是随意堆积的混搭小景，不是企业用财富揎掇起来的慈善筵席，金字塔牢固的结构凝聚着企业对社会责任的深刻理解、对履责绩效的深思熟虑、对履责项目的匠心独运。

1. 尽己所能，尽我所长

履行企业社会责任不是去做社会需要的所有事，而是在做好企业分内之事的基础上根据自己的资源和能力去做自己力所能及的，去做自己最擅长的事。

比尔·盖茨创立的比尔和梅琳达·盖茨基金会是世界上最大的慈善基金会，但在慈善捐助项目的选择上也有所取舍，主要选择支持全球医疗健康和教育领域的慈善事业，慈善活动的定位为"为官方开路，与政府互补"，即不去做官方应做的事，而选择风险较大的新领域进入，在获得一定成果之后，再由官方接手或共同支持，一些需要投资较大的项目则与政府组织或官方机构如联

第四章　意在天下　心系苍生——振东社会责任

合国儿童基金会、世界卫生组织合作。

实力雄厚的盖茨基金会尚且如此，对于一个普通企业来说，更不能将有限的资源投入到无限的社会责任领域中去。振东在多年的社会责任实践中逐渐开始有所取舍，由最初的广救宽济发展到如今的逐渐聚焦，目的是使企业有限的成果最大限度地产生社会效益。

振东针对家乡的慈善捐助项目发挥了企业的地理优势和亲情凝聚力，因而社会影响很大，在长治当地已形成了振东扶危济困的良好口碑，这一板块是振东作为家乡企业履行社会责任的基础性板块。

"光彩事业"公益计划则是振东以企业发展带动药材种植、"授人以渔"的惠民工程，与作为基础性板块的针对家乡的慈善捐助相比，"光彩事业"因其与企业的经营属性紧密相连，社会效益远远超越慈善捐助。因为任何一个富人都可以做慈善，但对一个企业来说，一项与企业属性相关的公益事业更能使社会受益深远。正如德鲁克所言："与慈善家卡内基[①]'变得富有的唯一目的是要成为一个慈善家'的责任哲学相比，罗森沃尔德[②]的信条'你必须能够行善，才能赚钱'更加激进和意义深远。卡内基相信财富的社会责任，而罗森沃尔德相信企业的社会责任。"振东的"光彩事业"是企业的社会责任，振东选择适合种植药材的贫困地区，通过企业免费教授种植技术，在提供就业的基础上，

---

① 安德鲁·卡内基（Andrew Carnegie），美国企业家，钢铁大王，慈善家。
② 朱利叶斯·罗森沃尔德（Julius Rosenwald），美国企业家，创立了县区农场代理制度。他深信，对于那些当时还处于极度贫困和落后状态的美国农民来说，需要提高他们的能力、生产率和收入。这是企业的责任。
（摘自：彼得·德鲁克，《将社会问题转化为商业机会：企业社会责任的新意义》一文）

提高了当地老百姓的生产力水平,这是企业对社会最重要也是最务实的社会责任。因此,"光彩事业"是振东社会责任体系的中坚,是企业履行社会责任的支柱。

中国传统文化一直将医药视为济世养生的仁德事业,故有知识分子"不为良相、则为良医""家无百亩不言医"等之说。振东志在振兴中华医药产业,也为现代医学发展过程中愈演愈烈的高昂医药费而纠结忧虑,能够在医药健康产业发展的同时,去尽一份作为医者药者的仁爱责任,振东思之谋之。如何能最大限度地利用企业的优势为社会发展中出现的这些问题承担责任,如何能以负责的热情去做自己最擅长的事,如何能以企业的发展支撑起这一未来永久的责任,振东为患者搭起了天使基金的平台。

2. 点上聚焦,深且久之

在企业资源和能力的约束条件下,履行社会责任不能处处开花,均匀使劲,而是要有选择地在有限的几个点上深入持久,使之产生累积社会效应的最大化。

全球知名企业大多有自己所独有的社会责任项目,在有限的几个项目上深入持久地投资和扩容,使之渐成气候,且每个项目一般都制定详细的项目周期时间表和要完成的目标任务,按照计划安排,并根据环境变化再一步步拾遗补阙,在完成上一阶段计划目标的基础上再制定下一阶段的目标,使工作在持续改进中产生长远绩效。

如闻名全球的知名药企默克制药的艾滋病防治项目,河盲症和伊维菌素(Mectizan ®)捐赠项目,针对怀孕与分娩并发症的"默克关爱母亲"行动,这些项目已成为企业的专项日常工作,

第四章 意在天下 心系苍生——振东社会责任

因其孜孜不倦地推动、跟进和不断发展完善，已成为全球企业社会责任行为的典范；壳牌石油公司的"创业奇兵"项目，日化巨头宝洁公司的"儿童安全饮用水"项目等等，都因其详细且专业的计划、预算和严格管控而产生良好的社会效益。所有这些企业都是通过选择有限的几个能够发挥企业特长或优势的项目来深入持久、认真仔细地实施和推进，来实现企业履行社会责任的社会效益最大化和企业投资最优化。

振东的社会责任意识和行为正是在这一理念指导下不断发展完善成型的。目前，振东的社会责任项目主要聚焦在"三日一金一天使"和"光彩事业"六个点上，每个点上的项目组织、实施和推动都已形成一套完整的制度和规则。

以慈善捐助中的"扶贫济困日"项目为例，该项目主要资助对象为因家庭困难而上不起学的大学生以及患急重症大病和有其他特殊困难的家庭。其中对贫困大学生的资助实施程序是：先通过当地的教育部门、民政部门向社会发出救助贫困学生的通知，接受申请，按照公司制定的帮扶标准进行初步筛选，之后按照确定的规则进行评比甄选，在最终评选时，除公司总监级以上人员参与外，没有参加过的员工也要求旁听，以此塑造员工的责任意识，由受助者陈述经过确认的个人情况说明，公司要求参与人员严肃认真，不能有丝毫可能让受助者自尊受挫的言语和行为。

2014年的"扶贫济困日"在此基础上又做了进一步完善，在公司面向社会的宣传和感召下，本次活动除了以往的参加人员外，还增加了山西东岳房地产有限公司的代表、山西省中医学院部分老师代表、长治市企业家协会部分工作人员代表，35名往年接受过振东捐助的大学毕业生，他们都专程赶到"扶贫济困日"主会场，现场捐款。下午，李安平总裁还为受助学生做了一场题为《品格塑造》的讲座，勉励受助学生自律、诚信、勤奋、团结，做有信念、有勇气、有担当、有爱心的"四有"青年，快速融入大学，好好学习专业知识，通过自己的努力成就未来，将责任的火炬一代代传递下去。

以振东的扶贫济困为原点，振东正以自己的行动聚集起越来越多的振东员工、振东伙伴和与振东志同道合的人，随着这些活动的有序推进，不断完善，这些项目正一步步走向深入，随着振东年复一年的活动和感召，这些项目将永远地接续下去。如图4-3所示为第17届扶贫济困日活动现场。

"光彩事业"公益项目也随着药材和农作物种植基地的不断扩容，走向纵深；"中华仁爱天使"基金项目也以其极度的感染力吸引着越来越多的人投入其中，随着基金运作逐渐走向成熟，这一项目将逐渐走出国门，成为振东的全球事业。

目前，振东的六个项目经过多年的探索实践和不懈投入，正日趋完善并不断扩大规模和范围，且已形成了良好的口碑和社会影响力，在当地和病患群众中反响强烈。

3. 与业务工作联动，有条不紊

企业毕竟有自己的本职工作，只有做好了本职工作，才能将企业社会责任工作保持在一个正常运作的平台上。因此，企业履行社会责任要与企业日常业务工作融合联动，才能保持持续性和长期化而不致使二者有所偏废。

振东的社会责任工作之所以成效显著，也得益于长期以来的

第四章 意在天下 心系苍生——振东社会责任

集团总部会场 　　　　　　受助学子领取救助金

受助学子 　　　　　　　　员工代表捐款

毕业学生现场捐款 　　　　李总作报告《品格塑造》

图 4-3　第 17 届扶贫济困日活动现场图

摸索和实践所形成的使之与业务工作融为一体的联动机制。企业设有专门的社会责任归口管理部门，对企业履责工作进行总体安排和日常管理。

173

优秀企业的逻辑

六大项目中,"扶贫济困日""冬助日""敬老日"是以法定日的形式融入公司业务工作的法定日制度中,按照法定日程序运作执行;"敬孝金"项目则是每月以现金形式发放给在外地工作员工的父母,在激励员工工作积极性的同时,提醒员工关爱老人、关心社会、回报社会;平均每年捐助金额四项合计约1000多万元。

"光彩事业"计划是以公司的大健康产业发展战略为依托,以构建绿色供应链为导向,将振东产业报国的使命——振兴中药产业、稳定和提高中药材品质、让中药产品逐步走入国际市场主流,在发展产业、零利润帮扶农户发展中药材种植业、为百姓开辟财源的过程中,落实到企业经营管理实践中。

"中华仁爱天使"基金则按照国家有关基金管理的规定投资、募款和运作,捐助仪式选择在公司一年一度的学术研讨会期间举行,将以医药健康为主题的学术研讨与以帮助困难群众纾解医药负担为主题的"天使援助"结合起来,令人震撼和深具感染力的捐助现场往往令参与研讨的各方代表更加坚定了以减轻患者负担为本的学术研究导向,在推进企业学术研究工作的同时,也将企业的社会责任理念传播和推广到更多的人群中去,使大家都来关心社会问题,关心与医药健康相关的社会问题。

与业务工作联动,井然有序地组织社会责任活动的开展与推进,保证了履责工作的长期性和累积社会效益的最大化。

链接:振东社会责任田园的荣誉之花

- ✓ 2009年4月,振东集团荣获"2008年中国医药卫生行业社会责任孺子牛奖"。

第四章 意在天下 心系苍生——振东社会责任

- ✓ 2010年，李安平总裁荣获全国人大会议中心"第七届感动中国十大杰出企业家"称号。
- ✓ 2010年，振东荣获中共山西省委统战部、山西省工商业联合会"新晋商万企联万户感恩行动"突出贡献奖。
- ✓ 2010—2012年，振东连续三年被长治市慈善总会授予"慈善情暖万家"活动特别（突出）贡献企业、荣获山西省"社会责任优秀企业贡献奖"。
- ✓ 2011年7月，李安平总裁荣获中国慈善领域最高政府奖项——"中华慈善楷模"奖，成为我国医药行业和山西省唯一获此殊荣的企业家。
- ✓ 2012年，振东被山西省慈善总会评为"慈善宣传"先进集体，入选参展首届中国公益慈善项目交流展示会。
- ✓ 2014年4月，李安平总裁参加了国家扶贫办举办的"中国社会扶贫政策研讨会"，为参会的唯一企业家代表。

二、练就的功夫——责己重以周，待人轻以约

目前社会上对企业履行社会责任最简单最通俗的理解就是做慈善，但事实上，企业履行社会责任常常受到外界质疑的正是源于这一片面理解。比如，一个企业的产品有质量问题，却因其高调的慈善行为被标榜为履行社会责任的典范；一个企业，员工权益不保，企业却因在公共危机事件中的捐款而被万众称颂；凡此种种，使人对企业履行社会责任产生了不过是"慈善秀"的印象，同时，更重要的是，当这种肤浅的认识也被一些企业奉为真

经时，履行社会责任常常被一些企业操作为类似于广告宣传的营销手法，既无法长久，也使本应产生良好社会效益的慈善行为反遭诟病。

那么，什么才是履行社会责任的本义？

责任的本义是指分内应做的事。对企业来说，社会责任应有两层含义，一为做好企业分内的事，二是做好力所能及对社会有益的事。其中，做好本职工作是履行社会责任的基础，这是企业最根本的社会责任，是企业首先要完成的角色任务。认真做好分内的事，是企业能力的积累，没有能力作为根基，其余所有的社会责任行为都是虚空而不能长久。振东之所以培育起了生机勃勃的社会责任田园，首先源于其茂盛的主业——企业长久脚踏实地、辛勤耕耘、持续积累练就的功夫和能力。

（一）责己之功

1. 兢兢业业锻造企业

从加油站到制药再到健康产业链，振东之所以能在二十年的发展历程中保持较好的成长业绩和发展前景，根源于由始至终的责任观对企业行为的持续激励。

◆ 加油站时期的振东，踏踏实实做好企业

振东的加油站，以给顾客最好品质的石油、最令人满意的服务为第一原则。当企业发现一位顾客在振东加油站加错油时，当即赔偿顾客损失并带去修车，同时沿线张贴公告告知前面加过油的司机回来接受赔偿，在当时加油站年利润仅仅四五万元的情况下，赔偿损失近 20 万元。对于一个刚刚起步不久的小企业来说，

第四章　意在天下　心系苍生——振东社会责任

振东没有选择很多小企业钻营取巧不负责任的做法，而是从一开始创办企业时，就将踏踏实实办一个好企业作为振东行事的原则。认为无论企业规模大小，只有以负责任的心态去做好该做的事，企业才能长久，而唯有企业长久，才有可能去实现振东——振兴东方的理想和愿望。

◆　药业时期的振东，兢兢业业锻造企业

药业时期，振东提出了"锻造精品振东，重振晋商雄风"的口号，以明清晋商为鉴，期望借公司跨行业发展的机遇，通过对振东管理模式的创新和提升使企业走上规范、严谨、制度化的大企业发展之路，成为今日晋商的典范。一系列建章立制的措施在企业产生、运行、生效。2001年8月，收购金晶制药，随之即对金晶进行GMP异地改造，并于次年通过了认证，标志着公司由商贸行业向高科技制造业转型的开始。

2003年5月，振东主导产品"岩舒牌复方苦参注射液"被科技部确定为非典八种治疗用药之一，并列入国家863火炬计划。岩舒注射液作为振东独家品种，在2008年国内临床疗效相似的主要药物中，其市场占有率达15.23%，在全国中药抗肿瘤药销售排名中位居第三。振东制药销售总经理张泽峰说过："我们把岩舒复方苦参注射液作为一个系统工程来对待，我们掌握这个系统的所有环节，每一个环节我们都认真对待。"为了把岩舒推向市场，为更多的患者解除病痛，企业从每一个细微的环节入手，每一个环节都力求精益求精，最终环环相扣，才创造了奇迹般的销售业绩。但振东深知，仅凭一个主导产品、一类抗肿瘤药品难以支撑振东的长远发展，公司开始积极培育新产品、扩充产品大类。2004年振东在北京组建了振东北京药物研究院，制定了"自主研发、合作研发、委托外包"三种形式相结合的研发模式，开始在自主研发的同时与国际国内多家科研院所合作。目前，振东已经建立起了"振东-山西中医学院-山西大学-山西医科大学"晋药研究网络，在此基础上还与中国药科大学、沈阳药科大学、上海医工院、上海二军医大以及北京大学药学院、天津药物研究所等科研院所建立了合作关系。在晋药研究网络基础上，完成了京津、东北、苏沪、川粤四大研发网络的建设，并加强与高校、科研院所的产学研合作，细化各项目部的工作，形成国内以上海药物研究所、北京研究院为中心，国际以美国国立肿瘤研究中心、澳大利亚阿德莱德大学为中心的两大研发合作网络。

2007年8月，振东兼并大同泰盛制药公司；2008年9月，重组开元制药公司（原长治中药厂）；2011年5月，收购山西安特生物制药有限公司。一连串兼并重组使公司的产品线由原来的单一品种发展为抗肿瘤类、心脑血管类、抗感染类、消化道类四大类别、八大用药系列。

目前振东在中药提取、精制、分离、药理研究领域处于国内领先水平。黄芪总皂苷氯化钠注射液、乌骨藤冻干粉针、依西美坦原料药及胶囊、注射用益心酮等正在研发过程中；岩舒注射液增加用法用量的临床实验即将开始；舒血宁注射液、冠心宁注射液、芪蛭通络胶囊等二次研究均已取得阶段性成果；振东多个自主创新项目如"复方胶体果胶铋制剂""巴柳氮灌肠剂及其制备方法""一种巴柳氮钠灌肠液及其制备方法""一种复方铋剂组合物及其制备方法"均已获国家发明专利，进入新药研发阶段，其中复方胶体果胶铋制剂为国家一类新药。

同时，公司在战略规划、制度创新、运营管理等方面持续不断地进行尝试和优化再优化，如健康产业链的战略规划，从石油时代一直持续下来的一年一度的主题管理模式提炼，人才培养中包括轮讲轮训制、导师制、三三模式等的不断完善和成熟，商学院运作模式，差距量化责任制，论坛沟通制，自逼机制，员工素质革命，业务流程化，制度表格化等等，不一而足。所有这些可以说是唯有振东才有的千锤百炼之举，使一个偏居山西小城的制药企业在短短几年蜚声业界。

想方设法锻造一个过硬的公司，才是振东的首要责任，只有当企业对此能够当之无愧时，才有可能回报并长久回报社会。

2. 精益求精培育人才

企业，不仅仅是一个生产产品和服务的地方，对于振东来说，认为企业更是一个生产人才的地方。企业除了有责任将企业办好之外，还应当承担起为社会培养人才的责任。

一个人在进入社会之前的学习只是为将来的学有所用进行必要的基础知识储备，真正能直接自我受益和服务于社会的知识和经验是在工作和社会历练中不断累积的。李安平以自己的亲身经验深刻理解企业作为社会课堂的巨大作用。因此，振东除了将做好产品作为企业的首要责任之外，认为培养人才是企业的另一大本职工作。振东作为民营企业，其对极富特色的员工培训工作的持续程度和高投入令人惊异，振东采用一个企业两块牌子的组织建制，一块为振东集团公司，常设机构和部门按照振东组织结构设置，与其他同行企业相差不大；一块为振东商学院牌子，设院长副院长及各种职称的岗位职级，持续致力于将"隐性经验显性化，显性成果标准化，标准课程呈现化"的人才培养理念贯彻到商学院的运作实践中，近几年来，公司每年的培训费用都在百万元以上。2013年11月，振东商学院荣膺2013年度中国企业商学院最佳成长奖。

在独特的人才培养理念和机制下，振东不仅为公司的成长和发展培养并储备了一批批年轻、活跃、激情、稳健，有能力有思想的管理和技术人才，使之成为支撑公司长远发展的基石，同时也在为社会输送着服务于各行各业的能人智士。从振东走出去的人往往成为周边企业争相聘用的对象，在振东"大学堂"严格而饱满的培养模式下锻造出来的振东人，无论他们因何原因离开振东，都会感念在振东的成长和收获。正如李安平常说的：振东不怕自己投资培养出来的人才跳槽，他们跳槽了能到别的地方去发挥他们的能力和才智，也是振东在为社会做贡献。

此外，振东对员工的培养还包含着对员工的生活关爱和亲情呵护，每年年末，振东为员工的父母发放保暖衣裤、保健品等；每个季度，工会都会对困难职工和家庭进行摸底调查，每逢重大节日和"冬助日"，都会对孕妇、哺乳期女员工等特殊人群和特殊困难员工进行慰问；对因大病、灾害等造成家庭困难的职工进行救助，对困难职工子女上学进行跟踪帮扶。公司规定，只要是振东员工的子女考上大学，不分贫富，一律奖励3000元，对家庭困难职工的子女，振东会一直资助他们完成学业。

链接：一位振东员工家人的心声

每年冬天，我穿着孩子从振东给我带来的保暖绒衣，全身暖融融的,心里甜滋滋的,一种深深的情怀在心里默然涌动。我想告诉振东员工的父母,我的老兄弟老姐妹们,我们的孩子选对了企业。在这里,不但有着可观的经济回报,而且有着无价的精神收获,会大有作为的。

——长子县老干局 张文德

3. 由内而外内圣外王

打铁还需自身硬。一个人或一个企业,只有当自身具备了足够的资本,才有可能去做并做好自己要做的事。一个人所需要的资本是包括知识、经验、技能等在内的人力资本,一个企业所需要的则是包括硬件的装备设施、软件的技术、文化、管理、人才等在内的企业资本。正如一个人如果没有足够强大的人力资本则无法胜任社会角色一样,企业若没有能够演好社会角色的基本功和一些必要的"绝活",也无力面对社会给予的机会和挑战,因而也就无法去为社会做贡献。

"责己重以周,待人轻以约""内圣外王",这是我国传统文化流传千年的古训。振东的企业文化植根于我国传统文化的思想沃土,振东由内而外的责任观体现在企业精耕不辍积累企业资本的过程中和在企业有所收获后的社会活动中。在我们实地接触振东之前,是振东颇具特色且声名远播的扶危济困行为让我们首次认识了振东,但听多了很多企业的慈善义举,我们对振东作为一个规模不大的民营企业的内部管理并没有报以多大的期望,然而,第一次赴振东所看到的企业规范细致的基础管理,严谨有序的工作场面,积极向上、从容整肃的员工风貌和思想活跃、精力充沛的总裁李安平本人给了我们极大的震撼：一个位居山西长治县的民营制药企业，俨然一派大企业的内部管理风范！

振东无时不念企业内部管理的"经"，除了一年一度的主题管理模式探索之外，公司日常工作中很少有时间是在"平静、平淡"中度过的，各种各样的"法定日""法定周""运动""革命"等等几乎填满了公司例行业务工作之外的所有时间。为什么公司不为员工营造一个安静、舒适的工作环境而总要"折腾"呢？这也是很多包括振东员工在内的人常常想不通的一个问题。当我们了解振东之后，我们给出的原因是：振东生怕企业在平静中滋生惰性，销蚀激情，振东希望企业能够始终保有精益求精的管理理念，进步再进步；振东生怕企业不进则退，没有压力就失去学习的动力，只要是有益的经验、思想或做法，振东就要拿来学习、尝试、为己所用；振东时刻铭记比尔·盖茨那句"微软离破产永远只有十八个月"，不打盹、不懈怠，始终要以饱满的热情给企业发展以强大的动力。

当企业自身不断累积起强大的资本并使这种资本积累的过程始终无停歇时，企业价值才可能随着资本的增值而不断增值，做到了"内圣"，才有"外王"的机会，才能真正为社会去履行自己的责任。

（二）修己之能

振东二十年不松懈的严格管理和自律为企业赢得持续发展和履行社会责任的经济实力，这种源于内在责任意识的奋发图强也使企业由内而外的社会责任行为与企业的经营管理彼此交融，修

第四章 意在天下 心系苍生——振东社会责任

炼为企业履行社会责任的核心能力。

振东的社会责任能力来源于责任与文化、战略及创新的契合。文化,是振东社会责任能力的根本;战略,是振东社会责任能力的载体;创新,是振东社会责任能力的源泉。如图 4-4 所示。

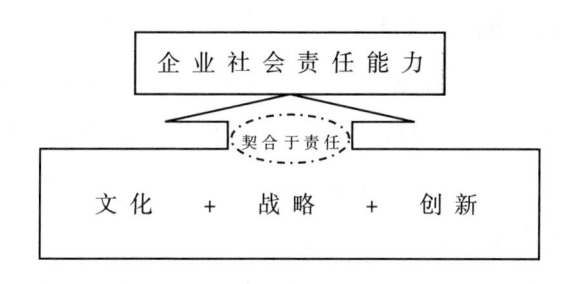

图 4-4 振东社会责任能力的形成

1. 文化——振东社会责任能力的根本

企业文化作为一种较高级的文化管理模式,它需要企业发展到一定规模和一定阶段,才能将原有的价值、理念整合成独具特色的管理模式和经营方式。振东自成立之初,缘于李安平的理想情怀、管理智慧和身体力行,逐渐将个人的博爱、慈善和企业责任的理念传播到企业员工心中,潜移默化地影响着员工的行为和习惯,这种责任文化在自然演进和超常的学习机制下已日臻成熟。

振东成熟的文化尤其是其责任文化保证了企业做每一件事时都能有始有终,所以企业能把很多企业都以为只是做做慈善,只是有危机事件时捐点款物的社会责任做得专业、细致、富有成效,才使振东的社会责任产生了广泛的社会影响力。

◆ 文化与责任相融

一个有社会责任感的企业家，会随着企业的发展不断净化心灵，提升觉悟，把企业发展、员工成长、社会进步视为己任。在李安平看来，一个成功的企业家不在于他创造了多少经济效益，而在于他为社会创造了多少财富。"我的目标是尽最大努力发展好企业，创造更好的效益，拿出更多的钱来资助那些贫困的人。"

振东是一个非常重视"社会责任"的企业，振东"与民同富、与家同兴、与国同强"的价值观中蕴含着社会责任，振东"服务社会、奉献人民、开发产业、富强国家"的终极追求体现了社会责任。振东的五大文化"阳光、诚信、亲和、简单、责任"，其中对"责任"的诠释是"不敢承担责任就是没有尽职"——对家庭负责，使员工孝敬父母、关爱子女；对企业尽职，让员工珍重事业，善待同事；对社会尽责，让员工创造效益，扶贫济困。

李安平说过："创业这些年来，最让我感到骄傲的，不是我白手起家从无到有创建了一个多元发展直至上市的企业集团，而是我在工作中探索出来的管理方法和振东文化。"这是李安平对经营企业最深的感触。源于此，已融入振东文化中的责任意识和主动性才能使企业真正将社会责任视为己任，使之深入持久。

◆ 文化和责任相促

一方面，振东的文化促进了振东人对于责任的持续执着；另一方面，振东的社会责任感又加强了企业文化的凝聚功能、激励作用和约束力量。企业以文化的感召力，使责任成为荣誉；责任又以其博大的内涵，使企业文化绽放魅力，形成企业的品牌吸引力。

振东有员工感慨：在振东工作的时间越长，越有"责任即荣誉"之感。在振东，敢于承担责任是有能力的体现，赋予更多的责任是对你工作的认可，努力履行职责是你的优秀品德。

振东马慧在一篇文章中写道："最初接触到振东价值观时，我认为与其他企业类似，只不过是个口号而已。当面对万亩苦参、连翘种植基地时，当李院长对弱势群体伸手相助时，当大灾面前兄弟姐妹争相捐助时，我一次又一次为自己的狭隘感到惭愧。企业经营的目标不仅仅是销售额要达到多少、利润要达到多少，而应该包括社会贡献目标、职工待遇福利目标、员工素质能力发展目标，其中责任二字更能够诠释企业的经营目标。"

振东之所以能如此大力度、长时间地履行社会责任并在企业发展不算长的时间里使之渐成气候，首先在于振东企业文化这一独特的土壤，因此，企业文化是振东社会责任能力的根本。

2. 战略——振东社会责任能力的载体

资源基础理论认为，企业竞争力来源于企业拥有的普通资源和战略性资源，而战略资源因其所具有的异质性构成竞争力的基础。

企业社会责任行为的特色优势和长远布局，带来企业的声誉性资源、市场关系资源、结构性资源等战略性资源，通过市场辐射作用，为企业赢得竞争优势，形成企业竞争力。

不同的行业属性，具有不同的资源优势，在企业有限的财力和能力范围内，要使履责行为产生竞争环境下的战略协同效用，则需将其置于市场竞争的框架内，充分利用所处行业的资源优势，使之通过与其他企业相比形成异质性从而为企业带来竞争力。

◆ 将社会责任嵌入企业战略

振东以"锻造精品振东，重振晋商雄风""提供精品医药，造福人类健康"的使命感和经营理念，提出了企业的发展战略——"以健康为己任，以品牌为核心，以成本为优势，以国际、国内两大市场为目标，持续整合与优化医药、保健健康产业链资源，成为医药健康产业领先企业"。振东企业战略中的"健康"责任和"领先"定位有明确的对抗性和竞争性，而包括"三日一金一天使"和"光彩事业"在内的社会责任项目大多与这个战略相融合，或者紧密嵌入到这个企业战略中，正是因其依附在企业战略上，才使其能够随着企业战略的实施持续推进并不断扩容，所以企业的发展促进了社会责任项目的成效，且长期履行社会责任的结果，也使企业通过这些行为明显地与其他企业区分开来，形成了具有振东标签作用的社会责任项目，使社会责任也成为一种战略，与企业战略相融，带来了企业的竞争优势。

中药是中华民族的瑰宝，中药产品在济世养生中的功用在我国历史发展中成效卓著。推广和普及中药产品及其相关的养生保健知识是我国中药生产企业义不容辞的责任，弘扬和光大祖国七千年中医药文化，把神农"尝百草、疗民疾"的博爱精神融入振东"好人好药、好药好人"的文化血脉中，让中药产品走向世界，这将是怎样一幅诱人的蓝图。而将描绘蓝图盛景的场所选在"五谷山"，是振东将社会责任嵌入企业战略的又一个具体体现。

五谷山，这个印记着神农"布五谷、尝百草"圣迹的地方，

第四章 意在天下 心系苍生——振东社会责任

也将作为战略要地承载起振东的健康责任。李安平已为五谷山的建设描绘了愿景："北有五台山，求佛祛心病；南有五谷山，名医治杂症。"随着2012年6月投资、2013年6月启动的神农中医药文化园有限公司的"文化建园"工程的建设，青翠艳丽的五谷山植入了文化的韵味，嵌入了振东的责任。中医药文化博览园，将高标准建设神农氏文化广场、千草园、养生堂、神农观、中医药始祖雕塑群、中药标本馆、中药炮制工艺工具馆、中药古方展示馆、国际学术交流中心等中医药文化研究景区、景点及其配套设施，形成具有鲜明特色的中医药科技园区，建成300万亩中药材种植基地。传播中草药知识，扩大中医药影响，这既是振东的企业战略，也是振东的社会责任。

◆ 以战略高度看待社会责任

振东的社会责任行为是自然萌发的，在主动担当的扶弱、救助、捐赠中渐趋成熟和规范。随着集团主导产业的不断壮大，公司的社会责任行为逐渐趋向于注重选择与行业属性相吻合的项目，使之能够充分利用行业资源，使履责行为具有行业特性和专业所长，以差异性构筑竞争优势，从战略高度把握履责方向。

（1）"光彩事业"的战略布局。

中药产业的发展离不开真材实料的药材的保障。但目前我国中药产品在药材使用中普遍存在农残超标、生长期短药效不够、规模化种植对地理环境要求的低标准等问题，如何保证药材的"真"和"精"，是构建以特色药材为基础的高品质中药产品产业链的关键。振东制药主业在飞速发展，与此同时，强烈的社会责任意识中，振东深切地为药材品质的状况忧虑、困扰。如何利用地理优势，培育绿色、纯正的中药材种植基地？如何带动有品质保证的药材种植基地的迅速扩张？

适宜的地势、土壤和气候条件，对于中药材的种植非常关键。振东"光彩事业"所选择的项目区土壤、气温、年降水量等自然条件非常适宜中药材生长，是各种道地中药材的主产区域，且都属于贫困区，经济发展落后，因而环境清洁无污染。振东选择这些地区，一方面是为企业未来发展健康的中医药产业从源头上做起；另一方面，这些地区利用先天的地理条件发展现代种植业，可使当地人民长久获益；此外，随着现代中药制造业的发展，一些地区对野生中药材的胡挖乱采、只采不种，使一些当地品种濒临灭绝，振东通过对中药材规范化种植的研究，一些品种的人工种植试验已获成功，因而也为国家保护中药材品种做出了贡献；同时利用废弃山坡地种植，还可保持水土、美化环境，可谓经济效益与社会效益双赢。

从中药材种植到加工、生产和销售，充分利用行业资源的"光彩事业"，一方面促进了区域农户生产力的提升和经济收益的增加，同时为振东绿色产业链一体化发展提供了根源上的保障。光彩事业是振东利用行业特性在战略高度上的社会责任布局。

(2)"天使基金"的差异化战略。

"中华仁爱天使"基金，是由公司、业务员和医生三方出资组成的救助基金，这项由振东自发创设的基金项目，紧密联系行业特征，具有战略上与其他企业区分开来的差异性。目前，振东在这一项目上正在深入酝酿和完善，致力于将其打造成为振东社会责任的标志性项目，这是振东在履行社会责任中的差异化战略。

战略所特有的差异性、竞争性，使其作为振东社会责任行为的载体，培育了振东区别于其他企业的社会责任能力。

3. 创新——振东社会责任能力的源泉

创新是一个企业的灵魂，是企业一切行为能够脱颖而出的源泉，企业社会责任工作当然也不例外。振东的社会责任工作之所以成效卓著，除了来自企业文化的感召和激励以及战略高度上的长远布局之外，也是企业长期以来所形成的创新思维之功，振东在锲而不舍的管理实践探索中所形成的创新习惯，是振东社会责任理念和行为卓尔不群、富有竞争力的源泉。

◆ 技术创新培育了企业履行社会责任的能力

由内而外，"内圣"才能"外王"，这是振东对企业履行社会责任的理解，没有企业发展的支撑，就没有企业履行社会责任的基础。熊彼特说过：企业家对社会发展的驱动力是一种"创造性的破坏"。所以，企业的长远发展，不能靠亦步亦趋的跟进，而要以持续的创新和突破为驱动力，这也是社会发展和进步的源泉。技术创新，培育了振东履行社会责任的能力。

无论世界如何变化，追求健康是人类永恒的话题，新药研发永远不会停止。虽然近20年来人们发现新化合物的速度有所减慢，但新的研发资源也在不断产生，比如通过DDS（药物输送系统）每年都有很多的新药上市，而老药新用、药物复方、组合药物等仍然大有可为，生物技术药物，特别是我国的中草药更是有着无法估量的开发空间。振东将中草药药理药性的推广、中草药产品的研发和技术创新以及人类对于健康的永恒追求都视为自己的责任。广泛联盟、搭建平台、持续进步,是振东履责能力的源泉。

在国内,振东与中国药科大学、山西中医学院、天津中医药大学、山西省中医药研究院、中药复方研究国家工程中心等有很多合作;国际上,联合澳大利亚阿德莱德大学建立了振东中-澳分子医药研究中心,与美国 AG Research Co., LTD 进行脂质体药物合作开发。广泛的国内与国际交流,开阔了技术人才的视野,真正搭建起技术创新的一个又一个平台,培育了振东履行社会责任的基础和实力,成为企业社会责任能力的源泉。

◆ 组织化、系统化的履责思路和做法使企业卓尔不群

"没有规矩,不成方圆",振东以自己对管理问题的规范化思路形成了企业对社会责任工作的独特思路和做法——使之组织化、系统化。

振东集团自成立以来,积极承担社会责任,热心从事慈善事业,从一件件的慈善事件起步,累积、启发,逐渐将慈善活动组织化、系统化。振东成立了专门的组织机构——"扶贫济困委员会",统筹安排具体的公益慈善工作,并以规范的形式固定下来。振东先后创立的"敬老日""扶贫济困日""冬助日"等法定日,一直坚持进行,每年的活动日都举行规范的仪式,现场的气氛让救助者温暖、感动,爱心传递到每一个员工的心中,相互感染、彼此激励。如今,慈善教育已成为新员工必修的课程,振东新学员与慈善工作人员一起,拜访困难户并送去公司的慰问金以及学员自发捐款购买的慰问物品。在慰问现场,学员们亲切地与贫困老人谈心,嘘寒问暖,关心老人的生活起居、心理感受,让贫困

第四章　意在天下　心系苍生——振东社会责任

户真正感受到振东人员的一份贴心。同时也增强了学员们的爱心和责任心，树立正确的价值观和人生观，时刻担负起自己的一份责任。振东以自己特别的方式将责任意识和企业文化传递到每一个新学员的意识中，这就是振东的创新，总在一点点、一件件地将与履责相关的事件创造性地组织起来，使之形成系统。

振东的管理伴随着不懈的追求和持续的创新，也伴随着成熟经验的积累、规范和系统化，这些都为振东的社会责任履行提供支撑，成为振东社会责任能力的源泉。

三、坚定的信念——衣沾不足惜，但使愿无违

振东振东振东，我们光荣的名字，
前进前进前进，我们矫健的形象。
诚信阳光，创新日上，激情燃烧我们的理想。
与民同富，与家同兴，与国同强，我们肩负着厚望，振兴东方。
前进前进前进，兄弟姐妹，万众一心，不可阻挡，不可阻挡。

晋商晋商晋商，我们骄傲的历史，
振东振东振东，争做时代的榜样。
诚信阳光，创新日上，理想召唤我们奔向远方。
与民同富，与家同兴，与国同强，我们用荣誉责任续写华章。
前进前进前进，兄弟姐妹，团结奋斗，再造辉煌，再造辉煌。
　　　　　　　　——李安平作词的《振东之歌》歌词

企业履行社会责任,更多的是出于感性,还是理性?是受到内在激励,还是外在激励?对于这样的问题,理论上始终没有定论。但大多理论研究证实,凡是履行社会责任走在前列的企业,多数都是出于感性,是受到内在激励的召唤。卡内基在其33岁、打算进入钢铁产业之前,在日记上写下一段话:"对金钱执迷的人,是品格卑贱的人。如果我一直追求能赚钱的事业,有一天自己也一定会堕落下去。假使将来我能够获得某种程度的财富,就要把它用在社会福利上面。"

然而,管理大师彼得·德鲁克却说过:适当的企业社会责任是将社会问题转化为经济机会和经济利益,转化为生产能力,转化为人的能力,转化为高薪的工作岗位,转化为财富。未来,人们将越来越强调只有把社会责任转化为自我利益,即商业机会,企业才可能真正履行社会责任。

那么,如何理解振东的行为?如何更准确地解读振东超大力度的企业社会责任行为?是主动地承担,还是被动地接受?是"义无反顾的奉献",还是"放长线钓大鱼"?

德鲁克所强调的企业社会责任应与企业自我利益高度一致的观点,是从将企业作为一个整体、理性看待企业的经营性本质的视角出发的,认为只有当社会责任行为符合企业的商业利益时,企业才会有履行社会责任的主动性和积极性。但企业社会责任,从其本身的责任属性来看,无论企业如何苦心孤诣地设计和筹划,使之与企业未来的利益相联系,实则都无法完全做到以社会责任为手段的利益换取。所以,现实中的大多数企业尽管都希望履行社会责任给企业带来好的声誉,以此来为企业未来发展积累更多的人际资本,但他们在实际做这些事情时,其初衷却并不全是沽名钓誉,而更多是感性召唤使然。而且,正是因为受到自我意识中的情感召唤,才使企业在投入其中时没有太多的瞻前顾后、患得患失,也才能收获企业在这方面的丰硕成果。但凡在这些方面出类拔萃的企业,都是具有强烈社会责任感的胸襟开阔、视野开放的企业。振东,就是这样的企业。

"衣沾不足惜,但使愿无违",振东的履责行为,尽管有以产生社会效益最大化为导向的成熟思考后的理性决策成分,但从根本上说,则是源于企业家国天下的理想情怀所培育出的企业价值观和信念,即便这些行为可能有时超越了企业经营的利润逻辑。正如《振东之歌》歌中唱到的:"与民同富,与家同兴,与国同强,我们肩负着厚望,振兴东方;与民同富,与家同兴,与国同强,我们用荣誉责任续写华章。"

(一)利润之上的追求

利润之上的追求是企业履行社会责任的最大动力,与未来利润关联只是企业期望有限的资源和能力发挥出最大社会效益,避免随意或盲目决策而做出的以何种方式履责的理性考量。振东在社会责任工作中的卓有成效,来源于心中强烈的责任感所产生的强大动力,而不是出于对未来利润的追逐,唯其如此,才能坚持不懈,一心一意。

根源于价值观的振东责任观遵循着家、国、天下的传统文化层次,如图4-5所示。

优秀企业的逻辑

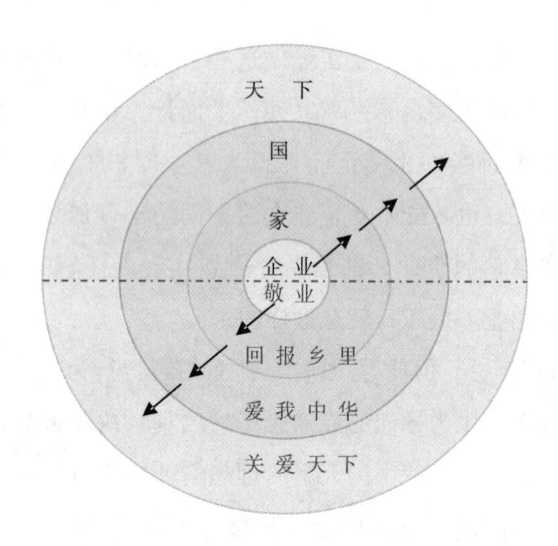

图4-5　振东履行社会责任层次格局

1. 回报乡里造福桑梓

振东的责任理念首先是对"家"的责任。"家",首先是员工的小家和企业层次的家,经营管理好这个层次的"家"是振东的首要责任,也是为履行其余层次责任,奠定好人员基础和经济基础;其次是振东生于斯长于斯的"家"——家乡、乡里,振东最期望的是有了企业这个家,就有家乡这个家,经营企业就要尽自己所能让家乡人民、父老乡亲生活安康。振东于1993年10月1日成立,当年的腊月二十三就开始了以敬老为主题的社会责任活动,为家乡60岁以上老人送米送面送生活必需品,年年如此,从未间断。伴随着这项活动的法定化——"敬老日"的开始,一个个以回报乡里造福桑梓为主题的法定日和公益事业次第展开,"三日一金""光彩事业",家乡建设,都从家这个地方起步。

2. 产业报国爱我中华

振东社会责任理念的第二个层次是"国"。"国家兴亡,匹夫有责"，振东强烈的爱国情怀使之虽身在企业却心系国家，期望通过兴办产业报效国家。选择了制药行业，就将振兴中医中药视为己任，在我国中医中药在国际竞争中处于相对劣势的大环境下，致力于通过提高中药药材的品质来提高我国中药产品的国际竞争力。

此外，每当重要的国家纪念日，如"九·一八"、国庆节（振东创建的日子就选在与国同庆的10月1日），振东都有声援国家的爱国运动，激发员工的爱国热情；振东厂区内的湖景设计为中国地图的形状；振东员工的工作服为"中华立领"；所有这些细节都体现了振东作为一个企业与众不同的爱国情怀。当国家有难时，振东总是第一时间响应，尽己所能，为国分忧。2008年，我国南方遭遇雪灾，振东员工捐款53万元；汶川地震，李安平带领振东队伍，成为山西第一支进入灾区的救援队；玉树地震，振东车队千里奔赴灾区送药品送捐款……

3. 大爱无疆关爱天下

关爱天下是振东社会责任理念的最高层次。家国天下的理想追求是振东永远的梦，随着企业的发展，振东的责任关照开始逐渐由家国向着更广阔的范围延伸。振东的"大健康"产业理念，正引领企业将健康理念和产品引入整个人类社会，作为上市公司，振东未来的企业发展将超越国界，在更广阔的天下为世界人民的生命健康遮风挡雨。

随着企业社会责任项目的持续推进，振东正酝酿着逐步扩展各个项目的覆盖范围，期望伴随着未来企业的大发展，振东也能够像默克制药等国际大企业一样，将社会责任项目推广到全球，使之服务于更广阔范围内的社会福利的增进，实现振东家国天下的终极梦想。

（二）边界之外的行为

出于情感与道义的召唤，企业履行社会责任，往往带有强烈的伦理道德色彩；出于理性与职业的责任，企业履行社会责任，又往往受制于企业利润的约束；那么，二者之间的边界在哪里？或者，履行社会责任的企业行为要有清晰的行为边界吗？对于这样的问题，可能人人都会有原则性的判断，却谁都无法把握好那个其中的"度"，因为，人本复杂，当人的行为受理性与感性共同支配的时候，一定无法划出二者之间清晰的边界，企业履行社会责任亦如此，即便是成熟稳健、监督机制健全、市场经验丰富的国际大企业，也可能只有一个勉强算是边界的预算约束而已。

更多源于感性召唤的振东履责行为，因缘何在？

振东关注人类社会普世价值，如和谐文明的社会秩序、彼此关照的人际关系，尽管在当前社会环境下可能与企业的务实性有所偏离；振东以自己的价值观为指引，有自己履行社会责任的偏好和特点，虽然其未必完全符合企业管理决策的理性。但这正是振东的性格，是振东履责行为的原始出发点。

1. 笃行正义，关注普世价值

一个人或一个企业的本色决定了其行事的基调。笃行正义，关注人类社会普世价值，是李安平及其所带领的振东与生俱来的本色，这种振东特有的超越了企业本质的侠义真情，决定了企业在更高远的精神层面上兀自探索。

振东在被迫转产时，不愿涉足污染严重的煤炭产业，却进入并不具有明显地理优势且完全陌生的高风险制药行业，期望通过企业的勤奋钻研为山西打造一份长远的基业；振东叹惋于今日晋商与昔日晋商的商誉差异，致力于为今日晋商树立一个诚信敬业、以义制利的儒商典范；振东对耳闻目睹的小农意识、贫富差距、奢侈浪费等社会现象深恶痛绝，身体力行着优秀企业的开拓创新、扶危济困、严于律己；不纠缠于企业能赚多少钱，却常常思虑企业能有怎样的建树，企业如何能为这个社会多一些贡献。

2. 理想情怀，超越企业逻辑

崇高的理想往往与清高独立、视金钱如粪土的知识分子相连，而在金钱的气息中运筹算计的商人却是现实世界中最务实最草根的群众，所以古有士农工商的价值序列。纯粹的知识分子可以一生穷困却坚守道义，纯粹的商人可以委曲求全抛弃原则。我们常常钦佩知识分子的铮铮铁骨，却也不时怜惜一些书生的百无一用；我们常常鄙薄商人的唯利是图，却也感谢这个世界因企业的竞争而物阜民丰。所以，当理想与企业合二为一时，在企业的世界里多了一个新的层次——他们区别于纯粹的商人，在理想信念的激励下，创造性地为社会的繁荣进步做出贡献。如福特开创的福特——让汽车成为大众交通工具，乔布斯缔造的苹果——活着就是为了改变世界，马云创设的阿里——为全世界10亿人提供消费平台，等等，他们怀着伟大的理想或梦想，在追求梦想实现的过程中，超越了纯粹企业经营的逻辑。

振东虽是一个算不上知名更不能称之为伟大的企业，却有着与这些企业类似的理想情怀——要为这个社会做点什么，哪怕这

优秀企业的逻辑

些做法有时可能超越了企业经营的逻辑。

很少有企业在刚刚起步的当年就开始回报社会，振东却在公司成立之后的三个月就确定下公司的第一个法定日——敬老日；很少有企业愿意对可能留不住的人才过度投资，振东却投入高昂的费用运作商学院，不对跳槽员工多加苛责；很少有民营企业以如此规模连续多年持续投资社会责任项目，振东却年年月月兢兢业业，保持着六个社会责任项目的持续推进和扩容，并对各种各样的公共危机事件及时援手……

3. 价值观指引，合乎振东思维

佛家云："有因必有果，有果必有因"，哲学名言有："凡存在的，就是合理的"，超越了企业经营逻辑的振东责任观却合乎振东自己的价值观——"与民同富、与家同兴、与国同强"，这是振东一切行为的初始来源。

振东质朴的价值观表达了企业浓厚的济世安民思想，正是这种根源于我国传统文化的价值观指引着企业在利润之上的追求和家国天下的责任感。源于此，才使企业行为即便逾越了企业经营的完全理性，却闪耀着人性的光辉；即便超越了企业经营的逻辑，却因其符合普世价值的逻辑，终将使企业发展与人类文明的前行脚步殊途同归。

四、沉淀的真知——博观而约取，厚积而薄发

惠普曾经的 CEO 约翰·杨说过："我们清楚地表明：利润虽然重要，却不是惠普存在的原因，公司是为了更基本的原因而存在。"

第四章 意在天下 心系苍生——振东社会责任

根源于企业高远的理想和价值观，以社会效益最大化为目标，源于情感召唤，成于理性筹策的振东社会责任体系，在为社会带来福祉的同时，也为企业竞争力的积累播下了收获的种子。不以利润为目标的企业社会责任行为，却因其符合企业最基本的存在原因，而使企业基业长青。

"博观而约取，厚积而薄发"，一个欲永续成长的企业只有将企业竞争力置于责任的框架内，才可能由能够担当社会赋予其的角色责任而积累起履责的能力，才可能经由履行社会责任能力的积淀培育起企业长久的核心能力和竞争优势，立足社会责任，在市场上找到自己的位置。

社会责任意识与行为是一个完整的体系，社会责任意识、社会责任能力和社会责任行为三个方面相辅相成、相得益彰。社会责任意识即"要负责"，是使命的召唤，是体系的基础；社会责任能力是"能负责"，是素质的体现、培育的结果，是体系的核心；社会责任行为就是"去负责"，是行动的落实，是责任的具体表现，如图4-6所示。

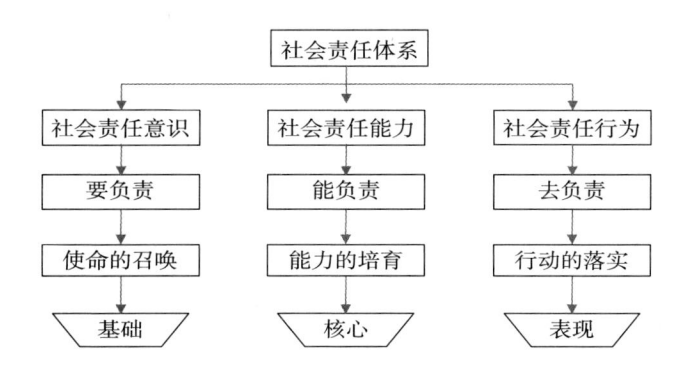

图4-6 企业社会责任体系图示

优秀企业的逻辑

（一）使命的召唤

社会责任体系的构建首先需要企业家和员工有强烈的"社会责任意识"，从内心之中感受到浓浓的呼之欲出的大爱情怀，自觉、自愿地对所有利益相关者、对社区百姓、对贫弱群体说"要负责"，对家乡、对祖国、对世界承诺"要负责"。这种情怀、这种担当责任的意识来源于企业使命的召唤。

企业使命是企业在社会经济发展中所应担当的角色和责任，是企业的根本性质和存在的理由，是企业生存的哲学定位和经营观念。振东自成立以来就将"服务社会、奉献人民、开发产业、富强国家"作为企业的使命，这一使命是发自内心的、自觉的、真诚的，振东的所有行为都以这一使命为原点。

1. 为善至乐——利润之上的追求是履行社会责任的最大动力

爱默生说："责任具有至高无上的价值，它是一种伟大的品格。在所有价值中它处于最高的位置。"

在1993年，李安平筹资兴建了第一座加油站，取名"振东"，当时的理想是为了振兴他的家乡"东和村"，随着企业的发展壮大，振东的含义逐渐延伸，"富强祖国""振兴东方"成为李安平和他的企业追求的豪情梦想。

振东为家乡的美好建设承担了太多的义务和责任，修缮马路、改造电网、完成自来水工程、投资老年活动中心、义建卫生院、兴建"振东中学"和"振东希望小学"等等，此等善意、善举、善行，让家乡人温暖、自豪。

振东将扶困济贫常态化、规范化，"扶贫济困日""冬助日"

"敬老日""中华仁爱天使"等组织有序地进行，持久地感染着所有的人，整个社会为之感动，学会感恩。

振东的责任是心系整个国家的，南方雪灾、汶川地震、玉树灾情，振东总是冲锋在前，捐款捐药、献血献情。人间自有关怀、振东播撒大爱。

振东在每一次慈善的活动中得到满足，社会责任是振东人的主动担当，是振东人为之奋斗的使命追求。为善至乐、责任当头，利润之上的追求是振东履行社会责任的最大动力。

2. 责己至严——诚信自律是展现社会责任的坚强后盾

作为一种主要以自愿性为主的信息披露机制，社会责任报告在一定意义上是衡量一个企业社会责任状况的重要标志，也是企业和相关利益者沟通信息和接受监督建议的最直接、最有效的重要渠道。企业向公众披露社会责任报告，对于促进公众及投资者了解企业对社会的贡献情况，倡导社会责任价值投资具有重要作用。

2013年年初，振东发布了首份企业社会责任报告——《山西振东制药股份有限公司2012年度企业社会责任报告》，主旨是"向公司的利益相关者披露山西振东制药股份有限公司2012年度在生产经营、节能环保、员工关怀、社会公益等方面的社会责任实践活动，以此增进与各利益相关者的理解和沟通，帮助利益相关者深入了解公司对其期望与利益的回应和反馈。"该报告从"管理、市场、环境、社会四个方面系统叙述了公司的履责理念和行为，并由会计师事务所出具"社会责任鉴证报告"、长治市慈善总会作出"报告评价声明"、第三方进行了第三方评价。报

优秀企业的逻辑

告重点披露了振东制药股份有限公司在 2012 年度有关企业社会责任的正面与负面信息，其诚信、阳光、责任的企业文化在报告中真实可鉴。

随后，振东又主动发布了《山西振东实业集团有限公司 2012 年度企业社会责任报告》，将责任的使命同步到集团公司的各个单位。科尔顿说："人生中只有一种追求，一种至高无上的追求，就是对责任的追求。"企业如是。振东对社会责任的追求是使命的召唤，也正因此，企业才能以严格的自律要求来尽职尽责，也才有足够的自信展现自我。

（二）能力的培育

社会责任的担当是需要能力来支撑的。囊中空空、经验平平，只凭着一腔热情和几份冲动是不能够落实责任的。所以在拥有了强烈的责任意识和担当的勇气之后，每个企业还必须努力提高自己的社会责任能力，以真正做到"能负责"。

责任能力的形成，需要在知识的积累中，融会贯通；需要在实践的感悟中，不断提高。做好自己、做强自己；挖掘人才、培育人才；设立机构、建章立制，方能练就担当责任的能力。

1. 一屋不扫何以扫天下——做好自己是企业履行社会责任的基础

1997 年，英国学者约翰·埃尔金顿（John Elkington）最早提出了三重底线的概念，他认为就责任领域而言，企业社会责任可以分为经济责任、环境责任和社会责任。承担社会责任必须以充分的经济能力为保障，一个善待员工、保障质量、诚信经营、利润充足的企业才有能力、有资格去承担更多的、更大的社会责任。

企业首先要做好自己，保证企业良好运营，以持续提供给市场有价值的产品，进而实现创造税收、促进就业、改革创新、提高效率等功能。振东通过充分的调研、敏锐的观察、机会的把握、智慧的经营和优秀的管理，取得了如今辉煌卓越的喜人业绩。振东慷慨而有底蕴、有气势地做出承诺：每年固定拿出企业利润的10%用于公益和慈善事业。振东的经济能力是承担社会责任的基础，而振东对社会责任的担当也进一步加强了员工的凝聚力和战斗力，企业盈利能力表现更强。扫得一屋，方能去扫天下。

2. 非学无以广才——人的能力是企业社会责任行为卓有成效的关键

非学无以广才，非志无以成学，卓有成效的社会责任行为是信念加努力的结果。振东超强的、独特的培训机制使进入振东的员工迅速成长，能力大大提高。振东将整个企业办成了大学，每个领导者都是最好的培训师，辅导下级茁壮成长。"振东商学院"的成立，"1+2"导师带培制的实施、"2+2"全员培训制的规定、内部职称制的形成、轮讲轮训制的创设，所有这些都为员工提供了全方位的、良好的学习环境。更为首创和深入的是，2013年11月，振东开展了如火如荼的全员"素质革命"，此次运动旨在打破个人和企业发展中的素质瓶颈，用"写"提炼智慧，用"讲"优化思维，用"算"条理思路，实现员工素质提升，企业持续发展的目标。在当月的"经理论坛""员工论坛"中，设立了"如何理解振东素质革命""如何通过学习和践行'写、讲、算'推进素质革命"的论坛主题。大家通过学习、讨论、交流更加明晰了"素质革命"的意义，厘清了"素质革命"的思路，纷纷表示要将"素质革命"进行到底，全面提升个人和团队素质，以实际行动为企业发展做出贡献，为"振东梦"增辉，为"中国梦"添彩。

进入振东，访谈间处处感受到振东人的表达和理解能力，他们享受学习的过程，渴望学习的激情，常常让访问者感慨并感动。

此外，成立专门的组织机构，建立社会责任管理体系和相应的规章制度，也是提高社会责任能力的重要方面。

（三）行动的落实

一个负责任的企业，应该积极主动地去做该做的事情。离开具体的行为无法体现责任意识的强弱，也无法判断责任能力的大小，责任本身便失去了应有的意义。负责任不仅仅是一种态度，更体现在责任行为的落实中。

企业的社会责任不仅仅是"做一点慈善"、也不仅仅是"危难之处显身手"，企业的社会责任中包含着家庭责任和工作责任，更包含着与企业文化、战略、创新的契合。

1. 从家庭责任、工作责任开始——社会责任行动落实的起点

我们的家庭需要责任，因为责任让家庭充满爱；我们的企业需要责任，因为责任让企业更具有凝聚力、战斗力和竞争力；我

第四章 意在天下 心系苍生——振东社会责任

们的社会需要责任，因为责任能够让社会平安、和谐地发展。社会责任的落实首先从家庭责任和工作责任起步。家庭安稳，工作才能踏实；工作认真，质量才有保障；质量过硬，企业才能盈利；企业成功，对社会才能尽责。

振东倡导家庭责任，除了日常工作和生活中体现对员工、对家庭的关爱外，还常常提醒员工常回家看看。公司每年拿出200余万元设立"敬孝金"，按月按户寄发给不与员工在同一地市生活的父母，替全国学术代表的父母，替奔波于全国市场的兄弟姐妹们，替不在父母身边的所有员工尽孝。践行传统文化，传递振东关爱，振东的员工和远方的父母常常为此感动，在和谐的家庭氛围中彼此督促着要为企业好好工作，尽职尽责。

对于工作，振东的员工更是"丝缕求细、点滴求真"，他们知道，工作责任的落实是企业成功的前提；工作责任的承担是质量责任的基础；工作责任本身是社会责任的一个重要组成部分。

振东的每一项基础工作中都凝聚着员工的工作责任，日记、短信、论坛、案例、短文之中处处浸润着振东员工的工作责任观。

振东慧利：只有将责任植根于内心，让责任成为我们脑海中一种强烈的意识，让责任成为我们最强大的工作动力，才能在振东制药的平台上发光发热。质监工作的责任让我们对待自己的工作多了奉献、少了索取，多了严谨、少了散漫，多了认真、少了随意，多了主动、少了推诿。让责任成为我们生命的支撑，牢记职责，敢于担当，一切将尽善尽美。其实不同的人生阶段，演绎着我们生生不息的生命与责任。生活中挫折很多，我们要勇敢面对，因为每个人肩上都有太多的责任，当我们克服一切困难承担起属于自己的责任时，不知不觉间，心灵也会因有责任心而高尚。而做好自己的本职工作，就是承担一份最重要的责任。让我们将责任融入生命，人生会因此而美好，振东也会因为有我们这些敢于承担责任的员工而蒸蒸日上！

振东瑞珍：正是由于药品不是普通商品，其质量会直接关乎人的健康与生命安危，其质量的高低才会更加引人关注，对其质量情况更是关注有加，也正是由于其特殊性，质量一般人难以判断其质量优劣，更需要制药企业与制药人的诚信和觉悟，保质保量地精心地生产出每一粒、每一袋、每一支、每一盒的药品来，让患者用上放心药，让我们的药品成为维护健康、呵护生命的灵丹，给企业带来效益、家庭带来幸福的妙药，为了社会的安定和谐，国家的复兴昌盛，奉献我们制药人的希望和爱心，这就是觉悟。把这个觉悟化作工作的动力，把这个觉悟化作管理的手段，把这个觉悟化作生产的技能，把这个觉悟化作质量的意识，深深地扎根在我们每个人的脑子里，这才是觉悟实实在在的体现。

2. 嵌入文化、战略和创新——实施独具特色且富有竞争力的社会责任行动

履行社会责任不应该是妨碍企业目标、损害企业利益的沉重负担，而应该是可以促进企业战略目标的实现和竞争力提升的有效途径。企业履行社会责任因其改善公众形象，提高企业知名度、美誉度、增强企业与社会的和谐度，吸引消费者，为企业发展创造更广阔的市场。

对社会责任的承担需要企业具备较强的对外影响能力和对内控制能力，这需要企业以良好的企业形象、优秀的企业文化、卓

越的战略和持续的创新作为保障。在践行社会责任观念的行动中，应该重视从文化、战略和创新中寻求社会责任和竞争力的结合点，把履行社会责任的特色行为作为培育责任竞争力的有效途径。

宝马"BMW儿童交通安全训练营"项目、卡特彼勒的"再制造"技术、戴尔的"互联课堂"、惠普"科技助力环保"、佳能的"影像公益"等成功案例的经验表明：企业只有将社会责任融入企业文化、战略和创新实践中，才能取得深远而有效果的影响。将社会责任理念融入企业的使命、价值观和愿景，社会责任才能真正成为企业发展的内在要求和重要动力；将社会责任纳入到企业的发展战略，超越利润的追求，考虑战略与社会、环境的和谐，企业方能基业长青、实现可持续发展；将社会责任的内涵、边界、行动不断创新，并以组织创新、管理创新、技术创新的实践真正落实社会责任，才会使行动更富影响力和竞争力。

五、希望的田野——天下本无涯，苍生牵我心

振东意在天下，心系苍生的社会责任理念和行为，使企业精耕的社会责任田园既生机盎然又异彩纷呈，成为企业枝繁叶茂的背景下独特的秀丽风景。然而，任重道远，在未来希望的田野上，振东将以不变的信念，持续探索。

天下本无涯，苍生牵我心，振东以此为念，探索与前行的脚步永不停歇。

优秀企业的逻辑

（一）逐渐显露的与人类社会可持续发展紧密相关的社会责任观

当人类社会的可持续发展正越来越受到各种各样生态环境问题的困扰而日渐显露危机时，企业社会责任正越来越凸显出对环境责任的重视和关注，国际优秀企业除了在社区或社会民生责任方面务尽关怀外，已将环境责任列入企业必需的责任范畴来呵护地球的未来，甚至将此作为企业创新的新领域与业务工作同步推进。

振东以标杆企业为榜样，在履行社会责任的探索之路上，也已开始逐渐显露出与生态环境相融合、为生态环境的改善负责任的观念与行为，企业在环保方面的投资逐渐增多，与环境相关的社会问题正在列入企业的日常工作，更好地履行企业的环境责任将成为企业未来履责工作持续改进的重点。

（二）放眼全球、关爱天下的责任理念

国际优秀企业大多心怀天下，以全球为视野，在一个广阔的范围内将履责项目推向深入持久。

振东家国天下的社会责任层次虽已渐成气候，但囿于企业实力所限，目前企业的社会责任行为仍以国家为限，甚至以山西为限。2011年制药股份公司上市之后，开始逐渐扩展社会责任项目的范围，有些项目开始走出山西，有些项目将逐步走向全球，借鉴国际优秀企业的经验，通过履责行为展现企业作为公众公司、服务于整个人类社会的责任理念。

第四章 意在天下 心系苍生——振东社会责任

还是引用德鲁克的话："未来，企业的首要社会责任，将不同于今天所讨论的社会责任，创造那种能够独自提供未来工作岗位的资本，这成为越来越重要的责任。"振东的大健康事业意在天下苍生的健康，中药的国际化是振东最具体的事业理想，如何创造出未来中药产业的崭新天地，为未来社会提供一种孕育新的生产力的资本，将是振东未来最重要的社会责任。

"人文精神和经济效率并不是互相排斥的，从长期来看，是彼此互补的。"振东正以自己的社会责任行为实践着这一论断！

第五章　企业优秀的基因
——振东企业家

一个企业只能在企业家的思维空间之内成长，一个企业的成长被其经营者所能达到的思维空间所限制！

——彼得·德鲁克

一、优秀的企业都是由优秀的企业家打造的

经济增长是现代社会发展的主旋律，企业家在这一过程中发挥着至关重要的作用。正如熊彼特所言："企业家是经济发展的发动机，是经济发展的源泉"。企业家把各种生产要素组织起来进行生产，并通过不断创新改变其组合方式，实现国民经济的迅速增长，企业家是经济增长的国王，尤其对于发展中国家，企业家资源短缺是其经济起飞的主要瓶颈。

管理大师德鲁克曾说："一个企业只能在企业家的思维空间之内成长，一个企业的成长被其经营者所能达到的思维空间所限制"。优秀的企业家不一定能创造优秀的企业，但优秀的企业一

第五章 企业优秀的基因——振东企业家

定是优秀的企业家打造的。当微软、苹果、Facebook、联想、腾讯、阿里巴巴等优秀企业的名字映入眼帘时,我们会不假思索地联想到比尔·盖茨、乔布斯等这些优秀企业的优秀企业家。企业家是企业的灵魂,是企业的人格体现。正是这些优秀的企业家,依靠他们的个人特质与能力,打造了我们当下耳熟能详的优秀企业,经由这些优秀的企业,优秀的企业家实现了他们的人生梦想,同时,也改变了我们的世界,改变了我们的生活。

优秀的企业家善于发现并抓住市场中翩然而至且稍纵即逝的机会,他们对市场机会具有敏锐的洞察力,能够洞察市场中潜在的不均衡。作为生产者,企业家介于资源市场和产品市场的连接点上,他们的职责就是发现产品市场中未被满足的需求,并据此寻找、整合及充分利用资源市场上未被充分利用的闲置资源。比尔·盖茨的微软公司起初也仅仅是一家非常普通的微小企业,但当盖茨受邀向"蓝色巨人"IBM 公司即将开发的新型个人电脑提交一份操作系统方案时,即便当时微软既没有现成的操作系统,也没有时间开发 IBM 所需要的那种操作系统,他还是毫不犹豫地对 IBM 的负责人说:"是的,马上!"盖茨之所以这样做,就是因为他意识到这是一个巨大的机会。最终,盖茨找到了一家已经完成了开发电脑操作系统的西雅图电脑产品公司(Seattle Computer Products),并以 5 万美元的价格买下了 86 – DOS 操作系统的全部版权,并将其更名为 MS – DOS。在硬件昂贵、软件并不为人们所注意的时代,盖茨相当有远见地抓住了这次绝佳的机会。今天,微软的操作系统已经占据了全世界 90% 的个人电脑市场,可以说,那次机会,对微软的发展是至关重要的。

优秀企业的逻辑

优秀的企业家具有极强的创新能力。他们要破坏现存的规范化和程序化的东西，用新的规范和程序取而代之。他们通过技术创新、市场创新、管理创新等实现更高的企业利润，带领企业在激烈的市场竞争中勇立潮头，同时也引领着行业的发展方向。苹果公司的核心文化是自信、创新、关注细节，乔布斯"活着就为改变世界"。他的一生至少五次改变了世界：一是通过苹果电脑Apple–I，开启了个人电脑时代；二是通过皮克斯电脑公司，改变了整个动漫产业；三是通过iPod，改变了整个音乐产业；四是通过iPhone，改变整个通讯产业；五是通过iPad，重新定义了PC，改变了PC产业。正是乔布斯几近疯狂的创新精神，苹果才有了今天令万千民众敬仰的地位。

优秀的企业家都非常看重战略，战略决定效益，策略决定效率，正确的战略比执行到位重要得多。方向都错了，再努力有什么用？优秀的企业家就是要引领企业在激烈竞争的市场海洋里朝着正确的方向扬帆远航。联想柳传志著名的管理三要素"搭班子、定战略、带队伍"，企业界几乎人人皆知。柳传志在2011年中国民营企业500强发布会上的讲话也充分表明了他对"定战略"在联想今天所取得的巨大成绩中的重要作用："回想2000年，联想在电脑行业已经占了30%的市场份额，但是我们如果不积极并购，就不可能像今天这样进入500强；联想控股，如果不及时进入到投资领域，我们就没有更大的资金力度保证我们联想集团的发展，今天我们就不可能有更大的战略部署。"

优秀的企业家还有其他众多的特质与能力，正是这些特质与能力，使得企业家将企业打造为一个优秀企业。国内外众多学者

第五章　企业优秀的基因——振东企业家

对企业家所应具备的特质与能力做了细致的研究，并对其进行了归纳总结，如：成就动机、成败归因、自我效能感、洞察力、机会能力、创新能力、关系能力、管理能力、战略能力、学习能力等等。同时也分析了企业成长的不同阶段企业家需特别关注的能力，如创业期应具备较强的资源获取能力、分析与判断能力、机会捕捉能力；守业期应具备较强的资源配置能力、团队建设能力、文化营建能力；展业期应具备较强的资源整理能力、市场创造能力以及资本运作能力[①]。但以往研究大部分都忽视了两个重要问题：一是环境对企业家成长的影响。撇开企业家成长的土壤去分析企业家成长的过程，其现实意义就犹如空中楼阁，望之美丽，却无路可循。唯有结合特定的背景去分析企业家的行为与决策，才能更透彻地理解企业家成长的前因后果，也才能明晰企业成长为优秀的历程，借此才能为创业企业家以及挣扎于企业发展瓶颈的企业家提供具有实用价值的建议。二是企业家各种特质与能力之间并不是相互割裂、互无影响的。如果能将众多繁杂的企业家特质与能力梳理清楚，研透它们之间的相互作用机理，那对于推广优秀企业家的成功经验更具可操作性。

　　振东集团自成立之初到现在，披荆斩棘，历尽艰辛，终于成长为享誉全国的优秀企业。振东集团辉煌的今天与其掌舵人——李安平的奋斗是密不可分的。熟悉振东集团的人，在感慨振东集团的成功时，更多地会感慨李安平创业的不易，钦佩李安平在振东集团每个关键发展时期的重要决策。李安平这位土生土长的长

---

① 宋培林．企业成长过程中的企业家胜任力结构余缺与叠加跃迁机理探析 [J]．管理世界，2011，11：180－181

治县汉子，是如何成长为一个优秀的企业家呢？他的成功是否可以复制？他的成功是否可以学习？本研究将通过案例分析深入研究振东集团董事长李安平在特定环境下的成长历程，从企业家特质及能力的视角分析李安平缔造优秀振东集团的过程，并分析企业家特质及能力的作用机理。通过这样的分析，试图回答这样两个问题：一是什么样的企业家才是优秀企业家；二是为什么优秀企业家是企业优秀的基因。

二、优秀的企业家都有其独特的生成环境

人非生而知之者，李安平也并非生而即是一个优秀的企业家。李安平的成长与其个人努力有着很大的关系，当然也与其所处环境有很大关系。无论是历史环境对他的熏陶，还是市场环境给予他的磨砺与机遇，这些要素都在潜移默化地影响着李安平。分析李安平成长的环境，能更深刻地理解李安平在创业过程中的重要决策，进而能更透彻地理解振东集团优秀的基因。

（一）历史环境——商业底蕴是孕育优秀企业家的土壤

1962年，李安平出生于山西省长治县。长治古称上党，取其处太行山之巅，几与天为党之意。如此崇山峻岭，却未阻挡住晋商奋发图强、勤劳致富的脚步。长治人虽未能站在太行山之巅触摸浩瀚的苍穹，但是却曾站在了经商的顶峰俯览天下。上党地区以其独特的地理位置，在战国时期就成为韩、魏两国必走的通商之路。盛唐之时，上党因独特的煤铁优势成为北方的冶炼中心。

第五章　企业优秀的基因——振东企业家

北宋熙宁二年（1069年），宋神宗支持王安石变法，在河东潞州（长治）设置交子务，潞州交子是我国在北方地区发行、流通的最早纸币。元朝末年，潞州荫城的铁货就由一位叫李执中的官商带入北京，初展潞铁的风采。明清两代至民国时期，晋商成为纵横驰骋于中国经济大舞台上的商队，潞州商人是晋商的重要组成部分，也是一支最早发迹的商帮劲旅。明人沈思孝在《晋录》中指出："平阳（临汾）、泽（晋城）、潞（长治），豪商大贾甲天下，非数十万不称富。"[1] 潞商以善抓商业契机、有眼光、肯吃苦、会管理的优点在明清、民国数百年的历史中创造了辉煌，在盐、铁、丝绸等领域闻名天下。

明洪武三年（1370年），为安国镇邦，明王朝实行了"纳粮中盐"的开中法，晋商借此契机一跃而起。开中法，即商人运输军用物资到指定边镇后，由政府给予一定数额的盐引，商人凭引支盐，再到指定区域销售获得盐利。北宋王景说："池盐之利，唐代以来，可以半天下之赋。"[2] 明清时，有一种说法："天下第一等贸易为盐商。故谚云：一品官，二品商。商者，谓盐商也，谓利可坐获，无不致富，非若他途贸易，有盈有缩也。"[3] 由此可见，在食盐专卖制度下，盐商有着高额的垄断利润。在利益驱动下，靠近运城盐池的平阳、泽潞等地的商人热情最高，并最终垄断了全国的盐业，成为"蓄资以七、八千万计"[4] 而甲富天下的大贾。

---

[1] 常福江．《晋商全览·潞州卷》序
[2] 续资治通鉴长编（卷97）
[3] 石骏．汇通天下的晋商．杭州：浙江人民出版社，1997
[4] 常福江．《晋商全览·潞州卷》序

215

优秀企业的逻辑

长治县荫城镇铁货，久负盛名。资料显示，荫城铁器制作始于春秋战国，汉时已初具规模，明、清尽显辉煌，素有"天然铁府，万里荫城"之美称。明洪武五年，政府在全国设有铁业所13处，山西有5处，荫城便是其中之一。至清乾隆年间，荫城铁业空前繁荣，荫城周围的130余个村庄，户户有铁炉，人人会打铁。时有一文人写下一副对联：炉火刺破夜幕，与星光同辉；锤声惊动人眠，与鸡鸣互闻。当时的情景可想而知。[1] 以荫城为品牌的上党铁货广销于全国各地，甚至销往朝鲜、不丹、尼泊尔、波斯、俄国等10多个国家[2]。民谚"千里荫城，日进斗金"，行销海内外的铁货为荫城带来了丰厚的收益，年交易额高达一千万两白银[3]。清朝咸丰末年，长治县经坊村的陈家发展成为铁货商人里的龙头老大，在京城开有四处铁货门面，另在天津还开有两处。民国时从京师到潞州沿路都有陈家的铁货买卖。据说铁货巨商陈慎德的资产经过三四代人的积累，达到了上亿两白银[4]。

朱元璋第21个儿子沈王就藩潞安府后组织机户生产绸缎，由于生产出的潞绸精美，被列为宫廷贡品，与苏杭丝绸齐名。明朝最盛时，潞安府有机织1.3万多张，除朝廷派造的3000匹外，还有

---

[1] "大铁商"陈慎德家的传说 http://www.czxnews.com/czxnews/wenhua/shanshuimingsheng/2014-03-20/4050.html

[2] 宋丽莉，张正明. 浅谈明清潞商与区域环境的相互影响［J］. 山西大学学报（哲学社会科学版），2008，01：134-137.

[3] 解读潞商李安平，长治日报新闻摄影周刊，B5版：特刊，2012年4月10日

[4] 雨水，李沿. 潞商财富神话两百年，山西青年（新晋商），2007年3月10日，Z1：62-65+67-76.

第五章　企业优秀的基因——振东企业家

相当一部分潞绸进入市场，当时百姓人家、达官贵族，甚至皇帝赏赐都以潞绸为稀贵之物，潞安府也因此成为北方最大的织造中心。明人郭子章曾说："潞城机杼斗巧，织作纯丽，衣被天下"。①

　　沧海桑田，时过境迁，至民国时期，由于多年的战乱，封建社会的重利盘剥，官吏的巧取豪夺，潞商整体出现衰微迹象，铁业凋零，潞绸几近绝迹，明清时叱咤商场的风光已然无存。20世纪50年代，山西的综合经济水平在全国各省区排第七、八位，到了六七十年代，仍然保持着一个中上游的水平，差距拉得并不大。但是，进入改革开放以后，这个差距越拉越大，1990－1994年，在直接反映人民生活水平的人均收入指标上与全国平均水平的差距由242元扩大到934元，占全国平均水平的比重由82.6%下降到70.6%，排名跌至倒数第一位。山西是资源大省，改革开放后被确定为能源重化工基地，但是山西并没能很好地利用自身的资源优势，反而受资源所困，形成了"贡献多、牺牲大、收入少"的发展模式。曾孕育了无数富商大贾的长治也未能异军突起，反而成为山西经济落后的重要推手。1994年，长治市国内生产总值绝对值为781697万元，在全省6个省辖市中虽然排名第三，但是人均国内生产总值却是2620.95元，排名倒数第一，分别比太原市低4335元，比大同市低1505元，比阳泉市低1506元，比朔州市低1093元，比晋城市低1134元。城镇居民人均可支配收入绝对值在六个省辖市中，排名倒数第二，分别比太原市低830元，比大同市低474元，比阳泉市低605元，比晋城市低

---

① 郭青螺先生遗书（卷16）. 圣门人物志序.

381元。比周边相邻的新乡市低810元，比邢台市低934元，比邯郸市低759元，比沿海发达的温州市低3068元。

长治，曾孕育出无数的商业精英，积累了富可敌国的财富，培育了诚信、进取、敬业、团结的晋商精神，在悠悠的历史长河中已进化出了奋进的商业基因。虽然新中国成立后及改革开放后长治市的经济发展并不如人意，但知耻而后勇，新潞商的征程已然悄悄起步，新的商业宏伟篇章也正在慢慢铺开。

（二）现实环境——民营企业家"生"易"存"难

改革开放后，百废待兴，神州大地到处蕴藏着巨大的商机，企业家们犹如破土的嫩芽，急切地吸收着阳光与雨露，蓬勃地生长着，尤其是邓小平1992年南方谈话以后，市场经济的步伐迈得更快，更多的人成为企业家，步入了创业的大军。

转型经济中，市场环境的优劣在很大程度上决定了企业家施展能力的机会和意愿，并最终表现为一定的企业绩效[①]。中国各个地区由于地理位置、改革开放的先后、经济发展水平等原因，不同地区的市场环境相差甚大，呈现东部好于中部，中部好于西部的状况。樊纲、王小鲁和朱恒鹏将市场化进程分为5个方面，分别是政府与市场的关系、非国有经济的发展、产品市场的发育程度、要素市场的发育程度以及市场中介和法律制度环境，他们的研究对我国省、自治区、直辖市的市场化相对进程做出了一个

---

① 孙早，刘庆岩. 市场环境、企业家能力与企业的绩效表现——转型期中国民营企业绩效表现影响因素的实证研究 [J]. 南开经济研究，2006，02：92-104.

第五章 企业优秀的基因——振东企业家

基本判断。从樊纲等人的研究中可以发现，山西省的市场环境并不容乐观。如图5-1所示展现历年山西省市场化指数与全国市场化指数平均值情况。

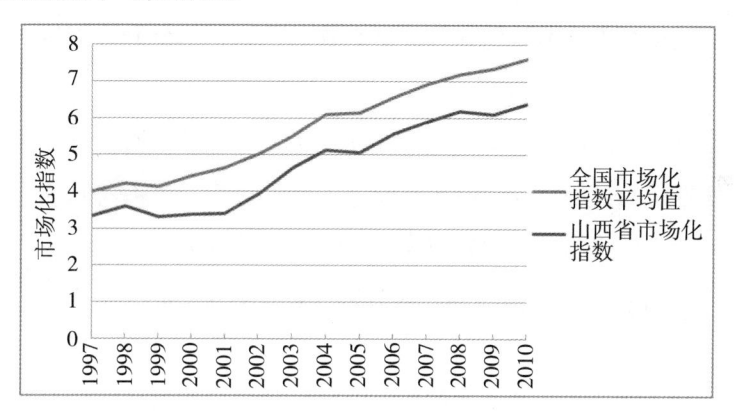

图5-1 历年山西省市场化指数与全国市场化指数平均值

由图可以看出，山西省市场化指数逐年递增，但历年都低于全国市场化指数平均值。其中1998年左右差距相对较小，2001年左右以及2009年左右差距相对较大，这是从总量上的一个比较。从名次上进行比较，山西的市场化程度也不乐观，如图5-2所示。

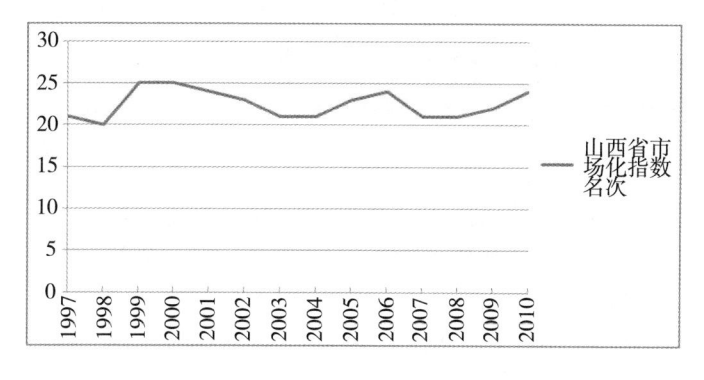

图5-2 历年山西省市场化指数名次

219

优秀企业的逻辑

在31个省、自治区和直辖市中，山西省的市场化程度一直处于末游。自1997年起，一直徘徊于第20~25名之间，位置变化不大。随着改革开放的不断深入，山西省的市场化程度不断提升，但相对于全国其他省份，山西省的市场化程度并没有突破性进展。

以上是山西省的市场化程度综合指数，虽然反映了振东集团所处省份的市场环境，但缺乏较为深入的分析。下面将从三个方面来深度说明振东创业之初及之后的市场环境状况。

1. 行贿受贿蔚然成风，企业家缺乏正常经营企业的市场环境

一个廉洁、高效、运作透明的政府是市场正常运转的必要条件。如果政府机关办事效率低、规章制度和手续繁杂、政策和操作不透明，甚至某些政府工作人员滥用职权向企业和居民寻租乃至敲诈，都会给企业造成额外的负担，导致市场的扭曲。企业主要管理人员不得不在企业管理和市场活动之外经常花费大量时间、精力和财力与政府部门及其人员打交道，成为企业的一项沉重负担。另一方面，也有少数不法企业通过拉拢收买政府工作人员，扰乱正常的市场竞争环境，谋取额外的利益。樊纲等人的研究，使用企业主要管理者在与政府部门和人员打交道的时间占其工作时间的比重这一企业抽样调查数据，来近似地度量政府对企业的干预程度。山西的情况如图5-3所示。

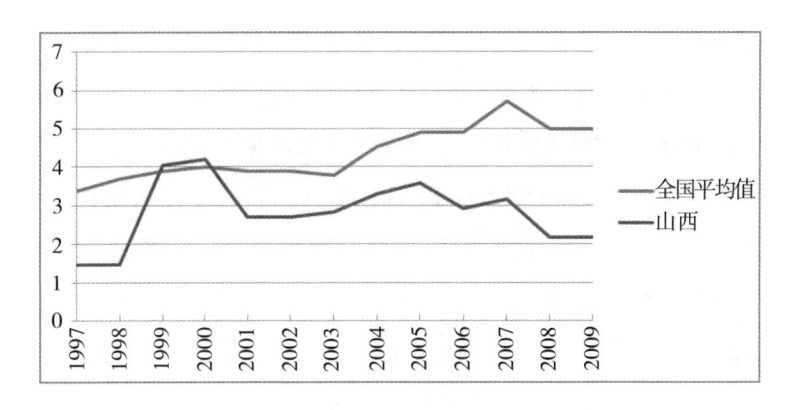

图 5-3　减少政府对企业的干预程度指数

由图可以看出，山西省在减少政府对企业干预程度上的表现远低于全国平均水平，仅仅在 1999 年及 2000 年时略高于全国平均水平，说明政府严重干预了企业的经营，使得企业无法按照市场规律来经营企业，使得企业领导者将花费更多的时间与精力来经营与政府的关系，如此，企业家不仅要承担企业内部的"大内总管"角色，同时还要承担"外交家"的角色。虽然樊纲等人的研究未能精确到市一级层面，从而无法看出振东集团所处的长治市其政府对企业经营的干预程度，但一方面长治市身处山西省，其表现应该不会偏离省情太远；其次，从相关的文献中也可以看出长治市当时的政企关系，如"90 年代，每逢过年过节，常委领导住的 0 号院路灯就自动熄灭了。路灯就像信号一样，灯一灭，送礼的人就开始忙碌起来。你来我往，有进有出，谁也看不清谁，谁也不盘问谁，大家心照不宣，各行其是。[1]"李安平也曾对

---

[1] 吕日周. 长治，长治，一个市委书记的自述 [M]. 工人出版社，2003.2

当时的政府与民营企业之间的关系做了形象的比喻:"在政府眼中,民营企业不是后娘养的孩子,而是仇人家的孩子。"

2. 政务环境死气沉沉,缺乏为经济发展保驾护航的动力

龙年岁首的 2000 年 2 月 12 日,中共山西省委任命吕日周为中共长治市委书记。他的履新,为长治市带来了一股清新的空气;他的施政,为长治市营造了良好的市场环境,为民营企业能更好地"唱戏"搭起了一个良好的"舞台"。但吕日周主政长治市之前,长治市的政务环境却是死气沉沉,领导干部不作为,缺乏为经济发展保驾护航的动力。

彼时的干部不仅"懒",而且不作为,遇事相互推诿,行政效率非常低,且这样的干部作风根深蒂固,已成沉疴痼疾,一时很难扭转。吕日周在谈到改变干部作风时有一段话:"各级干部都要带。带不动也要带,哪怕拉车的绳子勒到肉里,也要拼命地往前带。"由此可见长治市当时改变干部作风有多难。下面这个案例更可作为佐证:

案例:一个茶商引出的"如何创造环境"?

2000 年 2 月,河南信阳一个茶商投宿在长治市九州宾馆(一个民营企业),早晨起床,发现手机不见了。在与宾馆服务员及经理交涉未果后向辖区派出所报案,派出所民警既不登记,也不受理,冷冰冰的面孔让这个外地人不知所措。迫于无奈,3 月初,该客商 2 天之内向吕日周书记连写三封信,批评吕日周书记"在创造环境"中不敢动真,不敢抓具体问题①。为此,吕日周决意

---

① 吕日周书记在 2000 年 2 月召开的全市经济工作会上,提出了"政府创造环境,人民创造财富"的口号。并且把 2000 年定为长治市的创造环境年。

把这件事在媒体上公开曝光，让全市人民以此为鉴，都来关心环境、创造环境，并且亲自向长治日报社总编辑批注了对此事的处理意见，要求将稿件发表于第二天长治日报的头版头条位置。但市委办公厅认为这样做不妥，理由是："服务行业不容易，一曝光就伤了元气。九州宾馆是一个民营企业，这几年才在长治有了点名气，要是见了报，不仅会对这家企业产生副作用，还会影响到全市民营企业的发展。"吕日周反驳说："你这是强词夺理，是典型的官僚习气作怪！我们天天说'政府创造环境，人民创造财富'。什么是环境？人人是环境，处处是环境，点点滴滴都是环境！连一个外地人都容不下，连一个客商反映的问题都不敢去碰，还创什么环境？还讲什么创造财富？长治的企业是企业，难道外地来的企业不是企业吗？难道把来长治投资做生意的人吓跑了，都赶走了，这就叫环境吗？"

最终，吕日周还是"妥协了"，做出了在长治的第一次让步。同时，九州宾馆也妥善处理了此事。从这件事，吕日周感到："长治改变环境之难，不在环境本身，而在于根深蒂固的干部作风。打不破这个壁垒，就无环境可言，更无发展可言。"

3. 金融环境恶化，企业缺乏"生"与"长"的良好环境

1988年9月26日，十三届三中全会确立了实行紧缩计划的经济政策，为的是解决自1984年开始的通货膨胀问题。为此，政府降低了增长目标和支出，减少了货币供应，收紧和强化了财政控制。结果是国民生产总值的增长率从1988年的11.2%降至1989年的3.9%。为此，邓小平在1992年以87岁的高龄南巡，先去武汉，然后是深圳、珠海和上海，在这些地方成功点燃了扩

大市场开放和加快发展的大火。此后，更多的地方投资和建设项目得到了批准，中国取得了世界上史无前例的增长率。

南巡所吹出的改革春风，让中华大地上的万物重新复苏，李安平正是抓住了这个历史机遇创立了他的振东加油站。但同时由于多种原因，山西并未能很好地抓住这个历史机遇，为民营企业的发展创建良好的生存发展环境，尤其是金融环境。如图5-4所示为1992—2011年山西、广东及全国平均各项贷款水平情况。

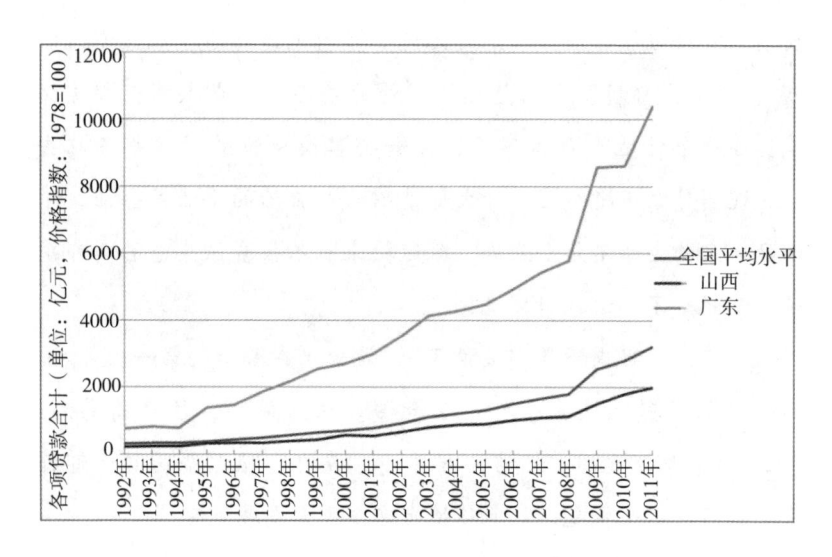

图5-4　1992—2011年山西、广东及全国平均各项贷款水平

由上图可以看出，山西省各项贷款合计自1992年至2000年与全国平均水平相当，但2000年之后与全国平均水平的差距开始拉大，且有逐年增加的趋势。与改革开放最早的广东省相比，山西省各项贷款合计历年都低于广东省，且差距逐年增加。

山西省银行贷款这块蛋糕本就不大，落在非国有企业口袋中的就更是少得可怜。长期以来，非国有企业和国有企业面临明显差异的银行贷款条件,致使非国有企业在银行贷款中占有的份额明显低于它们在产出中的份额,国有企业却使用了较大比例的银行贷款,并积累了大量呆坏账。这一状况与通过市场调节合理分配金融资源的目标很不相称,而且不利于未来的经济发展。长治市20世纪90年代初的银行贷款数据无法获得,但通过一个案例可以看出当时贷款之难。

吕日周在长子县邹村调研时,看到一个大棚简陋得一场大风就可能刮倒。女主人说:"我们刚刚结婚,家里欠下不少债,小额贷款又贷不到,只能凑合弄吧"。吕日周说:"你去找农行,他们有的是钱。2001年争取来一亿元小额低息贷款,年底放不下去,最后给中国人民银行写了检查才退回去。"但老百姓说:"吕书记,不是那么回事!我们找信用社好话说了几箩筐,人家就是不理睬。那些人手里有点权,就变着法子刁难人,跑上十回八回都没个准信,我们也就不去求他们了。"最后,还是吕日周千方百计和金融部门多次联系沟通,市里活动请他们参加,重要事情让他们参与,这才感动了金融系统的领导。随后,金融系统才深入各个县调研,筛选重点项目进行贷款。

(三) 小结

长治,曾有过辉煌的商业文明,孕育出无数的商业精英,沉淀出了厚重的商业文明,为企业家李安平的"生"提供了肥沃的土壤。但改革开放以后,长治并未抓住时代的脉搏,跟上时代的潮流,不仅未能利用这肥沃的商业土壤去培育经济发展的企业森林,反而像是"污染"了土壤,不适于万物的茁壮成长,为李安平的"存"与"长"设置了诸多障碍与藩篱。但凡事都有两面性,这是一个最好的时代,也是一个最坏的时代。良好的外部市场环境有利于公司业绩的提高,而创始人管理对公司业绩的正面效应随着外部市场环境的改善而逐渐减少。反之,在不利的市场环境中,创始人个人能力的重要性将更加凸显,企业的绩效将更加依赖于创始人的能力、声誉、关系等。[①] 并且,"天将降大任于斯人也,必先苦其心志,劳其筋骨,饿其体肤",在不利的市场环境中,企业家不抛弃不放弃,奋力拼搏,通过克服一个又一个的困难,其"存"与"长"的能力也将不断提升,从而"增益其所不能"。

振东集团能够做到全国民营企业500强,成为行业排名领先的优秀企业,李安平的个人能力起着决定性的作用。分析其个人能力,将能更好地理解振东管理、文化和战略。

三、同样的环境下,企业家的个体因素起着至关重要的作用

同样的环境下为什么是李安平打造了优秀的振东而不是别人?

改革开放初,百废待兴。思想禁锢的人们面对敞开的市场大门,有的人思想抵触,有的人手足无措,而有的人却大胆出手,

[①] 夏立军,郭建展,陆铭.企业家的"政由己出"——民营IPO公司创始人管理、市场环境与公司业绩 [J].管理世界,2012,09:132-141+155+188.

第五章　企业优秀的基因——振东企业家

抓住了改革开放的大好机会，艰苦奋斗，创造了一个个经营神话。李安平就是最后一类人中的一员，他趁着改革开放的东风，带领振东集团历经风雨，成长为今天的国内知名企业。同样地处上党老区，同样面对改革开放，为什么是李安平创立的振东，而不是其他人？同样是创业，为什么很多民营企业不到三年便夭折，而李安平却带领振东一直走到了今天，而且振东越做越大，越做越强呢？这其中，与李安平个人的特质和能力有着密不可分的关系，正是他的个人特质与能力，使其成为一名优秀的企业家，进而打造了优秀的振东集团。

（一）李安平的个人特质

1. 艰苦奋斗

1993 年，李安平向 90 多位亲朋好友借债 30 万元，同时，历经常人无法想象的困难，在民俗根深蒂固的情况下迁坟 113 座，在政务环境相对恶劣的情况下办完 21 道手续，终于赶在 10 月 1 日，成立了振东实业公司，建立了长治地区第一座个体加油站。这是一个举国同庆的日子，全国人民在为经过艰辛与磨难而终于缔造出的新中国欢呼时，似乎也在为呱呱坠地的振东实业公司欢呼。

开加油站，就得有油。为了找油源，他孤身一人，下洛阳、跑广州、进燕山，困了在车站打个盹，饿了啃袋方便面，渴了就喝口自来水，多少次心力交瘁彻夜不眠，多少次失望愤懑粒米不进，但精诚所至，金石为开，他的真诚和千辛万苦终于打动了新疆吐哈油田老总，这位老总做出决定，与振东合作建造一座年吞

优秀企业的逻辑

吐量6万吨的油库。

为了企业的快速扩张，李安平将第二个加油站称作"第五加油站"，把第六加油站称作"第十加油站"。随后再将第二、三、四等中间加油站补齐。正是通过这种倒逼机制，跳跃式发展的策略，振东的加油站如雨后春笋般地迅速成长起来。5年后，李安平就组建了30个加油站，销售额达到2.64亿元，振东石油一跃成为华北地区最大的民营石油经营企业。

2001年8月，李安平斥资2000万元收购了濒临倒闭的金晶制药厂，义无反顾地踏上了二次创业之路。药厂买下了，但面临的困难是：如何让药厂尽快通过GMP（药品生产质量管理规范）认证。咨询专家、制定方案后，为了通过认证，早日投产，李安平带领员工日以继夜地忙碌，甚至冬季也反季节施工。终于在2002年12月26日，一次性顺利通过GMP认证。实现了当年开工，当年通过国家认证并投入运营，创造了中国制药行业的奇迹。

2003年，非典肆虐。一般人都是躲在家里不敢出来，惶惶不安。李安平却带领一支业务小分队，从山西出发，在全国进行市场开发，而且还是专跑别人避之不及的医院。那段日子里，李安平虽然没有任何非典症状（如发烧），但却4次被各地检疫机构扣起来[1]，但他都想法子解脱了。最终，李安平在"非典"最为肆虐的3个月里，冒着生命危险在全国各地建立起2000多个药品销售点，让振东药业生产的复方苦参注射液在全国范围内得到

---

[1] 非典期间，山西是重灾区。疫情严重的时候检查人员可不管你是不是有发烧症状，为了安全起见，只要是重灾区的，遇见就会被隔离起来。

认可。

绩以勤勉，振东的发展史，就是李安平的艰苦奋斗史。正是靠着这种艰苦奋斗的精神，李安平才能处困境而勃发，处弱势而兴盛，处卑微而富贵。

2. 诚信经营

Kouzes 和 Posner（1990）对美国私营及公共组织7000名管理者的调研发现：87%的被调查对象认为"诚实"是企业家的重要特征，"诚信"被看成是最重要的领导特质，它的重要性甚至超过胜任能力[1]。组织成员总是通过企业家表现出的行为来判断其是否符合伦理，言而无信、掩过饰非、见义忘利等都是缺乏诚信和伦理的标志。企业家的非伦理决策和行为会造成组织成员在企业价值观和行为规范等方面的困惑，导致内心冲突；而组织成员心目中的伦理型领导往往被看作更有能力，也更可信赖。因此，企业家的伦理决策行为会在组织内部起到重要的示范作用，从功利型企业家向责任型企业家、从利益驱动向伦理行为的转型是组织健康成长的内在要求[2][3]。

李安平是一个非常讲诚信的人，人缘非常好，朋友特别多。创立振东的30万元钱就是从90多位亲朋好友那里东拼西凑借到的，平均每人要借3000元左右。山西省1993年城镇居民人均收

---

[1] Kouzes, J. M. and B. Z. Posner, 1990, "The credibility factor: What followers expect from their leaders", Management review, 79, pp. 29 – 33

[2] 金杨华. "浙商"从个人偏好到组织公正的转型 [J]. 浙江社会科学，2007，03：53 – 56.

[3] 吕福新. 再创浙商新优势：制度和管理创新 [J]. 管理世界，2004，10：131 – 133 + 153.

入为 1958 元，即平均每人要拿出自己近 2 年的收入借给李安平。如果李安平不够诚信，要想让这样一大批亲朋好友都拿出这样大一笔钱借给他，几乎是不可想象的。

1998 年，国际成品油市场价格非常低，洛阳石化炼油厂的成品油卖不出去。洛阳石化就把成品油交给振东石油代销，卖完再付款。年底结算的时候，洛阳石化的 21 家合作单位中，唯振东石油一家一次性结清货款 1.8 亿元。更让洛阳石化老总惊讶的是，不仅如此，李安平还将盈出来的价值 268 万的 1000 多吨成品油进行了结算。洛阳石化被这位山西民营老板的诚信守诺所折服。李安平的诚信故事迅速在石化领域传为佳话，很多石化企业主动找上门来，要与振东合作。在 1999 年石油经营资源非常紧俏的年代，振东的信誉可以先取货后付款。因为大家记住了"一握振东手，永远是朋友"的铿锵承诺。

吕日周主政长治时，有次要到国外考察学习，点名让李安平参加。市委秘书长给振东打电话时，也没说是吕日周点名让李安平去。当时李安平正忙着 GMP 认证，没有时间去，所以就推了。吕日周回来后，觉得李安平"不识抬举"，就开始查振东的账，认认真真地查了 4 个月后，最终没有查出什么偷漏税问题。在假账盛行、偷税漏税如家常便饭的那个年代，振东能够诚信经营，按章纳税，实属不易。自此以后，吕日周对李安平也开始刮目相看。

振东中药材开发公司成立至今，李安平始终以"诚实守信、全程监管、服务农户、带农增收"为宗旨，采用"公司＋基地＋农户"的经营模式，长期零利润帮扶农户发展中药材种植业。他与农户签订保护价合同,并采取提前发放预付款措施,让农民从合同中吃到定心丸,从预付款中得到更高收入。振东的诚信换来了农民的放心,调动了广大农民的积极性和创造性。现已在武乡、沁县、壶关、浑源等地发展黄芪、柴胡、苦参、党参、远志等道地药材10万多亩,使4万余户农民直接受益。在贫瘠的山坡地,亩均年增收500元,使农民真正得到了实惠,走上了一条摆脱贫穷、共奔小康的致富道路。

振东因诚信而立,因诚信而昌。李安平深深地体会到诚信是一种无形资产,是个人和企业宝贵的财富,因而李安平在振东打造了一系列的"诚信文化"。他指出,振东的诚信理念是:一握振东手,永远是朋友。并要求员工待亲朋同事:以诚相待、以心换心、互进共勉。待合作伙伴:利以义制、以诚相交、和谐共赢。待消费者:换位思考、以诚相对、信赖恒久。

3. 关注细节

天下大事,必做于易;天下小事,必做于细。2004年,汪中求推出管理新论《细节决定成败》,李安平读后说:"应该由我来写这本书。"早在几年前,李安平就提出细节管理概念,亲自制订企业的管理规范章程,并把2003年定为企业的管理细节年,给每个部门制订了工作指导性理念,要求管理者不断梳理各个管理环节。李安平指出:梳不通、理不顺的地方,往往就是症结所在,要对症下药,才能找到解决办法。

管得细,必然严。做药不严细不行,要是不认真,后果可能不堪设想。2003年,振东制药刚刚通过GMP认证,由于员工素质参差不齐,李安平亲抓质量管理。正是那天,李安平在跟员工不经意的聊天中，捕捉到几批颜色不一样但产品检验指标均符合规定的产品，了解了具体过程后，他意识到大家对于药品生产的"差不多"思想，他坚定地认为："药品质量连着两条命，一是患者，二是企业。我们既然做药，药品生产必须做到零缺陷。"为使员工树立从严从细的药品生产质量观，他毅然在全体员工面前销毁了这些"差不多"的合格药品。说起此事，一些公司的元老仍心疼不已，但那把大火将"质量""精品"的理念深深地烙印在了振东人心上。

4. 具有社会责任感

随着经济全球化的进一步推进，企业面临着前所未有的激烈竞争，社会责任正与产品质量、服务、价格等一起成为企业的核心竞争力。在这种试图通过塑造企业形象、获得社会资本而提升企业竞争优势的实践中，作为企业社会责任的重要表现形式——企业慈善捐赠行为开始迅速成长，尤其是民营企业。根据《公益时报》社编制发布的《2011中国慈善排行榜》和中国社科院发布的2011年慈善蓝皮书《中国慈善发展报告（2011）》，民营企业不仅在捐赠总额上比国有企业高，而且在过亿的巨额捐赠中，民营企业的数量也占到了企业总数的一半，与国有企业平分秋色。

振东集团在李安平的带领下始终关注和支持社会慈善事业，以社会责任为己任，每年拿出企业利润的10%用于社会公益和慈善事业。多年来用于慈善事业各项投入累计近亿元，受助人数上万人次。

李安平把慈善当作一项常规工作，不但在公司内部设立了专

第五章　企业优秀的基因——振东企业家

门的机构"公益慈善委员会"负责这项工作，还以公司规范的形式固定下每年常规的慈善活动，使慈善在振东成为一种习惯和文化："扶贫济困日""冬助日""敬老日"等活动自开展以来从未间断，帮助数千困难家庭重新燃起对生活的希望。这是中国企业的首创，更是李安平多年来奉献爱心的真实体现。

在大灾大难面前，李安平和振东集团从未袖手旁观。汶川、玉树、芦山地震等，李安平都是第一时间组织振东员工队伍前赴慰问、送温暖、献爱心、捐药品、送物资。

2006年，振东集团面向全国发起了由公司、遍布全国的业务员和医生三方出资组成的"中华仁爱天使"活动，并在京成立专项基金，注册7000万元。这项活动对特困病人及特困家庭进行资助，将振东人的关爱和医生的真情传递到每一个需要帮助的人心中！

振东一次又一次地以实际行动诠释着"与民同富、与家同兴、与国同强"的核心价值观。2011年7月15日，在人民大会堂的颁奖台上，李安平被授予了我国慈善领域最高规格的政府奖项——中华慈善奖，国务院副总理回良玉为李安平颁奖。在20位获得"最具爱心行为楷模"表彰的人士中，李安平是唯一一位来自医药行业的楷模。

李安平在做慈善方面有很多可圈可点的地方，有许多做法值得推广。如在2014年由国家扶贫办举办的"中国社会扶贫政策研讨会"会议中，李安平是参会的唯一企业家代表。研讨会上，李安平向与会者介绍了振东的扶贫模式和管理模式以及多年在公益扶贫活动中的感受，得到了大家的一致赞誉。但是，学其形，更要学其神,一个值得深思的问题就是李安平为什么要做慈善?他做慈善的动机是什么?

大量学者曾经对企业慈善捐赠的动机做了深入细致的研究,总结起来大致有以下四种动机,包括:① 政治动机,企业可能通过慈善捐赠来获取政府的好感和信任,建立或维持政治关系(贾明、张喆,2010)①,并应对利益相关者给企业施加的压力。② 利他动机,慈善捐赠是企业不求回报的、体现良好公民的利他行为(Campbell et al.,1999)②。③ 战略动机,战略性慈善行为认为企业捐赠有助于提升企业的战略地位,获取诸如声誉资本等战略性资源,这些战略资源增强并扩展了企业与外部环境之间的交往和联系,从而使之可以获得有效信息、技术和知识,捕捉市场机遇,获取竞争优势所需的更多的稀缺资源,并最终提升企业绩效(Godfrey,2005)③。④ 管理层自利动机,即企业的高管意图通过慈善捐赠来提升自身的社会形象和地位等(Galaskiewicz,1997)④。

---

① 贾明,张喆. 高管的政治关联影响公司慈善行为吗?[J]. 管理世界,2010,04:99–113+187.
② Campbell, L., Gulas, C. S. and T. S. Gruca, 1999, "Corporate Giving Behavior and Decision – Maker Social Consciousness", Journal of Business Ethics, Vol. 19, pp. 375–383.
③ Godfrey, P. C., 2005, "The relationship between Corporate Philanthropy and Shareholder Wealth: A Risk Management Perspective", Academy of Management Review, Vol. 30, pp. 777–798.
④ Galaskiewicz, J., 1997," An Urban Grants Economy Revisited: Corporate Charitable Contributions in the Twin Cities, 1979~1981, 1987~1989", Administrative Science Quarterly, Vol. 42, No. 3, pp. 445~471.

第五章 企业优秀的基因——振东企业家

李安平慈善捐赠的动机是什么呢？李安平常说"有钱、官大不一定幸福，但资助别人，被别人打心眼里感激，我认为这就是最大的快乐和幸福。我平生最大的尴尬是别人拒绝我的帮助；人生最大的目标是身后有很多人说我是一个好人。"显然，李安平慈善捐赠的直接动机是利他动机，是一种朴实的不求回报的简单想法。正是这样简单的想法，才让他有着常人无法想象的激情去做慈善，才能让他心无旁骛地去做慈善，从而也才能"无心插柳柳成荫"，收获了很多人渴望而不可及的众多荣誉。

正是这些荣誉，在李安平与政府建立及维持良好政治关系方面发挥了重要作用。如2012年"扶贫济困日"捐助大会，长治市副市长马四清及市县相关部门领导出席活动，2014年"扶贫济困日"捐助大会，长治市人大常委会副主任、市工会主席张书庆及市县相关部门领导出席活动。

正是这些荣誉，让振东在应对一些突发事件时，多了一些回旋余地。振东制药上市后，由于认识不到位，出现了关联方资金占用问题，2012年5月27日深交所认定公司关联交易存在严重违规对公司和其控制人进行了公开谴责，也正因如此振东制药成为创业板退市制度推出后第一家受到公开谴责的公司。央视财经频道《交易时间》在对此事件进行报道时说道："我是认真地翻阅了我能找到的所有有关振东集团、振东制药以及李安平个人的全部资料。坦率地讲，李安平的两次创业的确不容易，他在慈善方面的诸多善举，也是值得肯定的""但是，这样一个业绩稳定、发展良好的企业，这样一位梦想成为管理大师的企业家，又是怎么和公开谴责联系在一起的呢？"此话，表达了对振东制药违规

235

的惋惜，唤起了观众的怜悯之情。这一效果，与李安平"在慈善方面的诸多善举"显然是分不开的。

由此可以看出，虽然李安平是出于利他动机而做慈善捐赠，但却也达到了政治动机、战略动机及管理层自利动机下慈善捐赠的效果。很难讲哪种动机对于提升企业绩效、增强企业竞争力更优，但是对于李安平来讲，能够在自己本真愿望的驱使下，通过朴实的利他精神而获得其他动机所能获得的一切，何尝不是一件幸福的事情？这是李安平的成功之道，也是值得其他企业家学习的根本。

（二）企业家能力

1. 机会发现能力

创业过程开始于商业机会的发现，如何从繁杂多变的市场环境中找到富有潜在价值的商业机会，进而开发并最终转化为新创企业，是创业企业家面临的首要问题，也是最重要的问题之一。Kirzner（1997）认为有两条途径可以发现创业机会，一是通过纯粹的偶然机会获得新信息，从而意外收获；二是通过系统有目的的搜寻来发现市场中所隐含的内在信息，即创业者发现的机会不只是指发现纯粹偶然的机会，而且还指在特定的时间内通过警觉地搜寻来发现别人发现不了的信息，并且对发现对象的内在信息进行外在化，最终发现创业机会[①]。不管是通过哪条途径发现创

---

① Kirzner Israel M. Entrepreneurial discovery and the competitive market process: an Austrian Approach [J]. Journal of Economic Literature, 1997, 35 (1): 60-85

第五章　企业优秀的基因——振东企业家

业机会，其有一个共同的过程：①感知到市场需求或未被充分利用的资源；②认出或发现一个在特定市场需求和特定资源之间的匹配；③创造一个自此之前相互分离的需求和资源间的匹配，并形成一个商业概念。即感知、发现和创造①。李安平创立振东加油站及其二次创业的实践，对上述理论进行了很好地诠释。

邓小平南方谈话以后，神州大地万物复苏，南方沿海城市率先发展，束缚已久的生产力像脱缰的野马趁着改革的春风在市场经济的草原上纵横驰骋。看到南方沿海城市取得了巨大的成绩，内陆城市纷纷奔赴学习。其中既有政府组织的考察团，也有希望摆脱贫穷、踏上致富之路的个人。

1990年前，跑长途的车辆必须在车厢内放几个油桶，一辆载重10吨的车，通常只能拉6吨货，其他的位置要让给装满柴油的油桶。这是因为，当时路边的加油站数量非常少，晚上更是没人值班，跑长途的司机师傅不得不自备柴油。1992年石油市场改革开放，党中央、国务院号召民间资本进入石油市场。许多民营企业积极响应号召，自筹资金投入到石油市场。在当时的宽松政策下，民营石油流通企业如雨后春笋般快速崛起，使全国石油市场迅速发展并形成规模。当时流行一句话叫"办个小站，日进万贯"，可见加油站的利润何等可观。在广东等一些地方，一些"油老板"赚的更是轻松，一位广东的老板回忆道"只要拿到了成品油的批发权，我们做'抄单'，就是将炼油厂的提货单倒手

---

① Ardichvili A, Cardozo R, Ray S. A theory of entrepreneurial opportunity identification and development [J]. Journal of Business Venturing, 2003 (18)：105-123

237

卖掉，每吨油就有近千元的利润"。①

正是这一年，李安平与几位好朋友一起赴温州"游玩"，沿途看到很多私人加油站，这在地处内陆、消息相对闭塞的山西省是不可想象的，李安平敏锐地觉察到这是一个机会。他看到了一种"大势"，他觉得自己必须抓住这个"大势"。虽然李安平当时对加油站一窍不通，连汽油的型号都不知道，但是李安平不耻下问，每次加油，李安平都会留意加油站的每个细节，都会非常谦虚地向工作人员询问开加油站的一些关键环节，尤其关注从哪里进油。就这样一路走、一路问，等回到长治，建加油站的想法也就在李安平的脑子里成型了。彼时，长晋二级路刚刚开通，滚滚车流更是坚定了李安平开加油站的决心。1993年10月1日，在未能向银行贷到一分钱的情况下，李安平经过多方努力自筹30万元资金，建立了长治地区的第一座个体加油站。李安平抓住这一重大商机，迅速成长，到1999年，振东拥有油库2座，加油站47座，销售额达到6.64亿元，一跃成为华北地区最大的民营石油经营企业。

随后的事实表明，李安平眼中的"大势"确实是大势。90年代中后期，一大批民间资金进入了石油市场。一时间，全国拥有成品油批发资格的民营企业多达8500家，而民营的"社会加油站"也占到了全国的60%，每年民营油企给国家纳税高达1000亿元之多①。

然而，好景不长，1999年，民营油企的"流金岁月"宣告结

---

① 石油石化改革开放30年回顾：奔向市场 http://news.xinhuanet.com/energy/2008-12/12/content_ 10496094_ 2.htm

第五章 企业优秀的基因——振东企业家

束。这一年,国务院办公厅转发原国家经贸委《关于清理整顿小炼油厂和规范原油成品油流通秩序的意见》(简称38号文)。该文件规定,国内各炼油厂生产的成品油,要全部交由中石油、中石化的批发企业经营,其他企业不得批发经营,各炼厂一律不得自销。这从根本上切断了民营油企的油源。"在1999年之前,我们拿到的批发价最高才2700元/吨,38号文出台之后,一下子涨到了3400元/吨,而且供油量不足,我们只能通过关系拿到一些油。后来我们就从油贩子手中进油,但是每吨要被油贩子扣去50~300元不等的差价。"一位黑龙江民营加油站企业主如是说。① 在这样的经营环境下,很多民营加油站不得不被中石油与中石化收购、兼并或直接划转。李安平与其他民营加油站的企业主一样,再一次看到了民营油企的"大势",不得已,于2000年将29个加油站、两座油库近亿元的资产转让给了中石化。手握一个亿的资金,如何再次创业,成为摆在李安平面前的一个大难题。山西是煤炭大省,因煤而富的企业家不在少数。2000年的李安平能投身煤炭行业吗?

在计划经济转向市场经济的过程中,山西煤炭行业面对煤炭需求不旺,库存加大,煤价下滑,货款拖欠加剧的严峻市场形势。1999年以来,省委、省政府提出"控制总量、优化布局、调整结构、提高效益、扩大出口"的煤炭工业发展战略并付诸实施,淘汰了一大批生产能力落后的企业,国有大型煤炭企业组建大集团快速推进。显然,此时的李安平如果投身煤炭行业,将不

---

① 石油石化改革开放 30 年回顾:奔向市场 http://news.xinhuanet.com/energy/2008-12/12/content_ 10496094_ 2. htm

是一个明智的选择。

　　振东的二次创业已不像一次创业那样误打误撞，而是更具科学性与系统性。振东公司管理层分为三个组，赴全国各地根据"适合本地资源、本地人才"的原则考察项目，并走访了全国几十家科研机构，筛选适合的项目。在寻找二次创业机会的过程中，振东并非一帆风顺，期间也走过很多弯路，比如2002年5月，与深圳企业合资成立精诚铸业有限公司。正如前文所述，长治铁货久负盛名，曾广销全国乃至世界各地，因此成立铸造企业是匹配当地"资源"的一个很好选择，振东遂与南方某企业合作成立了一家铸造企业。百密一疏，振东虽然考虑了"物"的匹配，在人的匹配上却欠考虑。南方企业管理严格、工作强度大，而晋东南本地人却相对比较"懒散"，很多人已习惯"三个月耕田，一个月过年，八个月坐闲"的悠闲生活，面对南方企业高强度的工作压力，很多员工都说"顶不住"，最终，铸造企业不得已关停。

　　选择朝阳产业——制药业也是经过筛选与慎重考虑的。2000年全球中药销售收入是120亿美金。其中，80%的中药是日本生产制造的，10%是韩国的，而那时中国只占有3%的市场份额。中药是中国的国粹，是中国的传统产业，有很大的发展潜力。长治有着历史悠久的医药文化：《太平寰宇记》记载，"百谷山与太行、王屋皆连，风洞泉谷，崖壑幽邃，最称佳境，昔神农尝百草得五谷于此，因名山建庙。"长治长子县鲍店镇的药材会兴起于明嘉靖年间，每年的九月十三至腊月二十三，100天内，四川、云南、西藏、青海、贵州、安徽、广州、福建、北京、天津、山西各地的药商蜂拥而至，全国各地的珍稀药材在会上应有尽有。清

第五章 企业优秀的基因——振东企业家

朝中叶,鲍店药材会极盛时期,全国24个省份都有药材在会上交易,每年仅官税一项就达万两白银①。长治有着很多名贵的中药材:如以补中益气的特有药用价值闻名于世的党参,不仅全国销量很大,而且在亚洲各国也享有很高的声誉。长治有着很多知名药企:如康宝生物制品股份有限公司是国家卫生部批准的生物制品定点企业,是国家科委认定的全国重点高新技术企业。太行制药厂2000年左右的清开灵系列产品占据国内市场的1/3,是该类产品国内最大的生产厂家。在多方论证后,李安平最终于2001年8月斥资6500万元,收购了濒临破产的金晶制药,拉开了从商贸流通转身进入制药高科技领域的帷幕。

2. 关系能力

企业家是成功地领导企业并带来优异经营效果的人。芸芸众生中,什么样的人得以成为企业家?石秀印(1998)认为,企业家之所以成为企业家,是因为其较他人有更好的先赋性社会关系,或者借助于各方面条件构建起了良好的获致性社会关系。他的社会关系接点的特殊性质保证了其经营的成功②。在中国的法律和市场机制相对不太完善的环境中,非正式制度(如声誉、关系、权威)能够在一定程度上缓解正式制度的缺陷,促进企业发展和经济增长(Allen,Qian and Qian,2005)。③

---

① 常福江.《晋商全览·潞州卷》序。
② 石秀印. 中国企业家成功的社会网络基础 [J]. 管理世界,1998,06: 187-196+208.
③ Allen, F., J. Qian, M. Qian. Law, Finance and Economic Growth in China. Journal of Financial Economics, 2005, 77, pp. 57-116.

有关企业管理层的调查发现，成功的企业管理者花在与利益相关者打交道的时间更多。一些企业家也坦承其30%-50%的时间用于处理与政府及利益相关者有关的事项，可见企业家社会资本对于企业的发展依然具有重要作用[1]。其作用具体体现为以下几点：第一，获取信息。中国正处于转型期，存在着政府对信息控制极不透明的操作。中国企业家积累社会资本的动因之一在于弥补转型期的"制度空白"及信息缺乏的不足。第二，促进创新。企业间可以在此基础上促进知识的分享与合作，产生新的主意，从而促进企业创新。第三，识别机会、发现机遇。社会资本可以帮助企业获得所需的各种市场资源，如从网络伙伴那里得到有价值的市场信息，或者建立重要的联系等。

企业家的关系网络有很多种，不同学者对关系网络的分类不同。Granovertter（1985）依据网络节点联系的强弱将关系网络分为强关系与弱关系，并且指出弱关系（weak tie）往往连接着不同群体中的个体，所传递的信息具有较高的异质性，因此发挥着信息桥的作用。拥有较多弱关系的个体能够从网络中获得充分异质的信息[2]。Birley（1985）根据网络联系对象将企业家社会关系网络分为正式网络（大学、政府、专业支持机构、资本来源）和非正式网络（朋友、家庭、同事、与相似的企业的非正式关系）

---

[1] 贺远琼，田志龙，陈昕. 企业高管社会资本与企业经济绩效关系的实证研究 [J]. 管理评论，2007，03：33-37+63-64.

[2] Granovetter, M. Economic action and social structure: The problem of Embeddedness. American Journal of Sociology, 1985, 10 (6)：537-545.

两类[1]。Westlund and Bolton（2003）根据对企业家的有效性将企业家的社会关系网络分为促进性的社会资本、约束性的社会资本以及不直接与企业家精神相联系的社会资本三类[2]。杨鹏鹏（2005）依据企业家接触网络关系对象的性质将企业家社会网络分为四类：与政府的网络、与企业技术相关的网络、与金融部门的网络、市场社会网络[3]。周小虎（2002）将企业家的网络划分为：企业家与顾客、供应商、销售商等构成的市场型网络；与股东、员工、合作伙伴等构成的内组织网络；企业家个人的血缘网络、地缘网络、学缘网络组成的个人网络[4]。虽然企业家的网络类型有很多，但本篇将重点分析政府网络与专家型网络在李安平创业及经营企业中的重要作用。

（1）政府网络。

党的十八届三中全会指出：经济体制改革是全面深化改革的重点，核心问题是处理好政府和市场的关系，使市场在资源配置中起决定性作用和更好发挥政府作用。着力解决市场体系不完善、政府干预过多和监管不到位问题。事实上，改革开放以来，我国一直存在着一个既不同于计划体制，又不同于规范化市场的

---

[1] Birley, S. The role of networks in the entrepreneurial process. Journal of Business Venturing, 1985: 107 – 117.

[2] Westlund, H., Bolton, R. Local social capital and entrepreneurship. Small Business Economics, 2003, 21 (10).

[3] 杨鹏鹏，万迪昉，王廷丽. 企业家社会资本及其与企业绩效的关系——研究综述与理论分析框架 [J]. 当代经济科学, 2005, 04: 85 – 91 + 112.

[4] 周小虎. 企业家社会资本及其对企业绩效的作用 [J]. 安徽师范大学学报（人文社会科学版），2002，01: 1 – 6.

优秀企业的逻辑

资源配置系统①。中国的经济体制改革虽然进行了 30 多年，但国家仍然在很大程度上控制着企业生存与发展的一些重要社会资源和机会，不同层级的政府官员仍然有相当大的权利去审批项目和拨派资源，企业依然处于正式制度约束较弱的环境中。例如在经营开发土地、业务项目、向银行借贷资金等方面的机会受到种种限制。在这种状况下，代表非正式制度约束且嵌入在人们之间的关系文化将扮演一个相当重要的角色。民营企业家通过政治关系资本形成的关系网络，采用非制度化的手段，来获得企业的发展资源和获利机会。中国经济转型期，民营企业家的社会关系资本是民营企业家对市场、政府法律失效的一种积极反应。

身处中国转型期的李安平，与其他企业家一样，在经营自己企业的同时，也不断积极地、创新地经营着自己的政府关系网络，以期为企业的发展争取更多的资源与机会。通过以下新闻报道，可见李安平在构建与维持政府关系网络方面的努力及成果。

2011 年 7 月 5 日，中国药促会第九届会员大会第二次会议在长治市举行。出席会议的领导和嘉宾有全国人大常委会副委员长及中国药学会理事长桑国卫院士、山西省人大常委会安焕晓副主任、山西省政协周然副主席、中共长治市市委田喜荣书记、长治市张保市长；中华医学会祁国明副会长、国家食品药品监督管理局安监司郭清武处长、中国工业经济联合会经团部胡旭明主任。会议期间，桑国卫在省市县领导聂春玉、安焕晓、周然、田喜荣、王进卯、薛永辉、李东峰、裴少飞、李文兵、崔惠斌、杜玉

---

① 顾强，张厚明. 民营企业"走出去"与竞争力提升：政府与非政府组织的作用 [M]. 民营企业蓝皮书，2009

第五章 企业优秀的基因——振东企业家

岗、张宏山、牛外则等陪同下莅临振东集团考察。对振东的五大文化体系和科学的管理模式给予充分肯定，并题词"创新健康，振东理念"。

2011年，山西省委书记袁纯清将长治市砖壁村选定为下乡驻村联系点，自称是砖壁村的第431位村民。第二次到砖壁村时，袁纯清带着山西省规划部门和旅游部门的负责人，负责"一村一山一沟"的总体规划，并提出重点发展"三大产业"，即立足砖壁村优势，发展特色农产品、以农家乐为主体发展餐饮住宿业、以展现八路军文化为主题发展文化产业。除了高层次的规划，袁纯清还带来了山西的三大集团：振东集团、潞宝集团和金岩集团，砖壁村迎来了一轮密集的投资。其中，振东集团投资了大棚和农业观光园等项目。2014年4月15日，省委书记袁纯清参加振东武乡绿色食品基地义务劳动，并就该扶贫项目基本情况进行沟通。振东集团李安平总裁向袁纯清详细汇报了项目运行情况以及在带动当地农民增收致富方面取得的效益。袁纯清书记对振东绿色食品基地工作给予充分肯定和赞扬，希望振东集团继续发挥扶贫带头作用，积极探索以工补农、以企帮村的新模式，与农民结成利益共同体，加速农业现代化，实现企农双赢。

2013年1月24日，山西省吕梁市副市长秦怀金，省药监局副局长任晋斌以及市县相关领导一行莅临振东集团视察工作。集团总裁李安平、党委书记董迷柱陪同。秦怀金赞扬了振东所做的公益慈善事业，特别强调中药材种植给农民带来的增收具有特殊的意义。此外，秦怀金希望振东能到吕梁的中阳县去投资中药材的种植，带动中阳的老百姓致富。李安平对秦怀金的肯定表示感谢,他表示,振东中药材公司技术先进、科研水平国内领先,具有较强的专家团队。明天就派专家到中阳县对那边的土层、降雨量、海拔、温度等做深入调查,以便选择适合中阳县种植的品种,争取能带动中阳的老百姓致富,推动山西晋药战略的实施。

由上述相关报道可知,李安平与国家级、省级、地方级的相关领导都具有融洽的关系。当然,能够建立起这样融洽的关系,一个重要的原因是振东集团已经在区域内、业界具有了一定的知名度,在区域内是经济发展的重要组成部分,在业界是具有一定影响力的著名药企。如此,政府相关机构才会纷纷踏至,无论是参观访问,还是探讨政企合作,一定程度上都是因为振东的"强大"。

而在振东集团呱呱坠地,尚在襁褓之时,李安平却无法像现在这样如鱼得水般地处理与政府的关系。20世纪90年代初期,很多制度都还不完善,所以很多企业都是"先上车,后补票",企业的很多手续都是后来补办的。有一次,李安平去找某部门办土地手续,对方不给办。李安平就给领导送红包,对方虽然把礼收下了,但还是不给办手续。李安平就去质问这个领导,但是该领导说:我贪赃但不犯法。而且,有一次,该领导去振东,当面谈得挺好,一下楼,就让人把加油站给锁了。李安平一听,就找到该领导,当时他正在饭馆喝酒,于是李安平拿起酒瓶,咕咚咕咚八两酒就下了肚子,借着酒劲,李安平说,"你小子今天给不给我办手续?"随后,李安平又到该领导的家门外闹事,耍起了无赖。最后才把手续批下来。

即便是振东已小有规模,在处理地方政府关系方面也总有磕磕绊绊。2000年5月份,振东公司为扩展业务,将投资目标转向

第五章 企业优秀的基因——振东企业家

了长治市武乡县。但开业不到两个月,在武乡新设的加油站就遇到了接二连三的麻烦。一是在其他县区加油站都按 4% 收取税率,在武乡国税故城中心税务所却变成了 10%,主要理由是振东公司在武乡县开设的加油站财务管理不规范,但令人难解的是,该税务所在按 10% 的税率收取了税金后,却在完税凭证上只填写了 4% 的税额。二是由于暂时未能从税务所领到小额发票,振东公司武乡加油站出于客户需要,临时使用了一张长治市的 10 元小面额的发票,由此,却引来了 5000 元的巨额罚款。三是武乡县国税稽查局的两位局长及故城中心税务所的三名税务人员与加油站的一位工作人员发生争执,并将这名工作人员打伤。此事,山西电视台给予曝光,但由于当时在场的税务人员对打人之事矢口否认,加之武乡县国税局一些领导采取息事宁人的态度,此事至 2000 年 7 月依然没有处理结果。李安平对此事的发展态势满肚怨言,他说:振东公司每年需要在各种不必要的应酬上投入 100 万元,而这 100 万元可以多建 6 个加油站。另外,由于振东业务涉及面较宽,仅与公司相关的各类政府职能部门的科级以上干部,加起来总共就有 400 多人,这些人都要应付,即使他什么也不干,这些人排着队每天见一个,一年也见不完。就此事,李安平向有关部门讨说法,但同时也担心与当地税务部门结下怨念,影响公司未来的发展。遂有了"如果真有那一天,只有把事业向外地发展了"的念头①。

从前文对长治市 20 世纪 20 年代至 2000 年后的市场经营环境

---

① 贾力军,郭啸. 利税大户为什么想远走他乡 [N]. 山西发展导报,2000 年 7 月 7 日,第 001 版。

247

的分析，应该可以得出李安平的"税务风波"并不仅仅是个案，应该有很多的中小民营企业家利用自身的各种关系与政府周旋。李安平说："那个年代政府对民营企业另眼相看，那个时候没有哪个民营企业家不想自杀，也没有哪个民营企业家不想杀人！在政府眼中，民营企业不是后娘养的，而是仇人家的儿子。"时过境迁，振东已成长为具有强大市场竞争力的知名企业，在地方经济发展中具有举足轻重的作用；同时，随着改革开放的深入，长治的市场经营环境也在发生着翻天覆地的变化。李安平今时今日构建的国家级、省级、地方级的各种复杂关系网络，既得益于强大的振东集团，也得益于良好的市场环境，更得益于那个制度相对不规范的年代对李安平"关系能力"的淬炼。当然，加快政府职能转变、推进服务型政府建设、深化行政管理体制改革、减少政府对微观经济活动的干预、努力为各类市场主体创造公平的发展环境，也是十分迫切和重要的①。

（2）专家型网络。

李安平二次创业进军医药行业时，医药知识非常匮乏。企业家虽然不需要一定是一位技术专家，但他一定需要懂技术的专家，尤其是知识含量异常丰富的医药行业。为此，李安平积极组建专家网络，咨询专家意见，借智慧发展，并逐渐使专家网络发展成为集科研、经营、营销等人员组成的针对公司科技开发、战略发展、营销策略的专家顾问团。

---

① 中国企业家调查系统. 企业家对人性的看法、管理实践及与综合绩效的关系——2012中国企业家成长与发展专题调查报告［J］. 管理世界，2012，06：96-108+132.

第五章 企业优秀的基因——振东企业家

科技开发方面，李安平礼贤下士，积极努力与医药行业翘楚建立联系，为振东集团引进"外脑"。2004年1月，李安平在多方努力与沟通的情况下，联合中国工程院院士、中国中医科学院名誉院长王永炎，中国工程院院士、天津中医药大学校长张伯礼，中国工程院院士、国家药品（抗肿瘤）临床研究中心主任孙燕，以及多名国家药学专家学者团队组建了"振东光明药物研究院"，制定了"创新、抢仿、弱仿"相结合的研发道路。该研究院与中国中医科学院联合进行科研，致力于打造中国抗肿瘤药物技术创新平台和中国苦参研究中心，形成了集产学研于一体，着力攻克产业核心关键技术的长效合作机制，实现了高端人才与项目建设的有效对接，为振东制药发展注入强劲动力。

战略发展方面，李安平虚心听取本领域专家意见，以求越做越大的振东集团不至于偏离航线。如2012年5月，振东制药在长治召开了抗肿瘤新药研发战略研讨会，三院院士刘新垣、中医科学院资深教授叶祖光、美籍博士李文保等十余位在抗肿瘤治疗及新药研发领域有突出成就的专家参加了会议。这些重量级的专家对目前全球抗肿瘤新药的研发形势和应用前景进行了深刻的探讨和论证。为振东制药抗肿瘤新药研发拓宽了思路，明确了方向。使振东制药在科技创新上目标准确并加大投入，为提前实现百亿、做强振东制药品牌奠定了基础。

除了与技术专家建立密切的关系外，李安平还广泛结交各类专业人士，只要是对企业发展有帮助的人，他都会真诚相待，虚心学习。2013年9月，山西商人网主办了《晋商8友记》，每期都会走进一家晋商企业或者其他知名企业，每期由一名晋商坐镇,同时邀请其他 7 位晋商或者晋商之友作为论道贵宾,8 位贵宾一起"高谈阔论,思想碰撞"。2014 年 4 月 19 日,《晋商 8 友记》第七期走进振东集团,李安平坐镇主持,携手其他 7 位贵宾共同探讨"家庭健康产业的发展与合作"这一话题。7 位贵宾的姓名及职务如表 5-1 所示。参会的晋商 8 友分别阐述了自己对家庭健康产业的观点和看法,并就家庭健康产业发展现状、发展方向和市场合作契机等方面充分交换意见和心得,达成了诸多共识。

表 5-1　《晋商 8 友记》第七期嘉宾表

姓名	职务
来强	山西中远威药业有限公司副总经理、厂长
闫惠杰	山西临汾市霍州仁福堂医院院长
贾克义	山西省科技传媒集团总编辑
穆志明	山西省药膳养生学会副会长兼秘书长
王定珠	广誉远中药股份有限公司副总裁、广誉远龟龄集酒业有限公司总经理
卫江峰	临汾新晋商联合会会长、山西晋盟投资有限公司董事长
胡佳辰	山西国际商会副会长、山西省国际商会特色产业分会会长

　　Granovetter(1973)将网络中的关系划分为强关系(Strong ties)和弱关系(Weak ties)两种模式。强关系是指那些情感上联系非常紧密、接触很频繁、多重的社会关系。强关系社会网络中的成员彼此都十分熟悉,信息传递非常迅速,但是建立和保持强关系需要大量的时间和精力。而弱关系是指那些情感上联系不是非常紧密、接触也不是很频繁、单一的社会关系。弱关系能促

第五章　企业优秀的基因——振东企业家

进组织获得大量新的、不重复的信息和资源，而且建立和保持弱关系需要的时间和精力则要少很多。由表5-1中可知，晋商8友中有来自医药行业的同行，有来自媒体的专家，有来自商会、学会的专家，这些人都是各自领域的行家里手，都是李安平的弱关系。他们聚在一起，高谈阔论，从自身专业知识的角度针对主题发表自己的意见，必然能够弥补独自思考所不可避免的思维局限，同时能碰撞出富有价值的思想火花，提出对企业发展富有建设性的建议。

上面仅仅是李安平在建立各种网络关系方面的部分案例，但从这些案例也可以看出，李安平有着较强的网络关系建立能力，能够与各方影响振东发展的专业人士建立良好密切的关系。那么，李安平为什么能建立这样庞大的社会关系网络呢？为什么其他人就愿意与其建立"关系"呢？这可以从两方面来说：一是寻找识别出对企业发展有利的人；二是与他们建立良好的合作关系。关于前者，在采访振东的过程中，公司高管普遍认为李安平"识人"能力非常强，他只要简单的交谈就能辨别出这个人是否有"本事"，是否对公司有用。这一能力有天赋的成分，也是多年经营企业历练的结果。至于如何建立良好合作关系，李安平是这样总结自己的交友经验的："人品好，有能力，这样就能交到朋友，就能学到东西。"李安平有着良好的个人品质：诚信、简单。因为诚信，别人才敢于、才愿意与他交往，合作起来能避免心存芥蒂。如果相互猜忌，合作显然无法顺畅开展，也将无法持久。向朋友举债30万元、与洛阳石化国有公司合作、与院士级别的专家建立合作关系等等案例中，无不体现着李安平诚信简单的性格。当然,仅凭诚信是不够的,既然建立关系是为了合作,那么合作双方必然应该是匹配的。因为李安平的朋友相信他有这个能力建好以及经营好加油站,并从中盈利,所以李安平才能筹集30万元的启动资金;因为洛阳石化看到了振东集团销售网络的实力,才会与李安平合作;因为院士级别的专家看到了振东集团抗肿瘤药物的效果以及市场前景,才会与李安平合作。因此,合作是强强联合,只有自身过硬,别人才会重视你,才会愿意与你合作,如果自身能力不强,那么花再多的时间、再多的精力在公关以及应酬上,都将是事倍功半。

3. 战略管理能力

企业家的战略管理能力是指根据市场环境与企业内部条件的变化,确定经营目标、经营边界,并及时地做出战略反应的综合能力。企业所面临的市场总是处于不断变化之中,有时甚至是革命性的变化。正如德鲁克所说:"明天总会到来,又总会与今天不同,如果不着眼于未来,最强有力的公司也会遇到麻烦"。如何在变革之前就未雨绸缪、在变革中把握方向是企业家需认真考虑的问题。决策不正确,轻则给企业造成较大损失,重则有可能给企业带来灭顶之灾。因此,一个优秀的企业家,必定是一个有着很强战略管理能力的人。在振东高管层的眼里,李安平就是这样一位富有战略管理能力的人。"他是很有战略思维的人,有事业心,有抱负,想的比较多、比较远,很有悟性,执行力特别强",振东高管如是说。振东加油站成立之日,李安平的战略管理能力就初露端倪。当天,他就将四位创业元老聚到一起开会,给他们看自己做的五年规划图,包括固定资产、销售收入、上缴

第五章 企业优秀的基因——振东企业家

税收、员工工资待遇、员工人数的五年规划目标,在场的四位创业元老都善意地嘲笑李安平:"弄个加油站就加油吧,还弄个五年计划"。而没过几年,李安平的创业团队就意识到,李安平的思维太超前,视野太深远,他总是远远地走在大家的前头。

振东集团发展史上的多次关键变革,也证明了李安平的高强战略管理能力,尤其是从经营加油站转型到制药行业的重要变革,更是凸显了李安平力挽狂澜的战略管理能力。

1992年石油市场改革开放,党中央、国务院号召民间资本进入石油市场。许多民营企业积极响应号召,自筹资金投入到石油市场。在当时的宽松政策下,民营石油流通企业如雨后春笋般快速崛起,1998年迅速达到3340多家。但好景不长,1998年中石油、中石化在国务院主导下完成企业重组,成为国内最大的石油公司。凭借系列政策,中石化、中石油两大集团不但获得了从原油勘探开采、石油炼制到成品油存储、批发、零售各个环节的垄断性地位,而且获得了在全球市场调整和波动时得以主导国内市场的关键性优势,民营石油流通企业面临巨大挑战。对此,一些企业经过深思熟虑,转产其他行业,也有一些企业继续坚持于加油站,期待能有所转机。李安平当时也面临着这样的抉择,毕竟当时振东集团已经做得风生水起,到1999年,振东拥有油库2座,加油站47座,销售额达到6.64亿元,成为华北地区最大的民营石油经营企业。更难能可贵的是,李安平对于如何经营加油站已有非常成熟的管理理论与实践,假以时日,李安平将振东做成全国最大的民营石油经营企业也不是没有可能。但面对环境的巨大变化,李安平高瞻远瞩,清醒地认识到不能再"纠缠"于石油行业，应抓住此次"危"所带来的"机"，即刻转型，开始振东的二次创业，做到不在乎一城一池的得失，力求舍小得大，实现振东的再次腾飞。2000年，李安平和公司其他领导几经斟酌、多方研讨，毅然决定资产重组，果断将振东集团的29个加油站、两座油库出价1亿元转卖给了中石化。

  这一战略决策是否正确？时间给出了检验结果。截至2006年底，中国93879座加油站中，中石化与中石油两大国有公司所属加油站37008座，占50.1%；其他国有、民营、外资加油站共计46871座，占49.9%。其中民营加油站近45000座，虽是仅次于国有加油站的第二大主体，但相比1998年的80%，民营加油站的占比已有大幅缩减。同时，民营加油站的日子也不好过，2004年全国出现了石油短缺，个别地区还出现了"油荒"，民营企业更是无油可卖。而后随着国际油价的大幅攀升，国内的成品油批发和零售价出现倒挂，成品油销售开始亏损。盈利水平低和油源短缺成为民营加油站生存艰难的两大原因，为此中国商业联合会石油流通委员会于2007年代表会员单位三次上书国家相关职能部门，要求国家为解决民营加油站运营问题制定计划，保证民营加油站的成品油供给。但结果并不理想，截至2008年初，全国民营批发企业还剩663家，其中倒闭和关门歇业的占了2/3。而4.5万座民营加油站也有2/5濒临死亡的边缘。

  与之形成鲜明对比的是，成功转型制药行业的振东集团在经过二次创业的阵痛后，经营绩效蒸蒸日上，光复方苦参注射液一个产品，2005年年收入就达2.5亿元人民币，振东集团每年向国家交的利税就达4500万元。振东集团的元老们每当回想起这次惊心动魄的转型时，无不钦佩李安平当时的决断，如果没有李安平当时的战略决策，也就不会有今天豪气十足的振东集团。

李安平为什么具有较强的战略管理能力呢？除了具有丰富的创业经历、较强的学习能力外，更重要的是其拥有丰富的社会资本以及果断的决策能力。战略决策过程是一个包含多种活动的、动态的、循环的和复杂的过程，通常包括机会或问题识别、信息收集、信息整理、信息分析、备择方案获取、评价和选择等活动。信息收集活动几乎贯穿决策过程的始终，尤其某些关键和必需的战略性环境信息必须得到确认，这类信息通常涉及决策的前提和方向，错误的信息会导致整个决策的失败。当决策所必需的战略性信息欠缺时，企业家会尽力去收集其所欠缺的信息，而社会资本可以加快此类信息的收集。同时，拥有较高社会资本的企业家越有可能获取更好的信息、建议甚至资源支持，促使企业家对自己的想法进行更好的判断、确认或修改，更好地建立决策的信心和做出抉择。李安平在做决策的时候，事前总会做很长时间的调研，无论是政府官员、专家学者、抑或是像牛根生及史玉柱这样的知心老友，都是其咨询的对象。他对自己的"决策拖拉"有很高的容忍度，但正是这样的"决策拖拉"，让他掌握了丰富的有价值的信息，为其科学决策奠定了基础。当然，为了不让机会稍纵即逝，李安平对下属的"决策执行"几乎是零容忍，振东的企业文化有一条是：决心＋速度＝成功。

4. 学习能力

当前，是一个变革的时代，企业所面临的市场环境竞争日趋激烈。企业唯有积极学习，时时用心，事事求知，不断创新，引领或紧跟时代潮流,才会在竞争中生存下来;如果墨守成规,不思进取,则很快就会被市场所淘汰。企业的学习,不是某个人的事情,也不仅仅是研发部门的事情,它是整个企业的事情。它需要企业是一个学习型的组织,是一个不断更新和共享的知识系统,具有学习知识与创新知识的功能。火车跑得快,全靠车头带,企业家是否热爱学习、会学习,直接影响着组织的学习能力。李安平有一个观点:"企业家的学习能力必须超越企业发展的步伐。只有通过不断的学习,企业的发展才不会有错误,老板的知识和能力才会随着企业的发展不断上升提高;老板不爱学习,因循守旧,企业就存在很大的危机。"

企业家不仅要热爱学习,更要会学习,要善于利用各种途径进行学习。调查表明,中国企业家获得管理知识的途径按人数比例依次为:亲身实践(69.9%)、总结反思(47.1%)、与人交流(30.2%)、参加培训(25.5%)。[1] 即企业家的学习途径主要包括:经验学习、教育培训和通过社会关系网络的学习。

经验学习是大部分企业家的主要学习途径,国外的调查表明,95%的企业家认为个人发展主要得益于经验学习。[2] 经验学

---

[1] 中国企业家调查系统. 经济快速增长中的民营企业:现状、问题及期望——2005·千户民营企业问卷调查报告 [A]. 企业家学习、组织与企业创新 [C]. 北京:机械工业出版社,2006.

[2] R. Sullivan. Entrepreneurial learning and mentoring [J]. International Journal of Entrepreneurial behavior & Research,2000,6 (3):160 – 175.

第五章 企业优秀的基因——振东企业家

习可使企业家更有效地搜索、评价和利用外部信息,发现新机会,[1] 加深对组织、财务管理等于企业发展相关因素的理解,增强运营管理能力。[2] 李安平创立振东加油站之前,于 1981 年 11 月至 1986 年 5 月间在长治县商业局工作,1986 年 5 月至 1993 年 9 月间任东和乡综合厂副厂长、厂长。5 年的从政经历以及 7 年的企业管理经历,让李安平积累了一定的管理经验,结识了各个领域的各类人才,搭建了丰富的信息渠道,为日后李安平创立振东加油站奠定了基础。而经营振东加油站的 9 年是李安平大展身手的日子,他大胆尝试、积极创新,在企业管理的管理模式、文化建设等方面都有很多创新性的举措,一举成为华北地区最大的民营石油经营企业。很多企业纷纷到振东参观学习,无不为振东精细化的管理以及独特的企业文化所折服,李安平甚至被中石化请去做管理经验介绍。每个企业家都有经历,但如何将经历转变为对企业发展有用的经验,则需要企业家反思、总结、提升。李安平就是这样一个善于反思、善于总结的人。他不怕出错,倡导"干中错,错中学,学中干"的理念;每项工作结束后,他都要做工作总结,突出差距,淡化成绩。他认为"差距是前进的潜力,只有找出差距、承认失误,才能不断完善、不断进步";李安平在公司发展突飞猛进时,有意地进二停一,保持"稳中求

---

[1] S. A. Zahara, G. George. Absorptive capacity: a review, reconceptualization, and extension [J]. Academy of management review, 2002, 27 (2): 185–192.

[2] D. A. Shepherd, E. Douglas. New venture survival: ignorance, External shocks, and risk reduction strategies [J]. Journal of business venturing, 2000, 15 (5): 393–410.

快、快中求稳"的发展态势。因为公司发展越快,管理中的很多问题就越容易被掩盖。放慢发展速度,冷静总结,才不会被假象所迷惑,问题也才不会被掩盖。

企业管理知识大部分具有可描述性,可以通过教育培训的方式获得。① 通过教育培训可以获得很强的结构性知识,从而对管理产生系统性的支持作用,使企业家决策更加科学化。② 虽然很多知识可以通过经验学习而获得,但无论是时间成本,还是试错成本,往往都比较大,而且缺乏系统性,因此,教育培训是必需的。李安平深知企业管理需要的不仅仅是个人魅力,而且需要一整套专业翔实且具有国际战略发展眼光的管理理念。2003年他选择了北大的EMBA进行了深度研修,系统地学习企业管理知识。

三人行必有我师,通过社会关系网络学习,是企业家学习的重要途径。李安平有着丰富的社会关系网络,加之他虚心好学,领悟能力强,所以在常年的企业经营过程中,不仅结识了大量社会精英,而且自身的经营管理能力也得到了不断提升,品格境界也得到了升华。

在与政府工作人员的交往中,李安平熟悉了国家宏观经济环境,地方发展政策,这是科学制定企业发展战略的重要基础。而且,在政府的带领下,李安平也有了更多走出去学习的机会。如

---

① S. A. Shane. General theory of entrepreneurship: the individual – opportunity nexus (New Horizons in Entrepreneurship series) [M]. Edward Elgar Publishing, 2003.

② 哈格斯,吉纳特. 领导学——在经验积累中提升领导力[M]. 北京:清华大学出版社,2004.

第五章　企业优秀的基因——振东企业家

2013年3月21日至22日，长治市市委统战部组织长治市部分民营企业家奔赴杭州，深入世界500强企业吉利控股集团和中控科技集团参观学习。短短一天的学习考察，让"新潞商"近距离、多角度地感受到了浙商的魅力，接受了大量新视点、新思路，浙商强企过程中解放思想、人才创新和融资上市等经验引起了"新潞商"的关注，激发起"新潞商"们强企圆梦的豪情壮志。李安平感触地说道："现在我们有自己的中国梦，要想圆梦，就必须站在一个最高端的平台上，向世界高端企业看齐，这样才能把企业做得更好，才能带动家乡经济跨越发展。"[1]

在与其他企业家的交往中，李安平学到很多企业经营之道，其中多数东西都是自己独自苦思冥想永远也无法悟透的。如他在北大EMBA学习时，结交了很多诸如牛根生之类的叱咤商海的领军人物，这些人背后都有着自己的成功之道，有时可能正好是自己的短板。为此，李安平不耻下问，经常向他们请教企业管理的知识与技能，在李安平眼里，他们既是同学，也是老师，当然更是朋友。每年，李安平都会抽出一段时间去牛根生、史玉柱等老朋友那里彻夜长谈，去他们那里充电。

在与专家学者的交往中，李安平更是学到了很多制药行业的专业知识，为从更宏观的角度审视振东的发展奠定了基础。如向三院院士刘新垣、中医科学院资深教授叶祖光等虚心学习请教，让李安平认清了目前全球抗肿瘤新药的研发形势和应用前景，为振东制药抗肿瘤新药研发拓宽了思路，明确了方向。

---

[1] 郭思嘉，陈潇光．"潞商"南行取经记［N］．长治日报，2013年3月26日

优秀企业的逻辑

李安平在自身知识水平、经营能力不断提升的同时，也非常注重员工素质的提高。他认为：企业竞争越来越表现为员工素质的竞争，从某种意义上说，能否拥有一支数量充足、结构合理、素质优良的员工队伍，将成为企业生存与发展的最终决定因素。为此，企业家应建设一个学习型组织，促进企业知识的共享、运用与创新。

振东集团坐落于山西长治市，当地流传着这样一句顺口溜：潞宝炼焦、常平炼铁、振东炼人①。即振东是锻炼人、出人才的地方。李安平说："其实我更愿意把公司当商学院，这样的话就把培训和工作联系在一起，培训时学理论，工作时在实操，大概就做到了陶行知先生所提倡的'知行合一'。我就是院长，管理层是老师，员工是学生。根据职能分工，划分出不同的系（如行政系、财务系、营销系等），并分设教研室、成立课题小组，就技术瓶颈、业务难题研究讨论。"在振东，最具特色的要算员工们对李安平的称呼，不是老板、不是董事长，而是"李院长"。李安平要求全员每日都要认真填写工作日志，详细记录当天工作及落实情况，并撰写感想及体会。从而使员工做到"每日有目标、每周有主题、每月有总结、每季有成果、每年都成功。"此外，每周三为振东全员学习日。采用看光碟、互动交流、轮讲轮训的形式，通过讨论、考试，强化学习效果，提高员工的操作技能和业务水平，增强员工学习的主动性。每月第一个周六是公司的"经营管理和培训月会"。通过专家讲座、观看光碟等形式，

---

① 潞宝、常平、振东是当地的三大民营企业。

第五章 企业优秀的基因——振东企业家

对全体管理人员进行"观念、社会、技能"等方面的培训。同时对本月工作进行详细总结，对下月工作作出全面安排部署，是管理人员重要的学习平台。每月第三个周日，是振东的"经理论坛日"，论坛中大家畅所欲言，相互分享管理经验，讨论并解决当前管理中的热点问题。每季度公司还组织管理人员"走出去"与兄弟单位沟通交流、学习取经，定期选派管理人员到著名院校学习深造。此外，与知名院校联合举办 MBA 培训班，并邀请同行前来指导，互勉共进。总之，李安平为打造高效的学习型组织真是煞费苦心，想出了很多有新意的点子，制定了很多行之有效的制度。在他的带领下，企业员工整体素质得到大幅提高，企业的凝聚力也得到大幅提升。

5. 创新能力

经济发展的根本动力来源于创新，而企业家的职能就是创新，对生产要素进行新的组合。[1] 一个不能向世界奉献创新成就和管理思想的企业，是永远无法成为具有世界影响力的优秀企业的，更谈不上从优秀走向卓越。同样，一个缺乏思维远见、没有创新意识、局限于思维幽闭的企业家，也是永远无法把企业从中小企业一步步带向优秀乃至卓越企业的，创新能力可谓是企业家的生命线。企业家通过革新可以获取后来者无法获取的垄断利润，直到竞争者模仿其新产品或发现替代品时才会消失。如 2008 年，由于新劳动合同法的实施，人民币升值，以及全球经济危机的严重冲击，中国东部地区低价格、低技术、低附加值的"三

---

[1] 熊彼特. 经济发展理论，商务印书馆，1990 年版。

优秀企业的逻辑

低"产品的民营企业出现"倒闭潮";而一些重视研发,拥有核心技术,从而掌握市场主动权的民营企业在危机冲击中持续发展。"三低"问题成了我国民营企业发展的瓶颈,各级政府和学者不约而同地强调技术创新是民营企业持续发展的必由之路。

李安平是一个富有创新思想的人,特别喜欢"琢磨"问题。他觉得管理就是面对形形色色的问题,创造性地找到解决问题的最好方法。1993年,那个时候的上党老区观念还比较落后,很少有人发名片,觉得发名片是一件很害羞的事情。但李安平为了推广自己的加油站,向每位过往的司机发放振东名片,上面印有振东理念:"一握振东手,永远是朋友"。这是一个大胆的创新举措,从未有人这样做,甚至可能没有人想过,但李安平做到了,而且起到了很好的企业宣传效果。一下子,其他加油站都效仿振东,也开始印自己企业的名片,并印上"一握××手,永远是朋友"。之后振东开始做塑封的广告牌"振东祝您一路平安",插在汽车的挡风玻璃前面。其他公司的加油站又仿效振东:××祝您一路平安。由于很多加油站都在发,所以司机比较烦,有时就把广告牌随手扔掉了。李安平发现后,就开始琢磨如何能让司机把印有振东的广告牌留下呢?经过苦思冥想,李安平想到了在广告牌上印上到全国各地的里程表,司机只要一看这个里程表,就知道离目的地还有多远。一段时间内,司机扔振东的广告牌少了,但时间久了,加上同行的模仿,又有司机开始扔振东的广告牌。依然是苦思冥想,最后,李安平琢磨出一个好办法,在广告牌上又加入了一个佛像,寓意佛祖保佑您一路平安。佛在中国人的心中是很神圣的,没有人敢把佛像随便扔掉,所以司机也就不会再

第五章　企业优秀的基因——振东企业家

扔振东的广告牌了。诸如这样的宣传创新之举不胜枚举，就这样，李安平与司机较上了劲，让更多的司机在较短的时间内认识了振东、知道了振东加油站。振东一直在引领全国加油站的营销创新，虽然一直被模仿，但从未被超越。

李安平不仅有灵光一现式的创新点子，更能系统性地构建企业的创新体系，促使企业管理的各模块协同创新，实现企业快速稳健地发展。在李安平的带领下，振东集团着力于科技创新、文化创新及管理创新。其成果得到了业界的普遍认可，很多政府领导、企业家、专家学者都纷纷来振东参观学习，为振东集团所取得的成绩所折服。

科技创新，一直以来都为振东的发展提供着强劲的内动力，因此也是振东最为重视的一个方面。相对于立马出成效的项目，李安平更愿意企业的研发从最简单、最基础的研究项目做起。"创新也要基础的积累。现在很多企业急功近利，不注重基础研究。在与科研机构合作中，振东大部分项目研发是在其他企业不愿意介入的时候介入的。通过参与基础研究，不仅花费小，同时可以提高企业自身的科研水平。"振东集团一是联合开发：与中国药科大学、山西省中医药研究院、中药复方研究国家工程中心等单位联合，承担国家"十一五"重大科技专项"超5亿元岩舒大品种技术改造"。其次是组建研发联盟，与中国医学科学院药用植物研究所、天津中医药大学等机构共同承担了国家科技支撑计划项目"道地药材苦参规范化种植基地优化升级及系列产品研究开发项目"。另外，振东集团还组建研发平台，与山西省中医中药研究所联合组建"振东中药现代化研究中心"技术平台，开展注射用乌骨藤冻干粉等中药新药的研制工作；与军事医学科学院毒物药物研究所共同研究建立了创新制剂－缓控释制剂开发技术平台；与国际合作伙伴建立合作点，如在澳大利亚阿德莱德大学联合建立的振东中澳分子医药研究中心；与美国 AGResearch-Co., LTD 进行脂质体制剂平台的研究开发。四是建立研发网络：2011 年振东集团在国内医药界独创研发网络建设工作，目前，已经建立起了"振东—山西中医学院—山西大学—山西医科大学"晋药研究网络，在此基础上还与中国药科大学、沈阳药科大学、上海医工院、上海二军医大以及北京大学药学院、天津药物研究所等科研院所建立了合作关系。长期的合作与投入产生了丰厚的回报。2013 年，振东集团共申报新药 6 个，取得新药生产批件 2 个，临床批件 1 个，专利申请 60 项，新授权专利 45 项。同时，公司还承担了多项国家重大专项科技项目。其中"黄芪总皂苷临床研究及产业化"项目、"解郁安神颗粒"项目获得了科技部十二·五重大专项支持，"健骨颗粒"项目获得了北京市"十病十药"项目支持，这对全国中药注射剂安全性评价起到了积极的引领作用。

　　文化创新方面，更是李安平所津津乐道的。李安平特别喜欢研究晋商，他所研读的关于晋商的著作不下 20 部。在晋商传统文化基础上，结合企业的实践，振东提出了"名以清修，利以义制，绩以勤勉，汇通天下"的经营理念，形成了"阳光、诚信、亲和、简单、责任"五大体系为核心的特色文化，成为凝聚全体员工思想、形成公司上下合力的有力武器，成为撑起振东辉煌大业的擎天巨擘。

很多企业家因企业管理混乱而焦头烂额、夜不能寐，但李安平却在企业管理上游刃有余，如鱼得水，他觉得"管理是一件很好玩的事情"。在他的带领下，振东逐渐构建了一整套自己的管理体系，保证了每个人进入岗位后都能很快适应工作，也使每个员工在做事思路和方法上有大幅度的提升。李安平自信地说："在振东工作过的人，即使到了大企业、大城市，工作能力、素质也毫不逊色。"振东管理体系中的"个人工作程序化、岗位管理流程化"两大管理工程还被列入北大管理学院案例库。振东的管理创新总结起来主要有以下几大方面：一是用总结模式指导工作。1996年开始，振东根据企业状况，每年设立一个主题，围绕主题开展工作，步步总结，年底即成模式。以创建出独有特色的梳理、差距、教练、理管、互动、向下等管理模式。二是依"七化八控"完善管理。"七化"即"净化思想，纯洁灵魂，全员素质全面提升；感化人才，真情融合，和谐共勉共谋发展；优化文化，创新观念，意识行为更加规范；深化管理，解放身心，效能得到进一步提高；细化成本，人人参与，市场竞争力得到增强；量化责任，清晰职责，兄弟姐妹共同担责；硬化考核，薪酬挂钩，激发全员创造潜力"。"八控"为"从科技开发中控时间；从人资评估中控失误；从原料采购中控价格；从生产环节中控损耗；从产品检验中控质量；从管理细节中控浪费；从市场销售中控费用；从财务预算中控成本"。

四、结语

泱泱历史长河，煌煌中华晋商，驰骋中国商界五百年，谱写

优秀企业的逻辑

了一段段商业传奇，涌现出了一批批商业精英。时代变迁，晋商逐渐衰落，湮没于历史的长河中，但古老的晋商精神与可贵的晋商品质却沉淀于三晋大地，哺育着一代又一代的山西人。改革开放唤醒了沉睡于太行山厚重土壤的商业种子，新一代晋商秉承晋商文化精髓，发扬晋商精神，传承创新，培育和打造了一批"闻名三晋，驰名全国，享誉世界"的好企业、好品牌、好产品。探索其发展之路、总结其成功经验、挖掘其成功根源，对于弘扬晋商精神、传承晋商文化、铸造新晋商品牌意义可谓重大。

作为新晋商典范的李安平，艰苦创业，奋勇拼搏，锻造了驰名全国的振东集团，他就是振东集团优秀的基因。分析李安平，可知其成功的个人特质有：艰苦奋斗、诚信经营、关注细节、具有社会责任感；其成功的个人能力有：机会发现能力、关系能力、战略管理能力、学习能力、创新能力。但这些个人特质与能力并不是相互割裂，而是相互关联的。如图 5-5 所示。

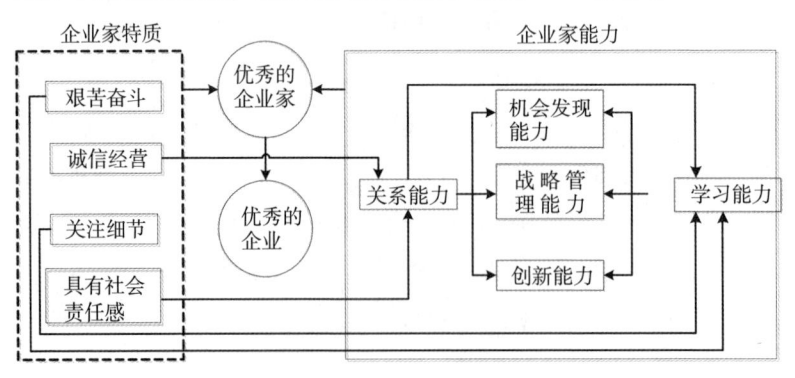

图 5-5 企业家特质、企业家能力关系图

由图 5-5 可知，优秀企业家是优秀企业的基因，而拥有优良的企业家特质以及良好的企业家能力是成为优秀企业家的根

第五章 企业优秀的基因——振东企业家

本。在企业家能力中，关系能力是所需要的最基本的能力，它会直接影响到企业家的机会发现能力、战略管理能力以及创新能力，但在这一影响过程中，还有一个重要的中间影响因素，即学习能力。如果学习能力很强，则企业家能更好地吸收利用关系网络中的资源，从而发现有利机会、制定正确战略以及实现企业创新。同时，学习能力也受到关系能力的影响，即关系网络越丰富，企业家学习的机会及知识也就越丰富，学习能力也就会不断增强。

由上述分析可知，企业家能力有两个基础性的要素：关系能力与学习能力。这两个基础性的能力与企业家特质有一定的关系。诚信经营与具有社会责任感对于企业家构建关系网络具有重要作用；艰苦奋斗意味着"干中错，错中学，学中干"，显然对于提升企业家的学习是大有裨益的；而关注细节是学习的基本要求，在梳理管理的各个细微环节，寻找解决办法的同时，也是学习能力提升的过程。

总之，优秀企业家是优秀企业的基因，而要成为优秀企业家，则需要有优良的企业家特质与良好的企业家能力，且特质与能力是一个复杂的系统，相互之间存在着复杂的相互影响关系，但总体来讲，企业家特质影响着企业家能力。因此，要想成为优秀的企业家，首先要做一个品德高尚的人。

参考文献

[1] 《振东视野》[Z]. 2010—2014年.

[2] 振东制药股份2012年社会责任报告.

[3] [美] 吉姆·柯思林,杰里·波勒斯. 基业长青 [M]. 真如,译. 北京:中信出版社,2002:05.

[4] 陈立云,金国华. 跟我们做流程管理 [M]. 北京:北京大学出版社,2010:05.

[5] [美] 彼得·德鲁克. 德鲁克管理思想精要 [M]. 李维安,等,译. 北京:机械工业出版社,2009:9

[6] 李伟阳,肖红军,郑若娟,编译. 企业社会责任经典文献导读 [M]. 北京:经济管理出版社,2011.8.

[7] [德] 魏尔汉. 企业家的经济作用和社会责任 [M]. 雷立柏等,译. 上海:华东师范大学出版社,2011:01.

[8] [美] 郭士纳. 谁说大象不能跳舞 [M]. 张秀琴,音正权,译. 北京:中信出版社,2003:01.

[9] 杨宗华. 责任胜于能力 [M]. 北京:石油工业出版社 2009:03.

[10] 张志勇. 中国往事 30 年：揭幕民营经济的中国式进程 [M]. 北京：经济日报出版社，2009.

[11] 王俭平. 当代山西产业发展研究 [M]. 北京：中国经济出版社，2007.

[12] 冯振堂. 凝望太行：一个记者笔下的长治十年 [M]. 太原：山西人民出版社，2009.

[13] 王丹. 中国石油产业发展路径：寡占竞争与规制 [M]. 北京：中国社会科学出版社，2007.

[14] 施建勇. 中药产业经济与发展 [M]. 上海：上海科学技术出版社，2002.

[15] 张俊祥. 我国健康产业发展面临态势和需求分析 [J]. 中国科技论坛，2011，（2）.

[16] 常福江.《晋商全览·潞州卷》序 [N]. 长治日报，2006.

[17] 孙早，刘庆岩. 市场环境、企业家能力与企业的绩效表现——转型期中国民营企业绩效表现影响因素的实证研究 [J]. 南开经济研究，2006，（2）.

[18] 吕日周. 长治，一个市委书记的自述 [M]. 北京：工人出版社，2003：2.

[19] 夏立军，郭建展，陆铭. 企业家的"政由己出"——民营 IPO 公司创始人管理、市场环境与公司业绩 [J]. 管理世界，2012，（9）.

[20] 金杨华."浙商"从个人偏好到组织公正的转型 [J]. 浙江社会科学，2007，（3）.

[21] 吕福新. 再创浙商新优势：制度和管理创新 [J]. 管理世界, 2004, (10).

[22] 贾明, 张喆. 高管的政治关联影响公司慈善行为吗？[J]. 管理世界, 2010, (4).

[23] 杨鹏鹏, 万迪昉, 王廷丽. 企业家社会资本及其与企业绩效的关系——研究综述与理论分析框架 [J]. 当代经济科学, 2005, (4).

[24] 周小虎. 企业家社会资本及其对企业绩效的作用 [J]. 安徽师范大学学报（人文社会科学版）, 2002, (1).

[25] 顾强, 张厚明. 民营企业"走出去"与竞争力提升：政府与非政府组织的作用 [M]. 社会科学文献出版社, 2008.

[26] 中国企业家调查系统. 经济快速增长中的民营企业：现状、问题及期望——2005·千户民营企业问卷调查报告 [A]. 企业家个人学习、组织与企业创新 [C]. 北京：机械工业出版社, 2006.

[27] [美] 哈格斯, 吉纳特. 领导学——在经验积累中提升领导力 [M]. 北京：清华大学出版社, 2004.

[28] Kouzes J M, B Z Posner. "The credibility factor: What followers expect from their leaders" [J] Management review, 1990, (79): 29 - 33.

[29] Campbell, L, Gulas C S, T S Gruca. "Corporate Giving Behavior and Decision - Maker Social Consciousness" [J]. Journal of Business Ethics, 1999, (19): 375 - 383.

[30] Godfrey P C. "The relationship between Corporate Philanthropy

and Shareholder Wealth: A Risk Management Perspective"[J]. Academy of Management Review, 2005, (30): 777 - 798.

[31] Westlund H, Bolton R. Local social capital and entrepreneurship [J]. Small Business Economics, 2003, 21 (10).

[32] S. A. Zahara, G George. Absorptive capacity: a review, reconceptualization, and extension [J]. Academy of management review, 2002, 27 (2): 185 - 192.

[33] D A Shepherd, E Douglas. New venture survival: ignorance, External shocks, and risk reduction strategies [J]. Journal of business venturing, 2000, 15 (5): 393 - 410.

[34] S A Shane. General theory of entrepreneurship: the individual - opportunity nexus (New Horizons in Entrepreneurship series) [M]. Cheloenham: Edward Elgar Publishing, 2003.

后记：追寻现实的脚步

一转眼，三年多的时间就过去了。

初识李安平，还是在 2012 年的 5 月，一个鲜花盛开的季节，在听了他的讲座以后，很为他在管理上的创新而感到高兴，也对他几十年的拼搏所取得的成绩由衷钦佩。因为我深深理解这个地方的营商环境，也深深理解这个地方的产业结构——这毕竟是山西啊！

2013 年 4 月，又是一个五彩缤纷的季节，由山西财经大学和振东集团合作成立的"山西财经大学振东管理研究院"正式挂牌。在积极举办振东管理大讲堂，编写振东集团社会责任报告的同时，有关本土优秀民营企业管理模式的研究，首先是振东管理模式的研究也在紧锣密鼓地进行。为此，研究院专门成立了"振东管理模式"项目组，经过近两年的调研、座谈，经过几度讨论、修改，目前，这项研究成果终于要和大家见面了。

很多人参与了这个项目的研究。其中：卢美丽、张晓霞、盖起军三位副教授负责基础管理部分的研究和撰写；杨菊兰博士、曹卫红副教授负责振东文化部分的研究和撰写；范容慧博士负责

后记：追寻现实的脚步

振东战略部分的研究与撰写；杨菊兰、卢美丽两位博士负责振东社会责任部分的研究与撰写；赵文博士负责振东企业家部分的研究与撰写。在人员选择上，参与每一部分研究的人员都是这一方面的专家，具有较深的理论与实践功底。

每一个企业都是方方面面的，但我们在研究的时候，不是去研究它一般的部分，而是研究它最有特色的部分。因此，在全面比较的基础上，我们选择了振东的基础管理、文化、战略、社会责任、企业家等部分来研究。本来，人力资源也是振东很有特色的一个方面，承担本部分任务的薛继东、孙利虎两位博士也付出了巨大的努力，但一则因为有些内容重叠，二则因为时间较短稿子还需要锤炼，故只能另案考虑。

在研究过程中，每一部分都进行了非常非常充分的集体讨论，其中包括表现什么？怎样表现？企业呈现出来的现象是什么？背后的东西是什么？效果怎么样？有没有理论支撑？对其他企业有没有借鉴意义等一系列问题，围绕"把事说清楚，把理讲明白"这一指导思想，经过一稿、二稿、三稿不断的修改、讨论，经过放下、冷处理，再拿起来反复地斟酌，最终成了今天这个样子。说实话，它并不令人满意，还有很多修改的余地，但如果继续下去，它恐怕就再也出不来了。

当成果要出版的时候，我们不想用"振东管理模式"的书名，因为这些年以XX管理模式出的东西太多、太泛滥了，所以我们用了《优秀企业的逻辑》这个书名。整个项目是由山西财经大学工商管理学院院长、振东管理研究院院长宋瑞卿教授总体负责的，因此，本书也是由他来担纲的。在思想、结构方面，本书体现的是集体的智慧；在内容、行文方面，则更多体现的是执笔者的努力。因此，本书不同部分的行文风格差异较大，正是这种分工的体现。全书最后由宋瑞卿、卢美丽总纂。

　　本书的完成，首先要感谢参与此项研究的各位老师，是他们的投入、他们的付出，才使项目能够顺利完成。当然，也需要感谢学校领导，要不是他们睿智决策，就不会有研究院，就不会有后面的一切，当然也不会有这本书。

　　本书的完成，还要感谢以李安平总裁为首的振东集团的各位兄弟姐妹们，经年累月的调研、访谈，无休止的微信、电话、短信、邮件，他们的耐心、他们的执行力、他们的敬业精神给我们留下了无比深刻的印象，让我们深受教育。尤其是李安平总裁，他的热情和活力、他对问题的敏锐度和洞察力、他对管理的喜爱、对工作不知疲倦的投入以及云淡风轻的生活态度，都让人感动、钦佩！

　　在初次调研中，《企业管理》杂志编辑部主任郭学军先生以及他的同事基于对本土管理创新的持续关注和对振东管理独特性的浓厚兴趣也参加了调研，并在《企业管理》杂志上先期刊登了本书的部分研究成果，在此，向他们表示诚挚的谢意！

　　"管理的基础在实践"，大师这样告诫我们。追寻现实的脚步，关注企业的创造，在活生生的管理实践中，中国管理理论也许在不经意间就诞生了。中国管理理论，一定不是在书斋里为了评职称、为了拿课题、为了当博导而搞出来的；一定不是在大学里为了搞学科、为了上博点、为了学校排名靠前而搞出来的；它一定是在火热的管理实践中为了解决企业的现实问题、为了提升

后记：追寻现实的脚步

企业的竞争能力、为了打造优秀的企业而搞出来的。

因此，我们还会一如既往地把眼光投向现实的企业，去展现、去分析、去提升它们的管理，在把理论用于解决现实问题中去总结、去提炼、去创造新的理论。以履行一个管理学者在这个时代的真正使命！

宋瑞卿

2015 年 7 月于山西财经大学